智说营销

MARKETING: A NEW PERSPECTIVE

李建州◎著

中国经济出版社
CHINA ECONOMIC PUBLISHING HOUSE
北 京

图书在版编目（CIP）数据

智说营销/李建州著.--北京：中国经济出版社，2020.8

ISBN 978-7-5136-6240-6

Ⅰ.①智… Ⅱ.①李… Ⅲ.①市场营销学 Ⅳ.①F713.50

中国版本图书馆CIP数据核字（2020）第127876号

策划编辑 汪 京 雷 生
责任编辑 叶亲忠
责任印制 马小宾
封面设计 华子图文

出版发行 中国经济出版社
印 刷 者 北京艾普海德印刷有限公司
经 销 者 各地新华书店
开 本 710mm×1000mm 1/16
印 张 18.5
字 数 310千字
版 次 2020年8月第1版
印 次 2020年8月第1次
定 价 58.00元
广告经营许可证 京西工商广字第8179号

中国经济出版社 网址 www.economyph.com 社址 北京市东城区安定门外大街58号 邮编 100011
本版图书如存在印装质量问题，请与本社销售中心联系调换（联系电话：010-57512564）

自序 PREFACE

一直遗憾自己的博士论文和博士后出站报告未曾出书，想出之时，论文的内容、数据、文献等又显得有些陈旧，遂作罢。2017 年夏天，当从企业办好离职手续时，就下定决心写一本书，写一本有关营销的书，写一本理论与实践紧密结合的营销书，写一本通俗易懂让企业人士拿起来就能用的营销书。于是，在某个下午，一气呵成列出了本书的提纲，尽管后期又做了部分调整，但本书整体架构写成于那个下午，也是写成于对营销多年的思考和感悟。

营销是我的挚爱，很喜欢那种业绩攀升、攻城略地的感觉。从 1994 年大学毕业到 2017 年安心于高校，其间的学习与工作均与营销相关，亲眼见证了企业界人士对“营销”的误读、误解和误用，亲历了营销理论研究者在那儿“自娱自嗨”，看到了理论在实践应用中的真实面目，心中颇有些感慨。这种感慨也构成了本书的基调，那就是——营销理论如何在实践中发挥更大的效用。

我们都知道，理论是对实践的高度总结，是源于实践，又高于实践。理论缺少实践支撑，就会变成空中楼阁，变成镜中花、水中月，虚无缥缈。而企业离开理论指导，就会看不清发展方向，在经营上会杂乱无章，东一榔头，西一棒槌，走不长远。但完全依赖理论，也一定会显得机械呆板，缺少灵气，容易走入死胡同。这就需要经营者辩证地、正确地、灵活地、合理地使用理论。这句话听起来容易，在实际操作中却很难。

有些企业是完全不相信理论，认为那些理论一无是处，只是教授们“自弹自唱”的产物。企业讲究实际，不管白猫黑猫，逮住耗子就是好猫，从来不去探究，为什么白猫能逮住耗子而黑猫却不能？也不去思考，明天白猫还能逮住耗子吗？能否带动黑猫一起逮？这类企业在营销中存在明显的急功近利行为。也有些企业虽然知道理论的重要性，也构建学习型组织，但却不知道如何灵活变通地使用理论，对有些理论往往是一知半解，盲目信奉，结果常使营销走样。

曾有位餐馆老板对我说："餐饮业的成功秘诀有三条：第一是位置，第二是位置，第三还是位置。"不可否认，位置对于餐饮业非常重要，但这也仅局限于特定区域，由特定位置带来的大客流量保证了食客源源不断。但在其他区域，菜肴质量（色香味意形养）、环境、服务态度、上菜速度均是决定性因素，即便在火车站、风景区、医院门口等人口密集且流动量大的地方，如果菜肴质量不行，也不会产生回头客，特别是在网评普及的今天，餐馆要想在市场上长久生存，关键还要看综合实力，特别是菜肴质量。在美食一条街，"几家欢乐几家愁"就是最好的印证。这位老板的看法很有代表性，企业对某些理论的理解，常常是以偏概全，只知其然，不知其所以然。

还有一位小有成就的老板问我："营销的本质是什么？"我说是"满足顾客需求"，这位老板很诧异："营销博士后也这么理解啊！还以为你会说一些很高深的词汇。"我淡然一笑，不置可否。营销的这种本质几百年前如此，现在也如此，几百年后还会如此。关键是如何满足？何时满足？拿什么来满足？就像连小孩子都知道的"生病了要吃药"一样，问题不在于吃不吃药，而在于吃什么、何时吃、吃多少、不吃什么，更为关键的是如有副作用反应，要知道如何采取应急补救措施。这才是学问，这才叫真功夫。

需求具有明显的时代烙印，企业是顺者昌，逆者亡。"需求"本身不会改变，但需求的表现形式、内容、侧重点等均会随着时间的推移悄然发生转变。比如作为社会人，每个人都希望与外界交流，以获取新知识和新信息，以前主要是通过广播、电视和报纸，现在则主要依赖网络和智能手机，对信息的渴望没变，改变的只是信息的获取方式。如果你还用传统的广告思维来做宣传，传播效果一定会是事倍功半，费力不讨好。消费者只想要一个苹果，你却给他一筐梨，这种产品错配现象在社会中比比皆是，你还埋怨消费者"不识货""不领情"，其实，不是消费者错了，而是你错了。一定要记住：消费者没有错，如果有，一定是你错了。

对于有些企业来说，能有效满足顾客需求就足以生存，但对于那些“有理想”的企业来说，还要想方设法引领需求和创造需求。正如乔布斯所言：“消费者并不知道自己需要什么”，有些需求，消费者不曾察觉或没有意识到，需要企业用敏锐的嗅觉和犀利的眼光去开发、去挖掘、去引导。在开发的初期，一定会充满各种“麻辣诱惑”，一定会是荆棘丛生，看看马云、乔布斯、马化腾等企业家的创业史就会明白这一点，正是这些企业家们的坚毅、执着以及对市场的“先知”，造就了无数个时代样板企业，他们的成功（或伟大）之处，不仅仅是重构了商业逻辑，更重要的是带来了消费者需求变化的连锁反应。

温饱问题是解决“有没有”，小康社会是解决“多不多”，而对美好生活的向往则是解决“好不好”，这是在需求上一个质的提升，需要企业用新思维考虑新问题。在新时代，消费者的需求本质未变，但由需求引发的消费偏好、消费习惯、消费心理、消费方式均发生了很大变化，特别是互联网、人工智能、大数据、5G、物联网的快速发展和深度应用，将对人们的生活、工作、学习、教育、娱乐、休闲、社交、就医、运动等产生更为深远的影响，2020年的疫情，将使人们更加信任和依赖互联网。如不能紧跟这种趋势，第二天醒来就可能已被拍死在“沙滩上”。趋势会碾压一切“逆行者”。企业只有认识到这点，才能跟上时代的节拍，踏准市场的鼓点。

在求变的过程中，一定会存在迷茫、困惑、阻力重重，甚至从本能上拒绝改变，有这些反应，也正常，毕竟创新意味着改变，也有一定的风险。企业要知道：不创新是等死，创新可能是找死，但毕竟还有生存的希望。创新有循序渐进式、螺旋式、颠覆式、直梯式、攀岩式等多种，至于采用哪种，要看企业的具体情况，没有最好，只有最适应。企业领导再有想法，也要依靠下属员工来实施，不要指望一夜醒来，企业就会发生天翻地覆的变化，人的思想、观念、习惯和行为具有传承性，这就需要企业在继承传统与大胆创新之间做好平衡。传统并非一无是处，有其存在的合理性和科学性，也不能一概否定。营销创新就是要融入更多的互联网元素，去贴近市场，更好、更快、更准地迎合和满足消费者不断变化的需求。传统与创新有效结合，才能发挥营销的最大功效。

基于此，本书试图从另一个角度来解读营销。本书的架构不同于传统的营销教科书，而是侧重于对营销实践的条块化思考，这些看似无关联的内容，也恰恰是企业营销中常犯错误的几个关键点位。每本营销教科书，都会对营销做系统的分析和阐述，告诉读者营销“是什么”，但对于营销“如何做”则只能靠读者去体会，并且教科书中所讲的那些内容在企业还常常“失灵”走不通。每位将军都熟知《孙子兵法》，但在战场上仍会有胜负之分；每位营销者都在学习和膜拜“菲利浦·科特勒”，但在市场上的表现仍是良莠不齐，所以企业界才会有“尽信书不如无书”的感慨。其实，不是书无用，也不是理论无用，而是企业不知道如何有选择地、艺术化地使用。

本书无意去复制教科书里的那些理论和概念，只想补充一些教科书中未曾体现又被营销界和营销人所重视的知识，如果能把本书与营销教科书结合来读，相信你会从中品出不一样的滋味，会对营销有更加深度的理解。

全书共分七章，每一章都围绕营销的一个点位。在第一章中，之所以写人口分布，一是因为一直好奇世界上 70 多亿的人口如何分布，国内各省的人口又是何种状况；二是因为 2020 年疫情期间，西方一些国家的抗疫表现让人匪夷所思，借机也可以了解一下这些国家的人口结构，比如通过对比，可以发现意大利和德国的人口年龄结构非常相似，两个国家的医疗系统都很发达，但意大利的死亡率却远高于德国（截至 2020 年 4 月初），看来老龄化不是致死的关键因素，一定存在着其他方面的差别（限于篇幅，一些数据在书中没有列出，感兴趣的读者可以去联合国相关网站下载相关数据做对比分析），另外，通过对比各洲、各类经济体的年龄结构，也可以思考一下所谓的人口红利问题；三是因为想让读者树立“市场容量”这一概念，尽管人口多并不意味着市场容量就大，比如非洲，但在经济实力、科技水平、政治环境等客观条件相同的情况下，人越多意味着消费越集中。写顾客时说人口，显得有些不伦不类，在这儿有必要提前解释一下，如果不感兴趣，可以直接略过，不读这部分并不妨碍对其他章节的理解。

人的四重属性是各种需求的本源，是消费的源动力，是产品能否生存或畅销的根基，所以一定要认真读一读，品一品，看看自己的企业是在满足消费者的何种属性，然后再去想一想如何才能做得更好。人口画像是大数据时代推崇的营销基础，不同的维度、不同的角度会让你对消费者、对市场细分有更清楚的认识。

第二章主要是用新的视角来解读常见的几个营销概念。营销环境是企业营销实践的时代背景，书中的分类方法可能更贴合企业实际。对于4P理论，社会上有种说法是“过时了”，其实，过时的只是4P当初的具体内容，而4P的内涵却有旺盛的生命力，只是其表现形式随着时代进步在发生着变化，本书对于产品和促销两大P做了全新的解释，相信你会从中受益。将市场分成四层以及建立市场公式，也将有助于加深对市场的理解。营销本身就是“跑马圈地”，“马”即产品，“地”即市场，而骑手则是营销者，希望你能当一位称职的骑手。

制约营销效力的发挥、让营销理论在实践中走样甚至“失灵”的，往往是企业的管理体制、用人制度以及高层领导对营销的认知、理解和水平。不是企业中缺少营销能人，而是“能人”太多。营销只是企业的一个基本职能，尽管处于核心位置，但也要与其他职能“和平共处”，所以营销一定要有系统观，要用系统思维来审视和规划企业的营销。在第三章主要分析系统营销的结构性要素，以及三个关键步骤，比如常常被忽略或作为“门面”装饰作用的软约束，其威力也很强大，综合管控常被教科书所忽视，在实践中，管控是营销中非常重要的一个环节，管控的目的不在于惩罚，而是约束营销在正常的航道上前行。

第四章和第五章主要写营销团队和营销人。告诉你营销团队如何来建设，有哪些基本准则，团长如何做才能称职合格，团长不能只讲“给我干”，更要讲“跟我干”，要去市场一线聆听市场的“炮声”。这种解读不仅适用于营销团队，也适合于项目团队、工程团队、技术团队等其他团队，既适合整个组织这个大团队，也适合一个小班组。“营销人非常不容易”，相信这句话会引起营销从业者的共鸣，其实社会上每个人都在负重前行，在前行的道路上，一定要用乐观的心态积极面对生活与工作，营销工作的过程就是修行的过程，要学会渡人、渡己。烟酒茶是生活的调味品，也是工作的道具，写这个是想普及这方面的知识，不仅适用于营销者，也适用于任何人，不感兴趣，可直接忽略。

品牌是营销的归宿，营销的目的就是创建伟大的品牌，一切营销措施均应围绕品牌开展。在第六章，主要解读品牌的命名方式、架构以及赋能手段。本章也是全书的重点。在生活中，经常会见到千奇百怪的品牌名称，有些名称让人哭笑不得，如果你正在为起名发愁，可以细读本部分内容，相信会让你豁然开朗。品牌架构的解释也不同于一般营销书，本书从静态和动态两个角度来剖析如何构建，更具有可操作性。对于赋能，更多强调的是营销如何与时俱进，是“营销”整体上要与时代合拍，展现营销的新时代精神面貌以及创新策略，相信 IP 化、讲故事、创新思路这些内容会对你有所启发。老字号本身就是一种名片，是民族的骄傲，但老字号的生存状况的确令人担忧，老字号如何焕发“第二春”，本书也尝试做出解答，老字号一定要知道——自己不扬帆，没人帮你起航！

营销观念历经了生产观念、产品观念、推销观念、营销观念、社会营销观念、全面营销（Holistic Marketing）六个阶段，这六种观念与当前的第七个阶段——数字营销观念并存，这就造成了对营销存在许许多多的误解或误读。在第七章，主要介绍了六种较为典型的营销认知误区和六种行为误区，其实，常见的营销误区远不止这十二种。特别是营销近视症，许多企业一直有这种症状，一直在“重复昨天的故事”，用“新票不断踏上不同的旧船”。自己可以对照，看看是否陷入这些误区。如果没有，则要祝贺你；如果身陷其中，建议你还是尽早走出来为好。如何走？只有一种办法——加强系统学习！

在这里，需要强调一下，任何一种新观念均不是对前一种观念的直接否定和替代，而是更新和完善，前一种观念中的某些观点或理论仍有较强的应用价值，比如数字化营销就是强调拥抱互联网、融入互联网，是社交时代产品符号化的商业逻辑，但“产品质量的重要性”贯穿所有的观念均不会改变。

本书主要从人、系统、策略、观念上对营销做另类解读，也是对营销“失灵”现象的反思和解惑。内容条块化比较明显，你可以从中有选择地去读，如果能对你有一点点儿的启示，或能引起琴瑟共鸣，那我就很欣慰地大喊一句：“值了！”

虽然全书的架构初定于三年前，但真正动笔却是 2019 年的五一劳动节，因为离开学校时间太久，需要补充学习和熟悉现行的一些营销理论，在脑海中不断将这些理论与企业实践做对比验证。再加上生活中的许多杂事缠身，以及自身的惰性，写起来是断断续续，以至于朋友相见，常问的一句话是："书写完了吗?"让我汗颜。尽管历时较长，但本着宁缺毋滥的原则，书中的每块内容均经过了认认真真、反反复复的推敲和思考。

因是一己之见，难免有诸多不足之处，欢迎各位读者提出宝贵的意见和建议，我们一起探讨，一起成长。在此，特别感谢工商管理学院的大力支持！感谢现任河北工程大学副校长吴国英教授当初的"穿针引线"！感谢中国经济出版社叶亲忠编辑的辛苦付出！感谢为此书提供直接或间接帮助的家人、朋友及各界人士！

在新时代，让高效率的营销flag在企业的上空flying！

李建州

2020年4月12日

目录 CONTENTS

营销的一些基本概念要有新意，更要有新解。企业的软环境、微观环境、中观环境对营销的影响更大；4X 营销理论谱介绍了从 4P 到 4A 的理论演绎过程；从三个角度解读何谓“市场”；从两个方面解释“产品”的真实含义；用两个促销工具揭开促销之谜。这些不同于传统教科书的解读，相信你会品出不一样的味道，会对营销有更深层的认知。

营销的效率不高、效果不佳，很大程度上可归因于缺少系统营销思维。树立系统营销观，需要企业了解营销的三种结构性要素——内部要素、交互要素和外部要素。构建科学的系统营销体系，熟知两种软约束的作用和威力，同时还要用系统思维来理解服务的整个生命周期。加强业务考评、重视稽核审计，也是系统营销的重要组成部分。系统营销不是大企业的专利，中小微企业同样需要。

单丝不成线，独木难成林，任何工作均应强调团队的重要性。高效的营销团队，要有一名出色的“团长”，并遵循高效基本法则。作为团队的领路人，“团长”要具备六种基本的领导能力，精通六种驭人之术，还要兼具十种优秀的个人品质。五种高效法则可分为两种硬法则和三种软法则，前者强调科学性，后者则更注重艺术性。

营销人不易，但要在勤奋的工作中积极地寻找快乐。工作本身就是一种职业修行，在这种修行中，要注意培养五种积极的心态，提升八种素质能力，工作与生活均要平衡好“燃”和“禅”，既要体现生命的价值，也要享受生活的乐趣。快乐工作需要协调好四种关系，认真生活需要提升四种生活修为。营销礼数和烟酒茶，均是营销的辅材或“佐料”，熟知这些更会让营销变得充满激情和快乐。

这是本书的重点。营销的目的是创建强势品牌，而不是追求短暂的“繁荣”。为新品牌命名，应遵循七个基本原则，可采用六种命名方法。领导者不仅要熟知企业各品牌“静态的”架构体系，还要精通“动态的”品牌创建体系，只有这样，才能真正做到对品牌“心中有数”。质量是品牌的生命，是品牌的能量基础；品牌IP化可采用“四化”方法；讲故事要遵循三个步骤；创新可从四个方面着手——这些均是赋予品牌能量、增强品牌活力的重要措施。老字号的复兴之路有六条，遵循这些方法，老字号才会迸发“第二春”。

误区会降低营销效率，甚至会把企业带入万劫不复之地。认知是行为的基础，行为反过来又会修正或巩固认知。六种认知误区和六种行为误区均是经营中常见的对“营销”的误解或误读，书中不仅对这些误区进行了“把脉”，而且还开了相应的“处方”，为营销给予“正名”。作为营销者，不仅要知道做什么是对的，更要知道做什么是错的。

第一章

另眼看顾客

顾客不一定是上帝，但一定是企业的衣食父母。只有持久地、精准地把握顾客的真实需求，产品才能充满竞争力，营销才能顺风顺水，企业才能基业长青。需求是动态变化的，而作为需求本源的人的基本属性则亘古不变，正确地顺应基本属性是满足顾客需求的基础。客户画像是区分和归类顾客需求的营销工具，只有精准、科学地画像，企业的营销才能事半功倍。

《道德经》里所讲“知人者智，自知者明”，可以理解为——充分了解市场需求才能心生智慧，客观认识自己的长处和短板才能变得聪明。无论你是公司的老板还是基层的营销人员，抑或是淘宝网的一位小店主，你都需要对市场和自身有清醒的认知，既要“知人”，更要“自知”。现实情况是，许多人可以“知人”，但做不到“知己”。

营销是企业的冲锋队、排头兵，产品或服务只有销售出去才能转化为真金白银，才能转化为真实收入，企业才可以实现可持续发展，正因为如此，营销部门在企业内部往往具有较高的地位，受人尊重，但也同时面临较大的任务压力，鲜花和耳光并存。一些哑铃型结构的公司就是把产品设计和市场营销两大职能作为核心能力牢牢掌握在自己手中，生产和流通环节则由他人代劳。

市场是动态多变的，你必须做到以变应万变。快速融合的地球村、快速发展的科学技术、雨后春笋般的多元化商业形态、快速更迭的产品、便捷的移动支付等，都需要你有快速的应变力和超强的执行力，昔日的成功不会成为永恒，必须用新思维、新理念来适应新常态。黑夜给了你黑色的眼睛，你要用它来寻找光明。在市场中“以不变应万变”，注定会被淘汰出局。

在激烈的市场竞争中，消费者的腰包是有限的，营销的目的就是抢占这些资源，让一个有需求的消费者变成你的顾客。而要让顾客心甘情愿地持续为你支付，你必须真心实意地去了解你的市场——市场容量、市场潜力、市场反应、竞争对手在做什么，必须饱含感情地熟悉你的顾客——为什么购买、何时购买、用什么方式购买、在哪儿购买以及使用后的感受等。

人口是相对稳定的，但人心是复杂多样的。要想成为一个成功的营销者，你既要熟悉所处的内外部环境，掌握目标市场中的人口规模、人口结构、人口质量等基本数字，还要知晓人的消费欲望、需求、思维、情感等消费心理。统计数字是冰冷的，大数据也只是一种工具，你要知道数字背后隐含的真实含义；消费心理是带温度的，无时无刻不在影响人的消费行为，它让市场充满不确定性，你必须充满热情和激情用心去感受这种温度。

顾客不一定是上帝，但一定是企业的衣食父母。依据行业和产品形态，你的顾客可以是人、家庭或群体，也可以是单位、机构或组织，无论是哪种，都需要人来参与，都会有营销规则的制定者、执行者、接受者、监督者、保护者和破坏者，就像一部舞台剧，不同的人在里边扮演不同的角色，也正是这复杂的角色关系让营销充满挑战。

在营销教科书中，对顾客的消费心理和消费行为有系统的研究和解释，本书无意去做重复描述，只想从另外一个视角来审视顾客，结合教科书的相关知识，你会对顾客或市场有更深层的理解。

如果你对人口分布情况没有兴趣，可以忽略此节，直接跳到本章第二节。但我还是强烈建议你去读一读、品一品全球人口分布情况，这不仅可以拓展知识，而且也有利于加强对市场规模、市场前景、市场机会、市场趋势的理解。正如联合国经济和社会事务部人口司在《世界人口展望 2019》中所言：“人口增长、人口老龄化、移民和城市化——这四个人口‘大趋势’都对经济和社会发展以及环境可持续性具有重要意义。”要想做百年老字号企业，不了解人口现状和人口发展趋势，只能是痴心妄想。

一、人口分布

了解人口分布，是培养你“市场容量”思维，树立“市场潜力”意识，让你拥有市场“大局观”。虽说人多的地方不一定有你的菜——还要考虑购买力和消费意愿（比如非洲人口多，但购买力却远低于欧洲），但在经济水平相对确定的前提下，人口一定是营销首先考虑的要素之一，因为市场本身就是人的集合体，由人的各种行为组成，人口在一定程度上决定着你的市场发展空间。比如你主要经营婴幼儿产品，那一定要关注人口出生率；如果你主要经营老年人用品，一定要关注老龄化趋势。

人口既要讲数量，还要讲质量；既要讲规模，还要讲结构。人口规模包括人口数量、密度、增长率、生育率等；人口结构包括年龄、性别、平均身高、教育程度、家庭类型、民族、职业、宗教信仰等；人口质量包括健康、寿命、教育、文明程度等。类似于个人简历中的基本情况，可以对人（市场）勾画一个大概轮廓。以前需要查阅统计年鉴，现在只需要百度百科即可对任何一个国家或地域有个基本了解——也只能做一个基本了解，但对于初步了解一个市场足够了。开发市场时，可以先躺在床上翻翻手机搜搜相关数据，做一些必要的数据资料整理，然后再去实地做更深层次的调研。

（一）世界人口

写世界人口，是为了让你对“地球村”的人口分布有个基本了解，让你知道在同一时刻，地球上有多少人与你同呼吸（但不共命运），对新闻里经常提到的一些国家有个更清晰的认识。无论是否做国际营销，均可以丰富知识，开拓国际视野。比如在 2020 年初抗击新冠肺炎疫情期间，饱受国内网友热议的丹麦和挪威，其人口数量均不到 600 万，比武汉户籍人口 908 万还少（挪威 2018 年的人均 GNI 在世界排第二位，是名副其实的富裕国家）；澳大利亚的人口仅比上海市、北京市的人口多二三百万；整个欧洲的人口数量只比中国人口的一半多一点点；菲律宾的人口也达 1.2 亿。

开展国际市场营销，除人口规模外，还需要考虑异国的政治稳定性、经济发展水平、意识形态、宗教信仰、社会文明程度、贸易规则、商业习俗、与中国的友好程度等，相较于国内市场，国际市场环境更为复杂。华为这几年在国际市场上很不好过，屡遭以美国为首的西方势力打压，这也是国内企业在全球化道路上必然要经历的磨难。2020 年的新冠肺炎疫情，将会对全球化产生深远影响，预计“逆全球化”将有所抬头，也将给中国的跨国企业带来更多的挑战。具体到某个企业，是否开发国际市场，取决于企业的发展程度、发展空间和产品形态，有时候还要服从国家战略，比如积极响应国家的“一带一路”倡议等。

1. 六大洲人口

联合国经济和社会事务部人口司公布的《世界人口展望 2019》[①] 显示（以下简称“报告”），世界人口在 2019 年中期达到 77 亿，自 2007 年以来增加了 10 亿人，自 1994 年以来增加了 20 亿，预计 2030 年达 85 亿，2050 年达 97 亿，2100 年达 109 亿。

该报告将世界分成八个地理区域，2019 年各区域的人口估算和预测数据分别为：撒哈拉以南非洲 10.66 亿人，北非和西亚 5.17 亿人，中亚和南亚 19.91 亿人，东亚和东南亚 23.35 亿人，拉美和加勒比地区 6.48 亿人，欧洲和北美洲 11.14 亿人，大洋洲（不含澳大利亚和新西兰）0.12 亿人，澳大利亚和新西兰 0.3 亿人。到 2050 年，撒哈拉以南非洲地区人口将翻一番，达到 21.18 亿人，在联合国认定的 47 个最不发达国家中，就包含该地区的 32 个国家，真的是越穷越生，越生越穷。

这种分法很别扭，也不习惯，七大洲四大洋是我们对世界通行的理解。通过整理该报告的相关附表，可以得知世界六大洲的人口分布及增长趋势（南极洲没有居民；报表中的未来人口是以中位数变量来估算和预测的结果），见表 1–1。

表 1–1　各大洲人口数量

地域	2019 年（亿）			1950 年（亿）	2020 年（亿）	2030 年（亿）	2050 年（亿）	2100 年（亿）
	总人口	男	女					
亚洲	46.01	23.53	22.47	14.04	45.04	49.74	52.90	47.19
非洲	13.08	6.54	6.55	2.28	12.56	16.88	24.89	42.80
欧洲	7.47	3.61	3.86	5.49	7.42	7.41	7.10	6.30
拉美和加勒比	6.48	3.19	3.29	1.69	6.46	7.06	7.62	6.79
北美洲	3.67	1.83	1.85	1.72	3.61	3.91	4.25	4.99
大洋洲	0.42	0.21	0.21	0.12	0.4	0.48	0.57	0.75
全世界	77.13	38.89	38.24	25.36	77.95	85.49	97.35	108.75

数据来源：根据联合国经济和社会事务部人口司《世界人口展望 2019》相关附表整理，保留两位小数点，网址：https：//population.un.org/wpp/Download/Standard/Population/.

① 世界银行也有一份全世界人口统计报告，世行的报告显示，截至 2018 年底全世界人口为 75.94 亿，其中对中国人口的统计数字与中国国家统计局公布的数据基本一致（世行为 13.93 亿人，国家统计局为 13.95 亿人）。联合国《世界人口展望 2019》中关于中国的数据明显偏大，两份报告数据不一致的主要原因一是统计的时间节点不同，二是一些时间节点上的统计基数有所差异，两份报告均为权威数据。感兴趣的读者可以去联合国经济和社会事务部人口司网站 https：//population.un.org/wpp/Download/Standard/Population/和世界银行网站 https：//data.worldbank.org.cn/下载相关报告。

从相关附表及整理出的表 1-1 中，可以得知以下信息：

● 1950 年至 2019 年，世界人口增长了 3 倍，其中，欧洲和北美洲增长缓慢，分别为 1.8 倍和 2.1 倍；非洲人口增长最快，增长了 5.7 倍；亚洲增长了 3.3 倍；拉美和加勒比地区增长了 3.8 倍；大洋洲增长了 3.5 倍。到 2100 年，世界人口较现在增长 1.4 倍，亚洲、拉美和加勒比地区人口与现在基本持平，欧洲人口会减少，是现在的 80%，非洲人口继续保持高增长，是现在的 3.3 倍。

● 在性别比例上，欧洲、拉美和加勒比地区的女性多于男性，女性占比分别为 51.67%和 50.77%，男性占比分别 48.33%和 49.23%，这两个地区男人打光棍的概率较小；亚洲男性占比 51.14%，女性占比 48.84%，在娶媳妇上竞争更激烈；其他三个地区的男女比例最平衡。

● 尽管各洲生育率在持续下滑，世界人口在 2050 年之前仍会持续增长，每年大约新增 8000 万人，新增人口的一半将集中在印度、尼日利亚、刚果（金）、巴基斯坦、埃塞俄比亚、坦桑尼亚、乌干达、美国、印度尼西亚和埃及 10 个国家（按增长人数排序），而欧洲人口则会持续下降。

● 世界上人口上亿的国家共有 13 个，分别为：中国、印度、美国、印度尼西亚、巴西、巴基斯坦、尼日利亚、孟加拉国、俄罗斯、墨西哥、日本、埃塞俄比亚和菲律宾。

根据《世界人口展望 2019》相关附表，按 5 岁一档，对世界各大洲 2020 年的人口年龄分布情况进行统计分析，结果如图 1-1 所示。

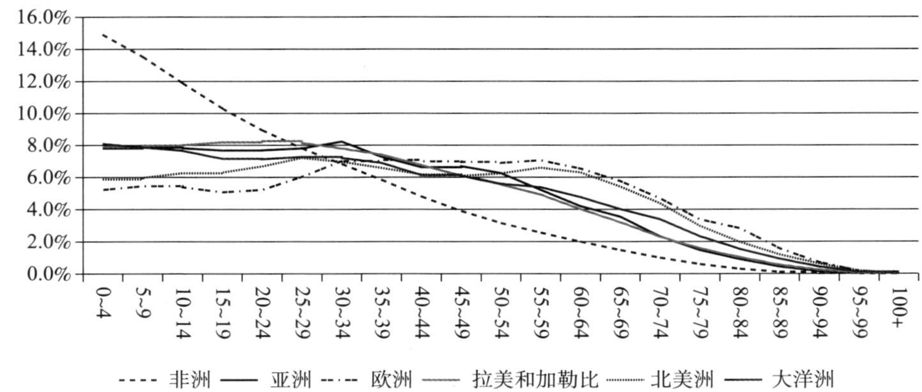

图 1-1　六大洲人口年龄段分布

数据来源：根据联合国经济和社会事务部人口司《世界人口展望 2019》相关附表整理，网址：https：//population. un. org/wpp/Download/Standard/Population/.

图 1-1 中数据为各年龄段人口数量占各洲总人口的比例，可以看出：

● 六大洲人口年龄分布差异明显，其中：亚洲、拉美和加勒比地区的人口年龄结构基本相似；欧洲和北美洲在 65 岁及以上人口比例相似；非洲人口从出生开始，各年龄段就呈现一条向下的平滑曲线。

● 非洲 24 岁及以下占总人口的 59.61%，其中 0~4 岁占比竟高达 14.91%（因为贫穷，导致存活率低，而存活率低又反过来刺激多生育）；在该年龄段，欧洲占比最少，仅有 26.34%，亚洲为 38.84%，北美洲为 31.08%。

● 在 25~39 岁年龄段，各大洲的占比相差不明显，占比最高的拉美和加勒比地区仅比最低的北美洲多 4.19%，分别为 31.62%和 27.43%；在 40~64 岁年龄段，欧洲占比最高，达 34.43%，其次为北美洲，占比为 31.39%，非洲最少，只有 16.40%，其他三个洲相差不大，均在 28%左右。

● 在 65 岁及以上年龄段，欧洲占比最高，达 19.11%，其次为北美洲和大洋洲，分别为 16.78%和 12.76%，拉美和加勒比地区与亚洲相差不大，分别为 8.98%和 8.87%，非洲最少，只有 3.51%。96.49%的非洲人在 65 岁之前要么已经移民，要么已经死亡，真的令人唏嘘。

● 在超 100 岁的人口中，北美洲占比最高，每百万人中有 287 个百岁老人，欧洲有 167 个，大洋洲有 119 个，拉美和加勒比地区有 106 个，亚洲有 57 个，非洲只有 3 个。按照国家或地区统计，世界平均水平为 74 个，排前五位的分别是：瓜德罗普岛（Guadeloupe）747 个（总人口 40 万）、巴巴多斯（Barbados）710 个（总人口 29 万）、马提尼克（Martinique）626 个（总人口 38 万）、日本 622 个（总人口 1.3 亿）、乌拉圭 617 个（总人口 347 万），中国香港地区 475 个（总人口 750 万），在世界位居第七位，中国内地仅为 52 个，在世界排第 74 位。

● 根据人口学中的潜在支持比例指标（每一个 65 岁及以上老人，有多少工作人口来支持，工作人口指 15~64 岁人口），支持率由高到低排序分别为非洲 10.5、亚洲 5.9、拉美和加勒比地区 5.7、大洋洲 3.9、北美洲 3.1、欧洲 2.9，全世界日本最低，只有 1.8，而到 2050 年，中国国内这一指标也仅仅比 2 高一点点儿，到时候养老压力会非常大。

● 人口主要受生育率、存活率、死亡率和国际移民的影响，欧洲人的生育率偏低，寿命又最长，所以才会出台各种政策吸引国际移民，利用经济杠杆去维系人口红利。

2. 从收入情况看人口分布

每年7月初，世界银行会根据各个国家最新收入上限值（现价美元），重新划分全球经济体的四个组别，不管随后是否修正测算结果，均保持一年不变。世行的收入划分依据为人均国民收入，即人均GNI，GNI与GDP有一定区别，GDP（国民生产总值）是从生产角度反映经济发展情况，而GNI（国民总收入）是从收入角度衡量居民、政府和企业三个部门收入分配的总体情况。GNI以前叫GNP，从1993年开始，GNP这一概念退出历史舞台。

四个收入分组的划分标准（2019年）为：人均GNI位于1025美元或以下的是低收入经济体，1026～3995美元之间是中低等收入经济体，3996～12375美元之间是中高等收入经济体，12376美元或以上的是高收入经济体。2018年的三个阈值分别为995美元、3895美元和12055美元，在联合国《世界人口展望2019》中，采用的是2018年世行标准。

根据世行2018年按图表集法衡量的人均GNI（现价美元）统计，在217个经济体中，约36%的国家或地区属于高收入群体，约28%属于中高等收入群体，约22%属于中低等收入群体，约14%属于低收入群体（每年会根据新标准对个别国家的组别进行微调）。中国当年的人均GNI为9460美元（世行数据为估算值，国家统计局2019年公布的数据为9732美元，无论哪个数据，均表明中国位于中高等收入国家，但与西方发达国家仍有不少差距），在世界排第71位，世界平均水平为11123美元，中国比世界平均值还低，瑞士最高，为84410美元，美国为63080美元，中国澳门特别行政区为79110美元。

由于在附表中缺少2019年各年龄段的统计数据，因此采用2020年的数据做分析，四个组别2020年的人口分布情况见表1-2。

表1-2　四个收入组别人口数量及人均GNI

组别	2020年（亿）				年龄段占比（%）			2018年人均GNI（美元）	经济体数量（个）
	总人口	占比（%）	男	女	0～24	25～64	≥65		
高收入	12.63	16.21	6.29	6.34	28.23	53.42	18.35	44275	79
中高收入	26.55	34.07	13.35	13.20	33.59	55.58	10.83	8869	60
中低收入	30.98	39.76	15.80	15.19	47.34	46.78	5.88	2242	47

续表

组别	2020年（亿）				年龄段占比（%）			2018年人均GNI（美元）	经济体数量（个）
	总人口	占比（%）	男	女	0~24	25~64	≥65		
低收入	7.76	9.96	3.85	3.91	61.51	35.18	3.31	840	31
全世界	77.92	100	39.29	38.64	—	—	—	11123	217

数据来源：人口数据，根据联合国经济和社会事务部人口司《世界人口展望2019》相关附表整理，无收入组人口约0.29亿，未列入表中，网址：https://population.un.org/wpp/Download/Standard/Population/；经济体数量、人均GNI取自于世界银行相关报表，网址：https://data.worldbank.org.cn/indicator/NY.GDP.PCAP.CD；在世行的该报表中，只对朝鲜等国家或地区划分了群组，但没有这些国家或地区的经济数据。

从表1-2中，可以看出：

- 世界高收入群体的人口占比较少，但人均GNI却很高；低收入群体的人口占比最少，人均GNI也非常少，仅有840美元。高收入群体的人均GNI是低收入群体的52.7倍，贫富两极化现象非常严重。
- 在高收入和低收入群体中，女性人口数量均比男性多，而在中高收入群体和中低收入群体，性别差异正好相反，并且中低收入群体中男性比女性多出6000多万。
- 在年龄分布上，高收入群体与低收入群体的年龄结构正好相反，数据可以直观地反映出经济发达程度的确与公民的寿命存在较强关联。

一般来讲，一个国家的人口数量主要受地理位置、地形、地貌、科技发展水平、经济发展程度、医疗水平、人口政策、思想意识等因素的综合影响。比如非洲经济普遍不发达，医疗水平不高，新生婴儿较高的死亡率让人们逆向选择——通过多生来保证存活率；而欧美、日本等发达国家则相反，通过优生、少生来保证人口质量，人们更多地追求生命的延长和生活质量。

人口趋势的推算只是基于一个和平稳定发展的世界，如果再出现一位希特勒式的战争狂人、不可控制的流行性疾病、小行星撞地球、气候大变化等不可预知的全球大灾难，人类的数量和规模可能会发生翻天覆地的变化。

（二）中国大陆人口

自古以来，中国一直就是一个人口大国，原因有三：一是地处北温带，阳光适宜，雨量充沛，长江和黄河两大母亲河带来丰富的淡水资源，特别是中原地区，土地肥沃，适宜农作物的生长，粮食多了就可以养活更多人口，逐鹿中原就是去抢占粮食资源，得中原者得天下就是这个道理，一句话“这地界养人”；二是相对封闭的地形地貌，西有青藏高原，北有西伯利亚极寒区，南有喜马拉雅山脉，东有漫长的海岸线，这些天然屏障让中国很少受蛮族入侵，朝代更迭只是窝里斗，历次战争导致的人口衰减也会在新朝代快速恢复，正因如此，华夏文明是四大古文明中唯一一个没有被中断和被割裂的古文明，一句话“这地界防人”；三是神奇的中医术，中医在一定程度上降低了死亡率，延长了国人寿命，西医只是在1928年发现青霉素后才有了较大的进步，一句话“这地界护人”。

至乾隆年间，中国人口先后突破2亿和3亿。一方面是雍正皇帝推行的“摊丁入亩”取消了人头税，让民间敢多生孩子，不再瞒报家庭人口数；另一方面，国泰民安使老百姓有精力去开垦荒田，土豆、红薯、玉米等高产农作物大面积推广种植，充足的粮食能养活更多的人。道光（乾隆的孙子）14年即1834年（1840年第一次鸦片战争），中国人口突破4亿。民国国父孙中山先生提出的“四万万同胞”即源于此，这一惯用语一直延续到1949年新中国成立。

从1840年英国叩开清政府大门，到1949年新中国建立，中国人口只增长了1亿多，这100多年是中国近代史，也是中华民族饱受外国列强欺凌的灰暗史。历史证明，一个闭关锁国、自给自足、自娱自乐的内生型民族，即使人口再多，也不足称强，只有“人多+人强”才会有战斗力，羊群规模再大也应对不了一只恶狼的侵扰。

据国家统计局公布，截至2019年底，中国大陆总人口突破14亿（每年这个数字与联合国、世界银行公布的数字均有差异），其中，男性7.15亿，占比51.07%，女性6.85亿，占比48.93%；城镇人口8.48亿，占比60.57%，乡村人口5.52亿，占比39.43%。2019年全年比上年净增467万人。未成年人口（0~14岁）2.35亿，占比16.78%；劳动力人口（15~64岁）9.89亿，占比70.65%；老龄人口（65岁及以上）1.76亿，占比12.57%。2019年，中国国内GDP 99.09万亿元，按平均汇率折算，达14.4亿美元，稳居世界第二，人均GDP达10276美元，人均GNI 10251亿美元，正式迈入“万元俱乐部”。

判断老龄化社会的国际通行标准有两个：一是65岁及以上老人数量占比超过7%，另一个是60岁及以上老人数量占比超过10%。中国在2000年第五次人口普查时，同时满足这两个标准，标志着中国在1999年就已经步入老龄化社会，是真正的“未富先老”。

1. 中国人口趋势

《中国统计年鉴》显示，1949 年底中国人口共计 5.4 亿，2019 年底 14 亿，新中国成立 70 年来人口增长 2.6 倍。由于年鉴中 1970 年前的人口数据非连年统计，所以在这里采用世界银行截至 2018 年的数据。世行数据与中国统计年鉴中的数据略有出入，但总体上相差不大，中国总人口增长趋势如图 1-2 所示。

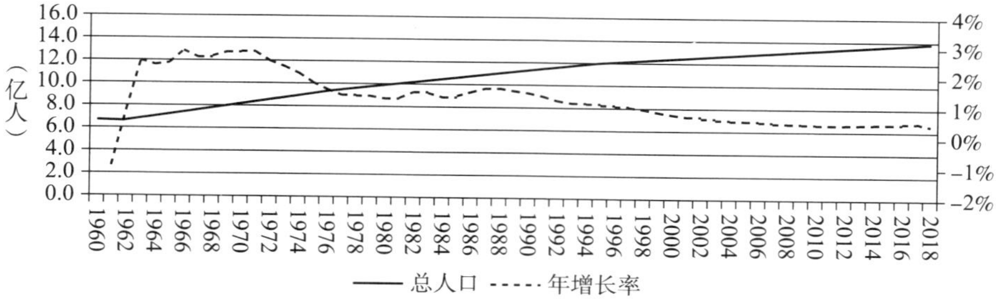

图 1-2　中国人口增长趋势

数据来源：根据世界银行报告整理，网址：https：//data. worldbank. org. cn/indicator/SP. POP. TOTL.

综合世界银行和《中国统计年鉴》数据，可以得出以下信息：

- 1959—1961 年是三年自然灾害期，中国人口出现负增长，在此期间，苏联赫鲁晓夫当政，1960 年开始撤走援华专家，使中国经济雪上加霜，粮食短缺导致大面积的饥荒。
- 1962—1963 年，中国人口出现大幅反弹，直至 1971 年增长率达到顶峰，然后增速开始放缓，到 1977 年趋于平稳。
- 1966—1976 年是“文化大革命”的十年，尽管整个社会遭到严重破坏，但人口数量一直在持续增长，特别是前五年，出现第一次生育高峰。
- 1982—1988 年，人口增长出现第二次高峰，尽管这期间开始实施计划生育，但第一次出生高峰的人到了生育年龄，于 1989 年开始，人口增速持续下降。
- 在 2011 年增速达到最低点后，人口增长又开始出现缓慢上升趋势。2015 年全面实施二孩政策后，人口增速明显有所提升。

中国人口缓慢上升也是经济发展到一定程度后的必然规律。一是经济的高速增长，加大了就业压力，许多人开始接受晚婚晚育；二是高昂的养育成本让许多人不愿多生，转向少生优育；三是养老制度的进一步完善和普及，减少了人们老无所依的后顾之忧，养儿防老的传统意识正在逐渐淡化。

2. 31 个省市自治区人口

与其他国家一样，中国大陆人口分布也极不平均。总体上讲，人口数量从东部沿海到西部高原呈依次递减之势。截至 2019 年末，东部 10 个省市人口占全国 38.69%，GDP 占全国 51.59%；中部 6 个省人口占全国 27.54%，GDP 占全国 22.09%；西部 12 个省市自治区人口占全国 27.27%，GDP 占全国 20.71%；东北三省人口占全国 7.71%，GDP 占全国 5.07%。见表 1–3。[①]

表 1–3　2019 年各省人口数量和 GDP 数据

省份	常住人口（万）	城乡占比（%）		GDP（亿元）	人均 GDP（万元）	面积（万平方公里）	人口密度（人/平方公里）	区域
		城镇	乡村					
广东	11521	71.40	28.60	107671	9.35	18.0	640	东部
山东	10070	61.51	38.49	71067	7.06	15.4	654	东部
河南	10952	53.21	46.79	54259	4.95	16.7	656	中部
四川	8375	53.79	46.21	46615	5.57	48.1	174	西部
江苏	8070	70.61	29.39	99631	12.35	10.3	783	东部
河北	7591	57.62	42.38	35104	4.62	18.8	404	东部
湖南	6918	57.22	42.78	39752	5.75	21.2	326	中部
安徽	6365	55.81	44.19	37114	5.83	14.0	455	中部
湖北	5927	61.00	39.00	45828	7.73	18.6	319	中部
浙江	5850	70.00	30.00	62352	10.66	10.2	574	东部
广西	4960	51.09	48.91	21237	4.28	23.6	210	西部
云南	4858	48.91	51.09	23223	4.78	38.3	127	西部
江西	4666	54.70	45.30	24757	5.31	16.7	279	中部
辽宁	4352	68.11	31.89	24910	5.72	14.6	298	东北
福建	3973	66.50	33.50	42395	10.67	12.1	328	东部
陕西	3876	59.43	40.57	25793	6.65	20.6	188	西部
黑龙江	3751	60.90	39.10	13612	3.63	45.5	82	东北
山西	3729	59.55	40.45	17206	4.61	15.6	239	中部
贵州	3622	49.02	50.98	16769	4.63	17.6	206	西部

① 上海市未公布近几年的城镇化率，其城乡人口数据未统计。按照核算制度要求，驻外使领馆、部分不宜划分地区的保密单位和总部经济、军队武警等活动仅核算在全国，未核算到地区，因此，各省市自治区 GDP 汇总数会略小于全国 GDP，2019 年二者相差 5363 亿元；各省市自治区常住人口合计值为 141690 万人，比全国总人口多出 1685 万人。

续表

省份	常住人口（万）	城乡占比（%）		GDP（亿元）	人均 GDP（万元）	面积（万平方公里）	人口密度（人/平方公里）	区域
		城镇	乡村					
重庆	3124	66.80	33.20	23606	7.56	8.2	381	西部
吉林	2690	58.27	41.78	11726	4.36	18.7	144	东北
甘肃	2647	48.49	51.51	8718	3.29	45.4	58	西部
内蒙古	2540	63.40	36.60	17212	6.78	118.3	21	西部
上海	2428	—	—	38155	15.71	0.6	4047	东部
新疆	2523	51.87	48.13	13597	5.39	166.0	15	西部
北京	2153	86.60	13.40	35371	16.43	1.7	1266	东部
天津	1562	83.48	16.52	14104	9.03	1.1	1420	东部
海南	944	59.23	40.77	5308	5.62	3.4	278	东部
宁夏	695	59.86	40.14	3748	5.39	6.6	105	西部
青海	607	55.52	44.48	2965	4.88	72.2	8	西部
西藏	351	31.50	68.50	1697	4.83	122.8	3	西部
全国	140005	60.57	39.43	985502	7.04	961	146	

数据来源：人口和 GDP 根据各省《2019 年国民经济和社会发展统计公报》数据整理，各省市自治区面积数据取自于百度百科。采用四舍五入法保留两位小数。

根据 2019 年末各省市自治区人口和 GDP 数据，可以获得以下信息：

- 常住人口超 7000 万的省有广东、山东、河南、四川、江苏和河北，其中广东省和山东省均超亿人。

- 上海市人口密度最大，达到 4047 人/平方公里，除上海、北京、天津三个直辖市外，人口密度超 500 人/平方公里的省有江苏、河南、山东、广东和浙江。

- 西藏人口密度最小，只有 3 人/平方公里，其次为青海、新疆和内蒙古。

- 广东、江苏、山东三省 GDP 总量最大，在人均 GDP 排行榜中，全国均值为 7.04 万元，共有 10 个省市自治区超过全国均值，其中，北京、上海、江苏、福建和浙江均超过 10 万元。

- 东北三省的人口数量持续减少。辽宁和新疆的人均 GDP 高于河北、河南和山西。

- 城镇化率（也叫城市化率）一般采用人口统计学指标来表示，在 2019 年，全国常住人口城镇化率为 60.57%，共有 11 个省市自治区超过这一水平，除四个直辖市外，分别为广东、江苏、浙江、辽宁、福建、内蒙古和湖北。发达国家的城镇化率均在75%以上。

在同一个省内，人口分布也极不平衡，城市、经济发达区域是人口密集区。在同一城市，中心城区、主城区人口密度大，近郊县域、远郊县域的人口分布相对稀疏。随着城镇化率的提升，农村人口向城镇迁移的趋势会越来越明显。

各省市县都有统计年鉴，里边详细记录了当地居民的人口规模、年龄结构、性别、民族、平均寿命、教育程度、出生率、死亡率、城乡人口分布等统计信息。营销者开发市场之前，当地的统计年鉴是必备材料之一。2020年，国内将开展第七次全国人口普查，标准时点为11月1日零时。希望这次普查后各省能及时公布人口数据，以便能让更多的企业作为经营参考。

除此之外，还要有行业的年度统计报告，每个细分行业均有相应的机构在做专业统计，有些需要付费购买，这些统计材料有助于营销者对目标市场做更清楚的了解。

二、人的四重属性

茫茫人海，芸芸众生，你可以不知道“我是谁？从哪里来？到哪里去？（哲学领域三个终极命题）”，但一定要知道“顾客是谁？从哪里来？到哪里去？”人口分布只是从宏观角度预估市场规模，要想开发、维护或扩大市场，还要知晓人的基本属性，因为属性决定了欲望、需求、消费心理和消费行为。人的属性是根基，是源动力，与之相比，欲望、需求、行为等只是表象，是属性的产物。

人的属性有四个维度：生物人、经济人、情感人和社会人，消费者是这四重属性的结合体。生物人是人的自然属性，表现为人体遵循自然规律及物质层面的需求；经济人是指人是市场交换的主体，有思维，会“算计”，追求趋利避害，渴望用最小的付出获得最大收益；情感人是指人对客观世界（市场）的心理反应，正是因为情感的存在，才构成了一个个鲜活的生命体；社会人是指人在市场交换中，必须遵守社会规范和履行社会角色，渴望得到他人（包括卖家和自己周围的人）的信任、认可和尊重。

四种属性相互影响，相互依存，共同影响消费者的心理和行为，只不过在不同的场景，四种属性的重要性和表现强度有所不同。比如，同样一碗牛肉面，在地摊或小吃店，顾客的生物人和经济人属性就表现强一些；在高档饭店，更多体现了人的社会属性；无论是哪一种场景，只要是与脾气相投的人一起吃，就一定会吃得 happy，又体现人的情感属性。“男人的上半生用下半身思考，下半生用上半身思考”，这句话体现了男人的上半生像一个纯粹的生物人，后半生更具经济人和社会人的属性，而成熟男人的魅力不在于散发野性，更在于充满理性。

关于人性的假设，还有理性人、复杂人等理论，理性人是对经济人的延续和发展，是指人在决策时不会感情用事，而是精于算计和判断，强调了人在逐利时的理智。复杂人则是将这些假设归为一体，认为人是复杂的高级动物，在不同的情形下会表现出不同的人性，人力资源管理理论中的“超 Y 理论”正是基于这一假设。的确，人很复杂（尤其是女性更为复杂），也正是因为这些复杂性才让人际交往充满变数，让营销显得困难重重，让世界充满谜一样的魅力。

从营销角度讲，生物人、经济人、情感人和社会人这四大属性是产生需求的基础，只不过在满足需求的过程中，企业不能仅用单线思维考虑营销策略，一定要将消费者当复杂人来看待，即满足消费者的多重利益才会收到好的营销效果。

（一）生物人

作为一种生物，人与其他动物既有相似之处，也有明显差异。相似之处体现在为了生存都要进行吃喝拉撒睡等这些本能活动。差异之处在于人可以有目的、有意识地制造工具，并利用工具去改造自然、创造和改善生存条件，以保障、满足、丰富和延长自身的生存，从钻木取火到人工智能，从煮茶叶蛋到制造原子弹，概莫能外，所以人可以处于食物链的顶端，成为世界的主宰。

一说本能，肯定会首先想到“食、色，性也”这句名言，这句话本是告子所言，只是由孟子记录并流传下来，所以许多人认为是孟子的名言。孟子倡导性本善，荀子倡导性本恶，而告子则认为无所谓善与恶，只有食和色才是人的本性。有多少人刻意曲解本能的真实含义，为自己的饕口馋舌、荒淫无度寻找借口。作为高级动物的人，食和色仅仅是两种最底端的生理本能，人的本能还有许多种，比如衣、住、行、运动、自由等。

生老病死是任何人都逃脱不了和必须面对的自然规律，可以说人类的一切活动都是为了生命的延续，为自己活，为他人活，为民族活。人只有活着，才会有希望，才会有“革命的本钱”，才能创造更多的价值。

活着就是指具有体温、呼吸、脉搏、血压和意识这些生命体征。肉体是灵魂或精神的物质载体，只有对人类发展做出突出贡献的伟人（包括政治家、军事家、科学家、哲学家、艺术家等）才可以做到“有的人死了，他还活着”，对于碌碌无为的众生来说，肉体消亡就意味着什么都不存在了，几百年后，真的是没人知道这世界你曾来过。你可以想想，有史以来千古流芳的才有几人？

人体本身就是一部天然的精密仪器。细胞是人体的基本单元，细胞构成组织，组织构成器官，器官构成系统。人体共有四大组织：上皮组织、结缔组织、肌肉组织和神经组织；共九大系统：运动系统、消化系统、呼吸系统、泌尿系统、生殖系统、内分泌系统、神经系统、循环系统和免疫系统。四大组织和九大系统各司其职，任何一个出问题，人就会生病，“人体”这部机器就不能正常运转。

与其他物种一样，人体也是由化学元素组成，主要集中在化学元素周期表中的前20个。人体含氧65%、碳18%、氢10%、氮3%、钙1.5%、磷1%、钾0.35%、硫0.25%、钠0.15%、氯0.15%、镁0.05%，这11种被称之为常量元素，还包含铁、铜、锌、钴、钼、锰、钒、锡、硅、硒、碘、氟、镍13种必需的微量元素。除氧、碳、氢、氮主要以有机化合物形式存在之外，其余均被称之为无机盐或矿物质，矿物质无法自身产生和合成，需要从外部摄入。百年后，人也会化作春泥彻底融入大自然。

这些元素构成了人体的六大组成部分：水57%、蛋白质20%、脂肪15%、矿物质（无机盐）5%、碳水化合物2%、维生素1%，所以不能只说“女人是水做的骨肉”，男人也同样是“水做的骨肉”，这六大成分也被称之为人体六大营养素。随着对人体认识的逐步提高，现在又将膳食纤维作为第七大营养素。膳食纤维是一种多糖，它既不能被胃肠道消化吸收，也不能产生能量，但可以排毒，是身体内的垃圾清运工，肥胖症、糖尿病、高脂血症、肠癌、便秘、肠道息肉等就与膳食纤维过少有关。

要想身体健康，各种营养素或元素就要达到均衡水平，过量或过少均会出问题。比如缺铁易引起贫血、缺锌影响大脑发育和智力、缺钠会浑身无力，等等。如果你从事食品、营养品或保健品的销售或服务，你要清楚每种营养素特别是各种矿物质的作用机理，这样既接地气又显得专业，你的说辞会更有信服力。如果你只是普通的消费者，知晓这些常识会让你擦亮眼睛不容易被骗，会觉得“绿豆、长条茄子治百病”的言论非常荒诞，会对保健品那些高大上的新名词保持警惕。

健康是1，其余的都是0，没有一个健康的身体，一切都无从谈起。身体所需的营养在日常的蔬菜食品中已经足够，不必刻意去乱补，山珍海味可能不适合你，粗茶淡饭可能更有益于你的健康。年轻时透支本钱、不良习惯都是债，到老了都要还的，真的是“少壮不注意，老大徒伤悲”。规律的饮食，规律的作息，规律的运动，让身体规律地自我新陈代谢。

在雾霾、水污染、土壤污染日益严重的今天，人们的健康意识也越来越强烈，有机、绿色、环保、安全成为人们挑选商品时的首选，你的产品或服务要迎合顺从这种趋势，不能只做噱头，更不可虚假宣传，要做一个有良心的从业者。

（二）经济人

《红楼梦》中的“好了歌”所言“世人都晓神仙好，只有金银忘不了”是对世人活生生的写照——既羡慕神仙，又深陷世俗。在农耕时代，谷物粮食是人生存的根本，所以逐利就表现为多生产粮食，“利”字本身隐含“用刀来收割禾”。随着物产的增加，开始出现货币等价物，比如谷物、羊、贝壳、布帛、铜钱、金银等，一直到现在的纸币和即将推出的数字货币。货币的进化史就是一部人类的逐利史，无论是国内市场交换，还是国际贸易，亦包括大大小小的国内外战争，概莫能外。

天下熙熙皆为利来，天下攘攘皆为利往，趋利避害是人的本性之一，也是推动社会发展的强大动力。在商品经济充分发展的时代，钱财越多，意味着用于交换的筹码越多，可以拥有的优质资源也就越多。用世俗眼光看，财富已经成为评价一个人是否成功的可量化标准。

对财富的渴望和追求无可厚非，但不可不择手段唯利是图，不能为一己之利而损他人或社会利益，不义之财不可取，“莫伸手，伸手必被捉”。君子爱财，取之有道。你需要在社会规则的允许下努力工作，正大光明地去争取应得、可得之财。每个人都应该努力奋斗，通过为他人、为社会创造更多价值来谋求财富回报。请不要用淡泊名利给自己的平庸找借口，即使淡泊也要有一定的资本。

人可以不求大富大贵，但也要力争衣食无忧。一分钱难倒英雄汉，没有足够的财富支撑，一个人在社会上就很难立足，去秦岭的钟南山当隐士也需要社会或朋友的救济。你可以不爱财，但赡养父母、教育子女是你应尽之责，这些都需要钱财来支撑。特别是病了才知道健康的重要性，病了更会知道钱的重要性。

所以说人都是经济人，也应该是经济人。“经济人”一词源于亚当·斯密的《国富论》，后由帕累托将之作为专有名词引入经济学领域，特指人专注于个人利益和效用的最大化。这一假设强调了人的自私自利，把经济利益视为人的唯一追求，这种限定虽然显得有些狭隘，但人的经济属性的的确确客观存在。尽管钱财不是人生的唯一追求，但也的确是立足社会赖以生存的根本。

营销本身就是一种经济行为，你的营销活动首先要基于经济人假设，你需要做的就是找好那个平衡点，既可以确保企业合理赢利，又能够让顾客心甘情愿付款。从别人口袋里掏钱的确是一门技术活，这也正是营销的魅力所在。

顾客不是活雷锋，不会对你产生无缘无故的爱，之所以购买，一定是基于自身利益的考虑，觉得你的产品或服务有价值，能为他带来某种利益。对顾客来说，购买就意味着金钱上的付出，为了花得值，通常会货比三家，虽然有时候价格不是唯一的选购标准，但一定是一个非常重要的影响因素，所以你一定要让顾客觉得物有所值、物超所值。

（三）情感人

只要是动物，就会有情感，只不过人类的情感更为丰富、更为复杂（其他动物也可能有丰富的情感，只不过不好观察），比如狗高兴了会向你摇尾巴，发怒或惊恐时会狂吠。根据百度百科解释，人的七情六欲中的七情是指喜、怒、忧、思、悲、恐、惊，是感情的表现或心理活动，体现人的情感属性；六欲是指人的眼、耳、鼻、舌、身、意，是生理需求或愿望，体现人的生物属性。（与七情六欲相对应的是四大皆空，是佛教用语，四大是指地、水、火、风，四大构成世界，皆空是指一切都是空虚。）

情感和情绪都是人的一种主观心理反应，都是感情的表露方式，在表露时会伴随显著的身体—心理变化。二者的主要区别是：情感更倾向于稳定、持久和内敛的感情反应，有时候让人不易察觉；情绪更多的是指波动、短暂和外显的感情反应，可以通过面部表情、言语声调和身姿动作观察到。人可以隐藏自己的情绪，但不会欺骗自己的情感，只不过更多的时候是不能流露自己真实的情感而已。

情感可分为积极情感和消极情感，积极情感主要包括爱、热情、高兴、喜悦、快乐、欢笑、放松、平静、兴奋、舒坦、爽快等；消极情感主要包括生气、郁闷、压抑、伤心、冷漠、苦恼、愤怒、痛苦、恐惧、绝望、仇恨等。积极情感的主要表现方式是笑，无论是微笑、欢笑，还是开怀大笑、哈哈大笑，都会让人感到身心愉悦；消极情感的极端表现方式是哭，无论是哽咽、抽泣，还是放声痛哭、号啕大哭，都是对消极情感的一种宣泄。追求积极情感、回避消极情感是人类的本能，无论哪个国家、哪个朝代的人都一样。

我们无须纠结于这两个词的准确含义，只需知道消费者均是情感人即可。在营销过程中，能否为消费者提供或创造积极的情感体验至关重要，关系到营销结果的成败，毕竟没有人愿意“花钱找气生”，最起码是避免让消费者产生消极情感，特别是生产与消费同步进行的服务业，顾客一旦产生不满，可能当场就拒绝消费。在购买和使用中，顾客产生的积极情感越多，就越会对品牌形成依赖，这种情感上的忠诚可为企业带来丰厚的回报。所以在营销时，不要仅把顾客视为追求物质利益的“俗人”（即使顾客是，也不要这样认为，要给顾客留足面子），更要关心顾客的内心感受。

（四）社会人

马克思说：“人的本质就是一切社会关系的总和。”任何人都不可能长期脱离社会而独立生存。北岛的名诗《生活》全文只有一个字“网”，却点出了生活的真谛，我们每个人都是网中的一个节点，与他人、与社会有着千丝万缕的关系。任何人都不会是一座孤岛，桃花源只是一种乌托邦，在现实社会根本不存在。

有人的地方必有江湖。作为社会中的人，注定不能一意孤行，为所欲为，人的言论和行为必须接受社会规则和法律制度的约束，必须符合道德、伦理等社会规范，可以做商业模式和商业形态的破坏者、创造者，更要做商业规则的遵守者，游走于社会就必须遵守江湖规矩。

人的社会属性具有历史性、发展性、现实性、阶层性等特征，有国别、信仰、时代等烙印，是人区别于其他动物的根本所在。尽管狼群、蚂蚁、蜜蜂等动物也讲团队合作，但也仅仅是为了生存的本能反应。人的社会属性主要表现在两个方面：一是人的社会性需求，二是人际关系需求。

社会性需求可以对应于马斯洛需求层次理论中的高层次需求，人们在工作、生活、交往、消费等场景中，渴望得到重视、尊重、信任、自由、关爱等最基本的心理满足，有时候这种心理上的满足远高于对经济利益的诉求，毕竟人们购买产品、享受服务的目的不是去受虐，不是去找生气，再好的产品、再优惠的价格，也弥补不了由冷漠带来的伤害。发生交互关系时，销售人员的态度、语言、语气、响应速度等都是影响交易的关键因素，一定要让顾客感受到被重视、被尊重、有面子，要让顾客有一种亲人般的感受，有一种相见恨晚的感觉。

人际关系是人社会属性的另一面。要想在社会上生存，你需要一个关系网络，这个关系网越庞大，意味着你可以接触到的社会资源越多，“独木难成林”“朋友多了路好走”就是这个道理。每个人的心智模式、性格、经历、成长环境、家庭背景、教育程度等均不相同，这也决定了关系网的宽度、深度、质量也不一样，所以有“圈子”一说，对于王侯将相的圈子，草根布衣就很难融入。

根据人际关系的六维理论，你与特朗普、金正恩的联系最多只需要六个中间人，这世界真的是说大就大，说小就小。人的时间和精力毕竟是有限的，你不可能天天去拉关系、交朋友，懵懂年龄交的朋友最真，因为没有功利色彩。随着年龄的增长，许多路走过了，许多事看开了，能走进你内心的人越来越少，才会发出“千金难买一知己”的感慨，不是社会变了，而是自己的内心变得复杂了。有些朋友，走着走着就散了；有些人，走着走着就远了。朋友突然远离你，那一定是受到了最深的感情伤害。

人际关系的建立是以信任为基础的，关系营销、口碑营销、直销都是利用了这一点。人际关系共有四个维度：基缘维度、间距维度、交频维度和信传维度，其中，基缘包括血缘、姻缘、地缘、业缘和趣缘，血缘和姻缘的信任程度最高。间距维度是包括自然空间距离和心理距离，远亲不如近邻，就是指空间距离可以让人感到亲近。交频维度是指交往和沟通的频率，朋友关系越亲密，往往互动越频繁。信传维度是指信息传递的内容和方式。微信之所以强大，就是把这几个维度紧密地联系在了一起，既有私密性，又有一定的开放性。朋友圈就是你关系网的体现，但做微商千万别透支你的信用。

除此之外，人还有阶层等级之分。人从出生那一刻就刻着阶层的印章，“王侯将相宁有种乎？”现实会告诉你是真的“有种”，“龙生龙，凤生凤，老鼠孩子会打洞”就是既形象又贴切的比喻。尽管每个人都无法改变自己的出身，但可以通过后天的努力来改变自己的命运。人是流动的，不仅指地域上的迁移，还包括从底层社会向上层社会的转变过程。上层社会有更高的社会地位，拥有更多的话语权和可支配资源，所以每个人都在向金字塔的上部努力奋斗，正是这种向上奋斗的精神推动了整个社会向前进步。在同一阶层，人们可能处于不同行业，但财富、社会地位基本相当，消费意识和消费价值观也比较相近。在社会阶层相对固化的时代，向上迁移之路会很艰难，但又同时充满机遇。

了解人的社会属性，会让你重视每一位顾客、每一笔交易，因为每一位顾客背后都站着一大群人。满意了会为你免费做广告，并向他人推荐；不满意也会广而告之，并劝阻他人购买。特别是在自媒体时代，每个人都可以随时随地发出自己的声音，信息散播的速度更快，影响更广。

人的四重属性对营销的启示见表1-4。

表1-4　人的四重属性

属性	含义	营销启示
生物人	“三生”需要：生理、生存、生活	健康、营养、安全、生态、简约、个体、功能、省力
经济人	成本最小、利益最大、功利性	价格、价值、便捷、免费、便宜、折扣、省心、省时
情感人	情感、情绪、心情	提供积极情感体验：快乐、愉悦、放松、高兴、欢笑
社会人	信任、被认可、交际、阶层、等级、关系、地位	尊重、重视、面子、关爱、信用、奉献、圈子、人情

三、营销中的客户画像

打靶之前一定要知道靶标在哪儿，否则子弹会乱飞，画像就是找到那个中心环，让营销有的放矢。所谓画像就是从多个维度提炼总结目标客户的共同特性，这些特性可以勾画出目标客户的基本模样，就像素描一样，寥寥几笔，一个人的模样就跃然纸上。

客户画像是营销必修课，是精准营销的关键环节，其作用有三个：一是便于产品或服务的统计分析；二是便于定位和开发潜在用户——知道现有客户的特征，就可以知道哪类消费者更容易转化为顾客；三是便于深度营销——了解现有客户的消费偏好，就可以推荐更多的产品或增值服务。

画像的工具一般有调研、问卷、实验、访谈和大数据挖掘，特别是在数据大爆炸时代，使得大数据挖掘更具客观性和准确性，消费者的每次网络使用（包括浏览、购物等）都会留下踪迹，电脑、手机、平板等也常被植入Cookies，以便对用户进行精准信息推送，每个人的终端都是“网络肉鸡”，BAT、网易、当当、京东等互联网企业在这方面都积累了丰富的经验。

画像之后，要给用户贴上标签。标签就是起名字，没有统一的标准和格式，只要能体现出目标客户的特性即可，比如将客户标签为进取型、保守型、忠诚型、三心二意型等。标签可以是抽象概括，而画像的维度则有一定的标准可循，比如人口统计特征、消费习惯、使用偏好、交互频率、地域、行业等，只有从多维角度分析，才能尽可能地接近客户的真面目。需要注意的是，维度并非越多越好，没有最优，只有最合适。

（一）不同年龄段人群的特性

在客户画像前，最好先了解目标客户的成长背景，因为每个人的成长经历都浓缩着时代的烙印，同一年龄段的人有着较为相似的消费基因，不同年龄段的人之间存在着所谓的“代沟”，这个代沟就主要体现在消费观和价值观上存在明显分歧，正如马克思所言：“人的本质是历史的、发展的。”

人的年龄分为实际年龄、生物年龄和心理年龄。实际年龄就是通常所讲的年纪、岁数；生物年龄是指身体各器官的健康程度，比如未老先衰、老当益壮是形容生物年龄；心理年龄是指人的心智成熟度，比如年少老成、老顽童是形容心理年龄。古人所讲“二十弱冠，三十而立，四十不惑，五十知天命，六十花甲，七十古稀，八十九十耄耋，一百期颐”，就指出了不同年龄具有不同的特性。

现在较为流行的是将年龄划为五段十四档，这种细致的划分比较符合国情，以 2020 年为界，各年龄段的具体划分详见表 1-5。

表 1-5　不同年龄段人群特性

<table>
<tr><th colspan="2">人生阶段</th><th>年龄段</th><th>时代特征</th><th>心理特性</th><th>消费特征</th></tr>
<tr><td rowspan="3">童年</td><td>婴儿期</td><td>0~3 个月</td><td rowspan="3">出生于 2014—2020 年，在 Wi-Fi 下成长，智能玩具多，网络资源丰富，启蒙教育多元化</td><td rowspan="3">好奇、天真、纯洁、情绪化、自我、调皮、可爱，相信童话里的世界是真实的</td><td rowspan="3">注重健康、安全、营养，促进智力提升，学与玩并重，多姿多彩</td></tr>
<tr><td>小儿期</td><td>4 个月~2.5 岁</td></tr>
<tr><td>幼儿期</td><td>2.5~6 岁</td></tr>
<tr><td rowspan="3">少年</td><td>启蒙期</td><td>7~10 岁</td><td rowspan="3">出生于 2003—2013 年，伴随互联网企业一起成长。中国经济开始腾飞，商品日益丰富，教育更为普及，严重依赖网络，互联网成为学习、生活和娱乐的最主要工具</td><td>贪玩、好动，爱好单一，对性别有朦胧意识，友谊的小船说翻就翻</td><td>依赖父母和老师，与童年没有太大区别</td></tr>
<tr><td>逆反期</td><td>11~14 岁</td><td>叛逆、个性、自尊、追星、模仿、关注异性，在意发型和服饰</td><td rowspan="2">追求个性和与众不同，喜欢名牌，受偶像影响较大，学会攀比，有自己的偏好</td></tr>
<tr><td>成长期</td><td>15~17 岁</td><td>阳光、自信、独立、标新立异、有主见、任性</td></tr>
</table>

续表

人生阶段		年龄段	时代特征	心理特性	消费特征
青年	青春期	18~28 岁	出生于 1980—2002 年，伴随改革开放一起成长，普遍受过高等教育，思想开放，是当今社会大众创业、万众创新的主力军和主要参与者	精力充沛、意气风发、易冲动、高度自信、喜欢交际、爱好广泛，相信世界是自己的	追求时尚和潮流，认可品牌，敢花、敢买，节约意识淡薄
	成熟期	29~40 岁		追求财富和地位，渴望得到认可和尊重，学会圆滑与世故，懂得感恩，开始广结善缘	自己选择，不再盲从，品牌忠诚度高，追求“五子”登科
中年	壮实期	41~48 岁	出生于 1972—1979 年，多数人没赶上福利分房，大学毕业国家不再包分配，年轻时三资企业盛行，是当今社会的中流砥柱	人生基本定型，有希望的还争一争，没希望的也会最后一搏，知道有所为有所不为，开始感悟人生，学会了原谅，相信世界不是自己的	消费趋于理性，对商品既要求外在美，又注重实用性，花钱不再大手大脚
	稳健期	49~55 岁	出生于 1965—1971 年，原子弹爆炸让中国人挺起腰杆，年轻时赶上恢复高考，生育期赶上计划生育	接受现实，学会放弃和放手，不再争强好胜，不再热衷交际和应酬，内心趋于平静，梦想和欲望逐渐消退	对名人开始免疫，不再盲从，追求休闲、舒适，开始关注健康和养生
	调整期	56~65 岁	出生于 1955—1964 年，与共和国一起成长，经历“大跃进”和“三年自然灾害”活下来实属不易，文化程度普遍不高	开始思索和总结人生，看轻看淡世事，明白健康、长寿才是第一位，子女有出息才是最大的成就	只选对的不选贵的，自己省吃俭用，消费更多基于家庭、父母、子女来考虑

续表

<table>
<tr><th colspan="2">人生阶段</th><th>年龄段</th><th>时代特征</th><th>心理特性</th><th>消费特征</th></tr>
<tr><td rowspan="3">老年</td><td>初老期</td><td>66~72 岁</td><td rowspan="3">出生于 1954 年及以前，见证了共和国从贫穷落后走向国富民强，上过山，下过乡，有多个子女的较多，年轻时存在重男轻女思想</td><td>恐惧死亡，害怕老，孤独感增强，依恋子女，回忆往事，惦念老友，喜欢扎堆，明白有权无权都一样</td><td>价格敏感型，注重商品性价比，常常冲动性购买，是保健品和营养品的拥趸</td></tr>
<tr><td>中老期</td><td>73~84 岁</td><td rowspan="2">唠叨，守旧，健忘，释然，与世无争，宠溺孩子，希望子女健康平安，能常回家看看，明白有钱没钱都一样</td><td rowspan="2">追求实惠和实用，以舒适、健康为主，更需要心理关爱</td></tr>
<tr><td>年老期</td><td>85 岁以后</td></tr>
</table>

各年龄段人群的特性分析如下：

1. 童年

这是人生最快乐的时段，过着衣来伸手、饭来张口的生活，尚无性别和贫富差距意识，天真、可爱、活泼、好动、纯洁、好奇、无忧无虑、情绪化是其典型特征，是家庭消费的焦点、快乐的源泉，也是社会重点关注的对象。以前这个年龄段的孩子是纯粹地玩，现在则是为了学而玩。为了不输在起跑线，从胎教到幼儿园，每个孩子从出生就加入竞争队伍，辅导班成为城市儿童教育的一大景观。这一代人在 Wi-Fi 笼罩下出生，注定了其成长会受移动互联网和电子产品的影响，网络上海量的动画片、游戏、音乐和可视化教育资源，可以让孩子们边娱边学，让启蒙教育变得不再枯燥，但与之相伴的是弱视、近视眼的孩子也快速增多，催生了暴利的儿童眼镜市场。吃、穿、玩、学是这群孩子的主要需求，是儿童市场的四大主题，特别是在健康食品和智力开发上，只要有利于孩子成长，家长们会不吝投入，“再苦不能苦孩子，再穷不能穷教育”的爱子之心是儿童市场暴利的根源所在。儿童市场永远充满商机，健康、安全、环保、营养、长知识、提高智力应是产品的核心功能和营销主题。

2. 少年

这是最让家长头疼的年龄段，贯穿小学、初中和高中（高职）整个中小学时代，阳光、自信、自尊、个性、独立、叛逆、模仿、追星、任性是其典型特征。在启蒙期，还较依赖家长和老师，对性别、贫富只有朦胧意识，是乖乖一族。到了逆反期，与同学、社会的接触日益增多，社会认知能力逐渐提高，越来越想独立和自由，开始对异性充满好奇，胆大的开始早恋，特别是在初中阶段，开始顶撞父母，怀疑世界，追求个性，注重服装和发型等外表。在高中成长期，敢于表达自己的观点，表现欲较强，总想标新立异，学会了人际交往，尝试用成人思维来解决困难，形成自己的价值观和人生观。这一代人伴随中国互联网企业共同成长，在小学阶段，就学会建立各种 QQ 群，并热衷于群聊（腾讯产品的黏性从消费者孩提时代就已显现），互联网成为信息主要来源，是标准的拇指一代，也是深受游戏毒害的一代。在逆反期和成长期，对父母不再是言听计从，有了自己的消费偏好和消费主见，追求高质量和名牌，受同学影响较大，学会了攀比，父母更多时候只是“交款机”。在营销宣传上，应充分利用互联网媒体和名人效应，将这一群体直接定位于受众目标；在功能诉求上，应彰显个性和与众不同。

3. 青年

这是人生的黄金期，也是人生的分水岭，一个人的下半生能否过得称心如意基本取决于这个阶段。在青春期，精力充沛、身体健壮、思维敏捷、爱好广泛、喜欢交际、憎恶分明、民族情结、易冲动是其典型特征。在这一时期，有了明确的理想和奋斗目标，开始谈恋爱结婚，重视爱情和友情，情商的作用开始大于智商。在成熟期，渴望成功和被认可、追求理想、追求金钱和地位、学会了圆滑和世故，注重人脉的积累，有了一定的经验和财富，有了子女，开始理解父母的艰辛和不易，胆大的开始伺机自己创业。这一代人与中国的改革开放一起成长，对财富的渴望和追求不再隐讳，也不再纠结自己到底应该是“白猫”还是“黑猫”，谈论的话题多是事业、票子、房子、车子和女人（男人），特别是 35 岁和 40 岁，成为职业生涯的两道关卡。在自己挣工资后，完全是“我的地盘我做主”，消费选择已基本不再受父母的影响，更多的是追随社会潮流，对品牌更加挑剔，同时，对认可的品牌也更加忠诚，网络、电视、广播、口碑是其信息主要来源。在营销上，应塑造成功、奋斗、努力、自强不息等产品形象；在服务上，让这类群体感受到被重视、被尊重和有面子，应将满足社会属性需求放在更高位置。

4. 中年

这是人生的感悟期，对功名利禄开始看淡、看开、看轻，此后人生从短跑变为长跑，健康、感慨、责任、理性、稳健、淡然、安详、从容、成熟是其典型特征。月盈则亏、水满则溢，壮实期就是“盈、满”时期，是人生的鼎盛期，有职权的还想着升一升，无职、无权、无钱的开始明白有所能、有所不能，但仍会继续努力奋斗。在稳健期，人生过百，梦想和欲望逐渐消退，开始接受现实，对某些事、某些人学会放手和放弃，不再热衷于交际和应酬，许多人开始信奉宗教。在调整期，面对即将到来的退休生活，开始思索人生的意义，开始感悟总结“我这一生”。中年期，上有老，下有小，中间或许有情感危机，责任感让身体和心理面临较大压力，胆大的离婚，胆小的蜗居，真爱的会更加依恋和珍惜。已经没有了棱角，对名人开始免疫，对成功者不再崇拜，对社会不再妄议，对健康开始关注，谈论的话题集中于孩子和养生。这一代人与共和国一起成长，丰富的阅历让消费趋于理性，不再刻意追求高档商品，更注重内心的平衡和平静，对自己是只选对的不选贵的，消费更多的是基于家庭、父母和孩子考虑，网络、电视、口碑是其主要信息来源。在营销上，孝心、爱心、公益、休闲、舒适、文化传承是品牌诉求点。

5. 老年

这是人生的黄昏期，经过岁月的洗礼，对人生已经悟透，对世事已经彻底看开，明白人生是场马拉松，不在于你跑得有多快，而在于你跑得有多远，孤独、依恋、机能衰退、健忘、睡眠少、唠叨、守旧、释然、豁达是其典型特征。在初老期和中老期，源于对死亡的恐惧，会非常注重养生和保健，也常常因此被不良商家所欺骗，除保健品外，对其他商品只关注其实用性，电子产品的功能越简单越好，不再讲究品牌，对价格异常敏感，常常因低价而产生冲动性购买，生物人和经济人属性体现得更为明显。在老年期，行动会越来越不便，完全接受生老病死这一自然规律，更希望的是家庭能和和睦睦、团团圆圆，子女能健健康康、平平安安。老年人已不再关注物质需求，需要的是心理上的关爱，盼的是子女能常回家看看。“父母在，人生尚有来处；父母去，人生只有归途”，品味这句话，会让人凄凄然，父母尚在的时候，无论你身居何处、居何要职，还是多回家陪陪父母为好，别让人生留太多遗憾。孝心、长寿、健康、保健、营养、实用、舒适、安全是针对老年商品市场的宣传主题。

童年是梦，少年是歌，青年是诗，中年是小说，老年是传记，人类就是这样一代又一代生生不息。无论是何体裁，奋斗、贡献应是人生的主题，上半场是与人斗，中场是感悟和调整，下半场是与天斗、与地斗、与时间斗、与疾病斗，正是这种不服输的精神推动着社会向前进步。

（二）消费品市场客户画像维度

消费品市场是指满足人们生活（衣、食、住、行、游、乐、购、医）、工作、学习、交际等需要的市场，购买者通常以个人或家庭为单位。消费品可分为日用品、选购品和特殊品，也可分为有形产品和无形服务，我们常说的市场营销一般是指消费品的营销。

人口特征、社会属性、购买属性、价值属性和心理属性是消费品市场客户画像的五个基本点，每个属性对应多个维度，画像时不必包含所有的维度，要视产品和服务的具体情况来定。可选择各维度中的一个或几个类别，组合成客户基本轮廓，然后再打上标签。消费品市场客户画像维度见表 1-6。

表 1-6　消费品市场客户画像维度

变量	维度	分类	标签
人口统计属性	性别	男、女	标签 A 标签 B 标签 C ……
	民族	汉、少数民族	
	年龄	幼年、童年、少年、青年、中年、老年	
	学历	初中及以下、高中（职高）、专科、本科、硕士、博士	
	职业	参见《中华人民共和国职业分类大典》（2015 版），共分 8 个大类、75 个中类、434 个小类、1481 个职业	
	收入	高、中、低，或按具体金额划档	
	地域	都市、城镇、乡村；或省、市、县、乡；或东北、华北、华中、华东、华南、西北、西南；或东北、东部、中部、西部	
客户社会属性	婚姻状况	未婚、已婚、离异、丧偶、再婚	
	家庭人口	1 人、2 人、3~4 人、5 人及以上	
	社会等级	上层、中上层、中层、中下层、底层	
	社交活跃度	活跃、一般、不活跃；或 A、B、C、D、E 等	
	诚信度	良好、较好、一般、较差、差；或 A、B、C、D、E 等	
客户购买特征	购买频率	频繁、较多、一般、较少、很少、无	
	消费偏好	品类喜好、浏览喜好、款式喜好、颜色喜好、支付喜好	
	购买途径	（电脑、手机、iPAD 等）网购，商店、超市等实体渠道	
	购买用途	自用、送人、收藏	
	购买介入度	高、中、低	
	购买形式	个人、团购；零售、批发	
	反馈积极性	积极、有奖励才反馈、有投诉才反馈、无反馈	
客户价值属性	消费档次	高、中、低	
	品牌偏好	高档、中档、低档；国产、进口	
	忠诚度	高、中、低（可按积分多少、购买频次来划定）	
	生命周期	初次购买者、早期使用者、重度使用者、流失者	
客户心理特征	消费动机	从众、面子、实用、低价、求新、求异、习惯型、冲动型、炫耀型、私密型	

1. 人口统计属性

共有七个维度，其中，年龄、性别、收入、地域、职业最为常用；民族比较适用于特定的商品，比如食品、服装、饰品等；学历最不重要。

2. 客户社会属性

共有五个维度，婚姻状况和家庭人口是以家庭为单位，在家庭生命周期的不同阶段，消费内容有明显不同；社交活跃度反映了一个人参与社会活动的主观意愿，活跃的人一般更愿意发表意见，比如微博中的大 V、网红等；诚信度可根据客户以往消费记录获得；根据著名社会学家陆学艺先生的研究成果，当代中国社会可分为五个等级和十个阶层，网络里还流传一个九个阶层的版本，个人认为这九个阶层的划分更接地气，感兴趣的读者可以搜来看看。

3. 客户购买特征

共有七个维度，这也是企业最为关心的客户属性，其中，对于日用品，购买次数越多表明客户越忠诚，对于选购品可从客户反馈积极性上界定客户忠诚度；购买形式和购买途径可反映客户的购买习惯，因为这容易形成路径依赖；网络购物更容易记录、分析、判断用户的消费偏好，有利于做关联产品推介；客户购买介入度越高，搜寻成本也就越大，越容易产生购买，电商企业往往依据用户浏览网页的时间、内容、页数、下单时间点等来美化界面和优化购物流程。

4. 客户价值属性

共有四个维度，消费档次和品牌偏好反映用户的消费能力，一般与人的财富实力高度相关；高忠诚度用户是企业的优质资源，这类群体越大，企业的赢利能力就越稳定，可从积分多少来界定用户忠诚度的高低；对于用户生命周期，要特别留意流失用户，过多过快的流失会快速降低企业赢利水平，对这部分用户画像有助于企业防范风险。

5. 客户心理特征

只有消费动机一个维度，虽然影响消费者购买的心理因素有多种，比如知觉、注意、动机、学习、信念、态度、个性、情绪、气质、能力等，但依据动机画像最具可操作性。动机是用户满足需求的内部驱动力，支配人们的消费选择和消费行为，可分为十大类，是给客户贴标签的主要参考因素。

（三）组织间市场客户画像维度

组织间市场是指满足组织机构正常生产、运行、工作需要的市场，通常以单位名义购买。主要包括五类市场：一是设备、机械、原材料、办公用品、交通工具等生产资料市场，也称工业品市场；二是为单位提供咨询、设计、监理、后勤保障等服务市场；三是交通、建筑、公路、铁路、园林等施工工程类市场；四是为单位职工谋福利的大额采购集团客户市场；五是政府、机构和事业单位市场。

与消费品市场相比，组织间市场的主要特点是客户相对集中、有明确的目标客户、有明确的采购计划、采购程序复杂、接受组织监督、基于单位整体利益考虑、侧重于个人推销和公关、有合同和发票、容易滋生腐败等。

组织基本属性、客户社会属性、客户购买属性、客户价值属性是组织间市场画像的四个基本点，每个属性也有多个维度。消费品市场的客户隐藏在社会的各个角落，需要营销人员去定位挖掘，而组织市场的客户相对较少、集中且很明确，客户画像就相对简单，甚至可以忽略画像，不用贴标签。客户维度见表 1-7。

表 1-7　组织间市场客户画像维度

<table>
<tr><th>变量</th><th>维度</th><th>分类</th><th>标签</th></tr>
<tr><td rowspan="6">组织基本属性</td><td>性质</td><td>政府、机构、事业单位、国有、民营；或一、二、三产业</td><td rowspan="15">标签 A
标签 B
标签 C
……</td></tr>
<tr><td>规模</td><td>大、中等、小，可按固定资产、收入、雇员人数划分</td></tr>
<tr><td>行业</td><td>国家统计局划分为 20 大类；或上交所/深交所划分为 66 大类</td></tr>
<tr><td>结构层级</td><td>集团、分公司、子公司</td></tr>
<tr><td>效益</td><td>好、一般、亏损</td></tr>
<tr><td>地域</td><td>都市、城镇、乡村；或省、市、县、乡；或东北、华北、华中、华东、华南、西北、西南；或东北、东部、中部、西部</td></tr>
<tr><td rowspan="2">客户价值属性</td><td>关系度</td><td>紧密、一般、松散</td></tr>
<tr><td>收益</td><td>高、一般、低</td></tr>
<tr><td rowspan="5">客户购买属性</td><td>购买方式</td><td>招标、直采、委托第三方；一次性购买、重复购买</td></tr>
<tr><td>购买介入度</td><td>深、一般、不关注</td></tr>
<tr><td>支付方式</td><td>分期付款，一次性付款；现金、支票、转账、汇票等</td></tr>
<tr><td>使用年限</td><td>终身、固定合同期</td></tr>
<tr><td>购买量</td><td>大量、中等、小量</td></tr>
<tr><td rowspan="2">客户社会属性</td><td>信誉度</td><td>好、一般、低</td></tr>
<tr><td>组织形态</td><td>营利型、公共型、服务型、互利型</td></tr>
</table>

1. 组织基本属性

共有六个维度，效益和规模是首要考虑因素，不差钱的单位往往结款及时，违约风险低，比如政府机构、赢利能力强的私营企业等；机械设备类产品具有明显的行业特征，而低值易耗品如办公用品等则适于各个行业；结构层级决定了采购权的归属，对于像央企这样的集团公司，有些产品是由集团公司统一采购，有些产品则由分公司自主决定，只需事前报备、事后审计内控；地域往往决定了人脉基础，组织间营销的地域特征非常明显。

2. 客户价值属性

共有两个维度，其中关系度最为重要，与单位主要决策者的关系越紧密，沟通谈判的障碍就越小，营销成功率就越大，特别是在国内，找关系、拉关系、维系关系是组织营销的惯用手段，竞争失败也往往归结于“没关系、或关系不硬”。当然，即使再有关系，也要看能否带来收益，收益越高意味着越值得投入；收益较小，则需要从长远和近期目标来平衡考虑。

3. 客户购买属性

共有五个维度，为了消除人为干预，体现公平竞争，许多单位的采购往往采用招标方式，貌似公平，但里边大有学问，常见术语有投标、围标、陪标、串标、中标、废标、流标等，上有政策，下有对策，招过标的人都懂，即使有黑马杀出，如果没有前期的充分沟通和人脉积累，后期也会走上坎坷之路；客户考察意味着客户介入程度较深，这倒成了拉近关系的契机，当然所有的费用一定会包含在产品售价上；支付方式也是谈判的重点，一般有行规，突破行规易引起非议；使用年限和购买量要视具体产品、关系程度来定。

4. 客户社会属性

共有两个维度，其中信誉度是需要重点考虑的因素，单位效益好，信誉度往往就高，另外，与关键决策者特别是一把手的关系程度决定着对你的信誉度，只要关系到位，就意味着对你有较高的信誉度，对其他人可能就低；组织形态作为基本参考因素即可。

在本章，首先介绍世界和国内的人口分布，目的只有两个：一是扩展知识，让你了解地球村上的人口分布状况；二是培养“市场容量”这一思维，

即市场中的顾客数量要尽可能地大、顾客质量要尽可能地高。特别是在2020年新冠肺炎疫情期间，让每个人对“人类命运共同体”有了一个更切身的体会，了解其他国家的人口状况，可以拓宽自己的视野，对整体地球村有个更深层的认知。如果你不感兴趣，完全可以跳过，并不妨碍对整本书的理解。

满足顾客需求是营销的本质，这一点，千年不变。而顾客需求是动态变化的，因人而异、因时而异、因地而异，同时，需求又有明显的时代特征。无论是什么样的需求，均源于人的四大基本属性——生物人、经济人、情感人和社会人。在不同的消费场景，各属性表现的强烈程度也不相同，满足顾客需求就是应在特定的消费场景，正确地顺应顾客的某类基本属性，不能错位满足，比如“我只想一个苹果，你却给我一筐梨”就是典型的需求错配。

一个人的需求具有特定性，一群人的需求就会产生共性，这种共性构成企业营销的基础，也为精准营销提供了可能。年龄是最简单有效的顾客区分变量，以5段14档作为划分标准，每个年龄段均有对应的性格特征、时代特征和消费特征；消费品市场客户划分可依据5个一级维度和24个二级维度，组织间市场客户划分可依据4个一级维度和15个二级维度，这些维度也构成客户画像的基础和参考标准。画像本质上就是简洁描述有共同消费需求的目标群体，画像时选择什么样的维度，取决于企业的营销战略、营销目的、产品种类、消费场景等。但要记住：画像只是一种营销工具，不能为了“画像”而画像，勾勒出的目标市场要有足够的市场容量，否则就会失去画像的意义。

第二章

营销老生新谈

营销的一些基本概念要有新意，更要有新解。企业的软环境、微观环境、中观环境对营销的影响更大；4X 营销理论谱介绍了从 4P 到 4A 的理论演绎过程；从三个角度解读何谓"市场"；从两个方面解释"产品"的真实含义；用两个促销工具揭开促销之谜。这些不同于传统教科书的解读，相信你会品出不一样的味道，会对营销有更深层的认知。

营销自古就有，即便在久远的物物交换年代，也一定存在着"王婆卖瓜"式自我推销，只不过古人的营销思想和营销手段常常隐含在各种经营之道中，没有提升到学说和学派这一高度。《道德经》《孙子兵法》《史记·货殖列传》等名著里就处处体现了营销哲学和营销智慧，到现在也不过时。

把营销作为一门独立学科研究起始于美国，距今仅有百年历史，营销的确是一门大学问，里边包含经济学、心理学、社会学、人口学、政治学、美学、数学、统计学等各学科知识，衍生出多个学派。虽然成功的营销者未必受过严格的高等教育培训或系统的营销教育，但一定具备非常出色的营销理念，一定是位足智多谋的复合型人才。

在中国，对营销的学术研究始于 1978 年的改革开放，虽然起步晚，但跑得快，学术上与国际的快速接轨，使得国外最新的营销理念能够在第一时间传输到国内，诞生了多位本土化营销学术大咖，现在国内营销的研究深度与世界同行已基本保持同步。同时，中国经济的腾飞也让越来越多的中国企业成为国外营销者的研究案例，以任正非、马云等为代表的中国企业家已走上国际舞台。

菲利普·科特勒被誉为“现代营销学之父”，其所著的《营销管理》自1967年面世以来，一直就被视为营销圣经，是营销研究者和从业者的必读教材，对于培养中国企业的营销意识和营销思维功不可没，对于营销知识和营销思想在中国的广泛传播居功至伟，更为难能可贵的是每次新版都会加入现代元素，与时俱进的风格让该书经久不衰。

在本章，将从实践角度解读营销环境、市场内涵、产品和促销这四个基本概念，这四个概念常被营销从业者误读。除此之外，还将归纳总结非常经典的“4X”营销理论谱，理清各营销理念之间的内部关系和发展逻辑。

所谓老生新谈就是旧瓶装新酒，“老”是指传统营销术语和营销概念，“新”不是指推翻和否定原观念，而是指赋予更接地气的新内涵和新解释，相信读完本章，你会对营销有一个更清晰、更深入的认知。

一、绕不开的营销环境

与个人一样，企业同样是时代的产物，深受时代特征的影响，这个“时代”就是指特定历史时期企业赖以生存的社会环境。社会是一个多元化的复杂系统，企业作为社会系统的一个单元，其经营和发展必受环境的制约和影响。

在以公有制为主体的计划经济年代，物资非常匮乏，消费者连最基本的生活资料都需要凭票购买，诞生了许多“票”，比如粮票、油票、米票、布票、糖票等。企业根据政府计划安排生产，产品根本不愁销路，所以企业全无营销概念，更谈不上服务意识。

而在市场经济非常活跃的今天，多种所有制经济并存，各行各业都面临着激烈竞争，市场这双无形的手调配资源自由流动，创新和服务成为企业的第一职能，如果没有营销和服务意识，没有竞争意识，不考虑顾客需求，再好的产品也只能是孤芳自赏，无人认可。

营销是企业的基本职能之一，营销环境就是指企业环境。依据组织边界可分为内部环境和外部环境，前者决定企业的运行效率，后者影响企业的生存命运。这两种环境不是绝对割裂的，外部环境往往影响企业内部的军心是否稳定。抛开环境谈营销就是耍流氓，许多企业的营销战斗力弱，不是无人才，而是受制于环境特别是内部环境，相信企业界人士会深有感触。

（一）内部环境

内部环境属于可控因素，包括硬环境和软环境两大类。

1. 硬环境

硬环境是指保证组织正常运行的物理环境和物质条件，比如办公场所、内部停车场、内部食堂、办公设施等。硬环境属于保健因素，对组织效率的提升并不明显，尽管窗明几净的高楼大厦和富丽堂皇的内部装饰，可以让员工在精神上产生一定的优越感，但并不能让员工产生归属感和幸福感，与提升工作效率也没有必然联系。即便是居家办公的微小型互联网公司，你也需要一个办公空间。硬环境只要能满足正常的办公需要即可，有条件的可以改善，没条件的也没必要为此纠结。毕竟没有人会因为内部停车场宽敞，就乐意天天去加班；也没有人因为食堂的饭菜好吃就拼命工作。

2. 软环境

软环境是指组织内部的管理体系、人文环境和工作氛围，属于激励因素，也是影响组织效率的关键因素。软环境之所以重要，是因为职工具有社会属性——挣钱不是工作的唯一目的，还有融入集体、实现自我等精神层面的需求，融洽的关系、愉悦的心情对员工来说同样重要。组织是否有战斗力、员工是否爱岗敬业、是否有责任心均取决于软环境，“三分之一在干，三分之一在看，三分之一在捣乱”的工作局面就是由软环境造成的。

软环境主要包括领导风格、管理层级、规章制度、组织文化、组织流程、同事关系等要素，为组织正常流转提供根本保障。其实，软环境归根结底是一把手环境。一把手，俗称“老板”，是单位的皇帝，是单位的天，可以根据自己的意志任性变更规章制度和调整组织架构，对中层管理者具有生杀大权，其他人包括管理层的其他领导一起跟随一把手的节拍跳舞，至于是探戈、恰恰，还是快三、慢四，完全取决于一把手的风格和个人意愿。至于普通员工，只有两种选择：要么调整自己来适应——向上调整，进言献策、努力工作，向下调整，满腹牢骚、消极怠工；要么就“风萧萧兮易水寒，壮士一去兮不复还”。

（1）领导风格。这是软环境中的第一要素。按管理学理论，领导风格分为六种：专制型、权威型、合作型、方向型、民主型和教练型，从字面完全可以理解各类风格的特点。无论是哪种风格，一个思维活跃、眼界开阔、思想超前、创新意识强的领导，企业或部门一定充满活力和张力；一个老成持重、按部就班、一丝不苟、谨言慎行的领导，企业或部门一定是非常机械和古板；一个因循守旧、墨守成规、故步自封、固执己见的领导，企业或部门一定充满牢骚和不满。“什么样的领导带什么样的兵，强将手下无弱兵；兵熊熊一个，将熊熊一窝；一将无能，累死三军”就是这个道理。

（2）管理层级。领导一般分为高层、中层和基层三个层级，由组织统一任命，有的还有第四层级——小组长，其服务职能大于管理职能，下一层级往往是上一层的后备干部。职位越高，意味着权力越大，可支配资源越多，收入自然也是水涨船高，所以往上攀爬是每位职场人的梦想。高层领导是头脑（所以经常把领导们称为“头头脑脑”），制定战略，把握方向；中层领导是腰，制定战术，上传下达；基层领导是腿，制定方案，贯彻落实；而普通员工就是脚，但想往哪儿跑则完全不受自己支配，并且脚上有多少泡只有自己知道。管理层级越多，指挥链就越长，政策执行就越走样；中层领导越多，协调难度就越大，沟通成本就越高。有位才有为，所以是屁股决定脑袋；“有德才有位”是句谎言，有没有位关键是看大领导是否赏识。一个人之所以能走到领导岗位，一定要有他的过人之处，无论是靠拼、靠升、靠熬，还是靠拍、靠送、靠睡，一定是有所付出才有所收获，这世上的确是没有人能随随便便成功。

（3）规章制度。无规矩不成方圆，规章制度就是单位制定的各种条条框框，用于管理、规范、约束、奖惩单位成员的言论和行为，以保证组织在规定的范围内正常运转。规章制度要合法、合规、合理、合情，兼顾社会、单位、集体和员工多方利益，讲究责权利对等，具备透明性、全员性和强制性等特征——所有人都必须无条件服从和遵守，既有适用于整个组织的管理制度，又有单个部门的管理规定。制度是死的，人是活的，在落实制度过程中往往充满人为色彩。过多过细的制度会让经营变得僵化，让员工在做事时瞻前顾后、缩手缩脚。制度的根本作用不是用来惩戒，而是约束和激励，所以只要不违反基本原则，不违反职业道德，不给公司带来损失，柔性执法会更充满人情味，更会让员工心服口服。

（4）组织文化。许多学者已从多个层面对组织文化进行了深入剖析，并总结出多个文化模型，企业也常把建设组织文化视为重要任务之一。对组织文化的理解，恐怕是仁者见仁，智者见智，但一致认为其本质是集中反映了企业的价值导向、价值观念、思维方式、工作作风、行为准则和社会道德观。组织文化主要受领导风格的影响，领导有什么样的风格，企业就会产生什么样的文化，并通过各种规章制度体现出来。常见的误区是将建设组织文化等同于举办文体活动，这种肤浅的认知还颇为盛行。在某种程度上，文体活动的确可以让职工放松心情，增加团队凝聚力，但对提升工作效率的影响可以说是微乎其微，员工更看重的是公平公正的待遇和融洽的工作氛围。建设组织文化不是喊个响亮的口号、定个远大的目标，或者在墙上贴几条语录，而是需要各级领导身先士卒，用自己的实际行动来诠释企业的价值观，比如以加班为荣的价值取向就不可取，偶尔加班会让员工觉得受到重视，但天天加班就表明岗位设置不合理，会带来更多的负面效应。

（5）组织流程。组织流程是指企业内部的工作运行程序，由不同的工作节点组成，反映了各项工作之间的指向和逻辑关系，是影响组织效率的最直接因素。节点过多、跨度过长、环节过于复杂，必然带来较高的沟通成本，导致低效率。层层审批，人人把关，必然造成谁都负责而谁又不负责的局面。按运行边界划分，可分为部门内流程和跨部门流程。部门内流程相对简单，大家坐在一个办公室，沟通较方便，且都会为部门利益考虑，所以运行起来较为顺畅。而跨部门流程往往因为山头主义而互相扯皮推诿，是导致组织低效率的关键所在。组织流程再造的重点应是以市场为导向，以快速满足顾客需求为出发点，打破部门壁垒，砍掉不合理的中间环节，让工作程序更为科学高效。流程再造就是变革现有工作程序，一定会涉及责权利的再分配，触动一部分人的奶酪，也一定会遇到各种阻力，能否顺利进行主要看高层领导的决心和授权程度。需要强调的是，不要以为有一个强大的 OA 系统（办公自动化系统，Office Automation System）就万事俱备，就可以提升工作效率，OA 系统本质上只是一种办公手段，一个辅助工具，是工作流程的技术体现，职工的工作能力和责任心远比流程本身更为重要。

（6）同事关系。融洽的同事关系可以让人心情愉快，激发工作热情，有助于组织效率的提升，而紧张不和的同事关系，容易让彼此防范，形成内耗，所以一个高明的指挥官，一定会营造一种团结向上、互帮互助的工作氛围；喜欢下属争斗的领导，一定是个无德的领导，或者说是玩弄权术的高手。在彼此相处的过程中，由于性格、脾气、禀性、家教、见识、能力的差异，同事之间难免会磕磕碰碰，产生各种各样的矛盾，这也是组织形态中的正常现象，五根手指还不一般齐，但攥起拳头就呼呼生风，所以与同事相处，要懂得求同存异，要宽容豁达，不能自以为是，投机钻营，斤斤计较，百年修得同船渡，千年修得共枕眠，几乎天天在一起的同事又是几百年的修行化来的缘分？在组织内，会有基于趣缘、业缘、地缘组成的各种小圈子，会有或明或暗的团团伙伙，in-group，会被视为自己人，out-group，会被排斥。圈子的存在，有利也有弊，这种“民间组织”可以增强员工的归属感，有时也会影响和阻碍企业的正常运转。

（二）外部环境

依据与企业的关系紧密程度及对企业的影响力，外部环境可分为微观、中观和宏观三类。

1. 微观环境

微观环境是指与企业亲密接触的生态圈，对企业的影响最为直接，属于半可控因素。虽然不由企业发工资，也不用为之交养老保险，但这些群体要么左右你的生存，要么依赖你而生存，包括供应商、经销商、代理商、顾客、银行、物流、保安、中介机构、平台提供商、合作伙伴、竞争者、政府机构等。

与人生一样，企业更会感受到“世态炎凉”，也会遇到“穷在闹市无人问，富在深山有远亲”。只要效益好，品牌知名度高，依附者肯定会趋之若鹜；只要效益不好，不仅内部军心不稳，而且还会遭外人嫌弃，唯恐避而不及。

在众多的微观环境中，最为重要的是顾客和竞争者。顾客的重要性不言而喻，直接决定企业的效益好坏，没有顾客或顾客很少，企业就难以为继，所以管理大师德鲁克说“企业的职责就是创造顾客”。

竞争者可以分为直接竞争者和间接竞争者，直接竞争者生产同样的产品，定位同样的顾客，比如中国移动、中国联通、中国电信、中国广电四家电信运营商就是直接竞争者。面对同一个市场，直接竞争者之间的争斗最为明显，厮杀最为惨烈，拼的不只是底气，更多的是经营智慧。间接竞争者生产替代性产品，往往不发生正面竞争，而是蚕食企业的市场，比如微信对短信的替代作用让四家运营商惊呼原来最大的竞争者是腾讯公司。企业往往只紧盯直接竞争者，而忽视间接竞争者的存在。

供应商、经销商以及中介机构，只要能为其带来利益，自然而然会有众多追随者，并遵循“店大欺客，客大欺店”的规律。政府机构履行管理职能，只要依法经营，不偷税漏税，不出现重大事故，没有上访人员，这个“婆婆”一般不会插手企业的具体事务。银行本身就是逐利的企业，效益好的单位是银行争夺的目标，效益差的单位则融资很难，难怪有人说银行是“晴天送你一把伞，雨天再收回”。

2. 中观环境

中观环境包括行业环境和地域环境。行业环境可分为行业类属和行业发展程度。先科普一下，产业和行业是两个不同的概念，产业包含行业，比如信息产业就包括互联网行业、IT 行业、通信行业、计算机行业等。再大一个范畴，产业可分为三大类：第一产业、第二产业和第三产业，每个产业里包括多个行业。

虽说三百六十行，行行出状元，但有些行业的确是日落西山，有些却是旭日东升。男怕入错行，要么是指这个行业不适合自己，要么就是行业已经没落，英雄迟暮的感觉引得媳妇发出“嫁错郎”的感慨。年景好时，行业内领先者吃肉，跟随者喝汤；年景不好时，就要拼家底，看抗体，看谁笑到最后。行业本身就是由多种企业组成的，行业的兴衰将直接影响企业的命运，覆巢之下安有完卵，不是市场变了，而是市场需求变了。在一个衰退的行业，企业如果不及时转型，即使经营再有章法也无济于事，最终也逃脱不了被淘汰的命运。传统行业如果能及时采用新技术和新模式，仍有焕发青春朝气的可能。这就要求企业领导者必须具有远见卓识，对市场和新生事物高度敏感，并有魄力和有勇气去改变现状。

地域环境是个空间地理概念，可分为历史传承和地方政策。公司、产品或个人都有地域色彩，历史的长河已经给各地域画上浓浓的地标，比如重庆的火锅、山西的陈醋、温州的小商品、宁夏的枸杞、顺德的小家电、佛山的照明等，这种原产地效应会左右消费者的选择。除此之外，一方水土养一方人，不同地域的人会有不同的性格和不同的消费偏好，比如北方人豪爽、南方人细腻，等等，所以企业在开拓疆域时，一定要做到入乡随俗，否则一定会水土不服。

为了吸引产业投资，许多地方会出台一系列的优惠政策，现在高新技术开发区和各种工业园区就遍及大江南北，并形成多个产业集群，改革开放后的三资企业就是用税收政策和廉价劳动力吸引了大量外资，从而让中国一举成为世界加工厂。企业在经营中，也要学会借势，可以借用地方政策扩大市场覆盖面。

3. 宏观环境

宏观环境是指影响企业生存和发展的国家层面的因素，主要包括政治、科技、经济、文化、人口和自然环境，这六大类环境相对独立而又相互依存，独立是因为每一个环境都有自身的运行逻辑和运行边界，依存是因为彼此之间相互牵连相互制约。为了推动经济社会持续健康发展，国家会因时制宜出台或修正一些宏观政策，宏观政策基于全局角度考虑，企业只能顺应和遵从。人口环境是构成市场的要素之一，详见第一章第一节，在此不再赘述。

（1）政治环境。政局稳定，企业才能安心生产。国泰，才能民安。如果企业需要国际市场营销，当地的政局形势、社会治安应是首要考虑因素，其次是熟悉双方的贸易规则以及当地的价格管制政策；如果只限于国内市场，则必须是听党话、跟党走。企业必须肩负社会责任，必须具备“四大意识”（政治意识、大局意识、核心意识、看齐意识），必须服从政府管理和接受政府监督，必须遵守国家法律和法规，要有较强的政治敏锐性和政治鉴别力，要具备较强的政治素养，所以企业经营者均应养成阅读《人民日报》的好习惯。

（2）科技环境。科技是第一生产力，是推动社会进步的最重要力量，前三次工业革命均是由新科技来推动的。新技术、新材料、新设备、新工艺被誉为“四新”，不仅改变企业的生产模式，还改变企业的经营方式和营销方式，乃至改变整个行业的运营模式，生成新的商业形态，在新产品和新服务中蕴藏更多的科技元素。以前，中国科技是跟跑，现在在许多领域则是并跑或领跑，高铁、支付宝、共享单车和网购成为中国的“新四大发明”，在大数据、服务器、量子通信、深海技术等方面，中国已经成为世界的领先者，科技的飞跃发展将为国内企业带来新动能。营销大师菲利浦·科特勒也将科技、全球化和社会责任视为现代营销的三个重要因素。

（3）经济环境。企业本身就是社会经济的基本单元，是社会经济发展的载体，经济环境通过影响企业再对每个人产生间接影响。经济环境主要包括经济结构、经济体制、经济发展水平和宏观经济政策。经济结构又可分为产业结构、分配结构、消费结构和交换结构，其中产业结构和分配结构尤为重要。从 1978 年至今，中国的产业结构已经发生了根本性变化，服务业的国内生产总值最高（2018 年，服务业对 GDP 的贡献率为 61.5%，而 1978 年只有 28.4%），就业人数最多。分配结构主要靠税收来调节，对于个人来说是收入越高，税率也就越高，从而进行二次分配。经济体制不用多言，现在就是用“摸着石头过河”探索出来的中国特色社会主义市场经济，尽管许多西方发达国家还不承认中国的市场经济地位，但现行体制非常符合国情，并且是行之有效的体制。经济发展水平常常用 GDP 来体现，虽然总量位居世界第二，但人均 GDP 还较低，国家也在努力避免陷入“中等收入陷阱”。经济活力可用其他指标来衡量，比如李克强总理就用“用电量、新增贷款发放量和铁路货运量”三个指标观察经济运行情况；日本小松株式会社的“挖掘机指数”就是通过工程建设机械用量来评估经济活力程度；还有制造业采购经理人指数，等等。宏观经济政策比较多，影响最大的是货币政策和财政政策，二者决定了市场中流动货币的多少，影响 CPI 和 PPI，对股市的影响也较为明显。

（4）文化环境。主要是指社会居民的教育程度、精神面貌、价值观念、宗教信仰等因素，还有基于地域、信仰、趣缘的亚文化。教育程度反映一个人的文化知识水平，往往决定了一个人消费观念和行为方式，依据大数定律，学历越高的群体收入水平往往越高，千万不要再用“比尔·盖茨没读完大学、马云不是博士”来否定教育的重要性，要知道世界只有一个比尔·盖茨和一个马云，让你家孩子成为第二个马云，估计要比中 5 元的彩票还难上万倍。从 1999 年高校扩招开始，高等教育在国内已基本普及，国民文化素质有较大提升，但中国人的年人均读书量还是太少，远远低于西方发达国家，国人现在习惯于吃文化快餐——用手机来获取外部知识，这种碎片化的知识非常“误人子弟”。中国人的价值观深受儒家和道家文化的影响，社会主义核心价值观共有三个层面：国家层面——富强、民主、文明、和谐；社会层面——自由、平等、公正、法治；个人层面——爱国、敬业、诚信、友善。这是体现正能量的价值观，也是每个人都应当具备的价值观。与之相对，社会上也存在非常扭曲的价值观，比如拜金主义、享乐主义、怀疑主义等，这些均是西方世界的价值观与中国传统价值观进行激烈碰撞的产物，也是改革开放的副产品，需要加强舆论宣传的正确引导。企业的价值观也要符合社会主旋律，并依附于品牌表现出来。

（5）自然环境。主要是指自然资源和生态环境，与社会环境相对。自然资源是大自然的恩赐和馈赠，具有分布广但不平均的特点，包括水、森林、土地、矿产、能源等，许多国家或地区的经济发展就是“靠山吃山，靠水吃水”，比如中东地区、中国的山西省、日益兴起的乡村旅游等。自然资源不是决定经济发展的唯一因素，资源匮乏的国家或地区也可以绕道而行，通过发展其他产业而壮大经济，比如日本、韩国。生态环境决定了整个经济能否可持续发展，“绿水青山就是金山银山”一句话高度概括了保护生态环境的重要性。前些年重效益轻环境的粗放式发展模式对环境造成极大破坏，土壤污染、水污染、空气污染让人触目惊心：在北方的冬天，看见蓝天白云竟然会让人兴奋激动，喝水不敢喝自来水，蔬菜不敢买绿叶菜，大葱本来是调味杀菌，竟然能把羊毒死。各种污染已经严重影响人们的生活，当一个人天天提心吊胆过日子的时候，哪儿有心思和精力去工作。可喜的是，现在国家已把环保监管放在前所未有的高度，把建设生态文明和美丽中国作为奋斗目标，通过法治和行政手段高压治理高污染企业，在利好环保行业的同时，也给所有人带来福音和希望。生态、绿色、有机已成为重要消费指标，绿色生产、绿色产品、绿色营销应是企业经营的基本出发点。

中观环境和宏观环境是不可控因素，不以企业意志为转移，也不因企业喜好而突变，无论你喜欢与否，它就在那里静静等你。就像股市所讲的“趋势”，千万不可与之为敌，只能顺势，不能逆市，否则会让你遍体鳞伤，痛不欲生。

营销的两大类环境总结见表 2-1。

表 2-1　营销内外部环境

分类		内容	特点	信息主要来源
内部环境	硬环境	办公环境、装饰装潢、设施、停车场、食堂等	可控因素	观察、体验
	软环境	领导风格、管理层级、规章制度、组织文化、组织流程、同事关系		规章制度、潜规则、体验
外部环境	微观环境	供应商、经销商、代理商、顾客、竞争者、政府机构、银行、物流、保安、中介机构、平台提供商、合作伙伴	半可控因素	内部经营数据、调研、访谈、合同、互联网、第三方情报机构
	中观环境	行业环境、地域环境	不可控因素	统计年鉴、行业报告、政府文件
	宏观环境	政治、科技、经济、文化、人口、自然		统计年鉴、政府文件、政府工作报告、行业报告、互联网、报纸

你看看，这么多环境因素需要考虑，一家企业的发展壮大多么不易！多算胜，少算不胜，何况无算乎？“算”和行动要并举，相辅相成，你不能只埋头走路，还要抬头看天。

二、营销 4X 理论谱

理论是对一种现象或一种规律的高度概括总结，来源于实践，又高于实践。理论本身并不神秘，只是因为比较抽象而显得高深。

营销理论有 N 多个，比如市场细分、定位、顾客满意、顾客忠诚、顾客价值、顾客体验、品牌延伸、品牌关系、品牌资产、价值共创，等等。在营销的“理论丛林”里，“4X 理论”因由 4 个相同首字母的英文单词组成而别开生面，“X”特指一个不固定的英文字母，一系列的“X”构成“世代”延续的 4X 理论谱。

（一）三大 4X 理论

首先介绍三个“畅行”多年的经典 4X 理论，之所谓“经典”，一是因其具有明显的时代特征；二是其反映了一种营销理念，代表一种营销范式，在当时具有明显的创新性和突破性；三是其具有旺盛的生命力，到现在来看也不过时。三大营销理论摘要见表 2-2。

表 2-2　营销三个 4X 经典理论

理论	含义	要义	提出者	年代
4P	□ 产品（product） □ 价格（price） □ 渠道（place） □ 促销（promotion）	□ 以产品为核心 □ 面向内部（企业）视角 □ 简单、易识、易记 □ 影响最广泛、最持久	杰罗姆·麦卡锡（Jerome McCarthy）（美国）	1960 年
4C	□ 消费者需求（consumer） □ 成本（cost） □ 便利（convenience） □ 沟通（communication）	□ 以顾客为核心 □ 面向外部（顾客）视角 □ 突出顾客市场地位 □战略上正确，落地时极易走样或被忘记	罗伯特·劳特朋（Robert Lauterborn）（美国）	1990 年
4R	□ 关联（relativity） □ 回报（retribution） □ 关系（relationship） □ 反应（reaction）	□ 以长期关系为核心 □ 双向（企业—顾客）视角 □ 以竞争为导向 □ 强调互动和双赢	唐·E. 舒尔茨（Don E. Schultz）（美国）	1996 年

1. 4P 理论

由美国营销学者杰罗姆·麦卡锡于 20 世纪 60 年代提出，并伴随菲利普·科特勒的经典著作《营销管理》而家喻户晓。4P 理论可谓经典营销理论中的“战斗机”，对营销界的影响深入骨髓，现在仍被许多企业奉为圭臬。该理论提出时，美国正处于经济高速增长的“黄金时代”，以原子能和电子信息技术为代表的第三次科技革命深入影响社会经济的各个领域，涌现了一系列新产品和新工艺，劳动生产率大大提升，同时生产成本大幅降低而产量大幅增高，对外贸易和资本输出也大幅提升。同期，我国正处于“三年自然灾害”时，前有“大跃进”，后有“文化大革命”，再加上实行的是计划经济，“营销”思想在那个特定的历史阶段根本无从谈起。

随着美国奉行的凯恩斯主义失灵，美国经济陷入滞胀，国际贸易保护主义开始抬头，针对这一现象，菲利普·科特勒于1984年在《哈佛商业评论》上提出了“大市场营销（Megamarketing）”概念，认为企业在经营过程中，必须考虑国际市场中各政府、媒体、压力群体（Pressure Groups）的影响，原营销组合需再增加两个新“P”，即公共关系（Public Relations）和权力（Power）。随后，科特勒又指出原有的“P”组合是战术或策略层面的，还要注意战略层面的4个“P”，即探查（Probing）、细分（Partitioning）、优先（Prioritizing）和定位（Positioning）。1981年伯纳德·布姆斯（Bernard H. Booms）和玛丽·J. 比特纳（Mary J. Bitner）两位美国营销学者，基于服务业特征，又增加了三个“P”，即人员（People）、服务过程（Process）和有形展示（Physical Evidence），“P”家族进而扩展为13个。

2. 4C理论

在20世纪80年代，顾客满意（Customer Satisfaction）成为企业经营的重点，日本和欧美一些企业因奉行此经营理念而大获成功，企业经营的视角开始从企业内部转向“衣食父母”，大众营销开始转向个体化营销。美国北卡罗来纳大学的广告学教授罗伯特·劳特朋（Robert Lauterborn）于1990年在其《4P退休4C登场》一文中提出了著名的4C营销理论，即消费者需求和欲望（Consumers' Wants and Needs）、满意的成本（Cost to Satisfy）、便利性（Convenience to Buy）和沟通（Communication），分别与4P理论中的产品、价格、渠道、促销一一对应，虽然只是视角转向了顾客，但营销理念却发生了根本性转变。同年，菲利普·科特勒的名著《营销管理》（第5版）中文版首次在国内公开发行，开启了中国现代营销的快速发展大门。

3. 4R理论

进入20世纪90年代，关系营销理论开始盛行，学者们借用人与人之间的各种关系探讨人与品牌之间的关系，其目的是如何创造顾客忠诚，如何与顾客保持或维系长久关系。“整合营销传播（IMC）之父”美国西北大学市场营销教授唐·E. 舒尔茨（Don E. Schultz）于1996年提出了4R理论，即关联（Relativity）、回报（Retribution）、关系（Relationship）和反应（Reaction）。

另一个版本的4R理论由艾略特·艾登伯格（Elliott Ettenberg）在2001年《4R营销》中提出，即关系（Relationship）、节省（Retrenchment）、关联（Relevancy）和回报（Reward）。该理论更多强调对顾客的回报以及对成本的控制。4R理论强调企业的经营之道在于与顾客互动，保持长久亲密关系，让企业和顾客实现双赢。

在2012年的“百度Moments”上，唐·E. 舒尔茨针对搜索引擎在营销中强大的影响力，又提出了以消费者为中心的整合营销架构，简称为“SIVA”营销理论，即解决方案（Solution）、信息（Information）、价值（Value）和途径（Access）。在2017年百度的同一盛会上，他针对人工智能和大数据营销提出了“PAR”理论，即模式与平台（Patterns & Platforms）、敏捷与行动（Agility & Actions）、关联与响应（Relevance & Response）。1934出生的老先生真不愧为营销大师，80多岁高龄还能与时俱进，从4R到SIVA再到PAR，老先生的营销思想熠熠生辉。

4R首提者唐·E. 舒尔茨教授与4C首提者罗伯特·劳特朋教授是整合营销传播教父级人物，俩人与斯坦利·I. 田纳本（Stanley I. Tannenbaum）于1992年合著了全球第一本IMC专著《整合营销传播》。唐·E. 舒尔茨与菲利普·科特勒均在美国西北大学任教，该学校是全球顶尖级的私立研究型大学，以严格录取而出名，俗话讲“严师出高徒”，可见“严校”也出“名师”。

1984年，时任上海市市长的汪道涵从美国西北大学带回来菲利普·科特勒的《营销管理》（第5版），并让上海财经大学梅汝和先生成立专项工作组进行翻译，翻译此书也奠定了梅汝和先生在中国营销界的地位。1986年菲利普·科特勒大师第一次来中国传经布道，影响并不强烈。1990年，第5版《营销管理》由上海人民出版社出版发行，印量十分有限，只有二三千册，还销售了三年之久。1992年，邓小平南方谈话；1994年中国确定建立社会主义市场经济体制，人们的思想似乎一夜之间就发生了扭转，空气中都弥漫着营销的气息（确切地说应是推销的气息），《营销管理》因其系统化、全面性、可操作性强而在教材和实践应用方面得到社会广泛认可。从此，“菲利普·科特勒”被市场所熟知，其各个版本的著作均被市场追捧，就连其弟弟米尔顿·科特勒（Milton Kotler）也成为中国的常客。1999年底，科特勒咨询集团（KMG）中国分部正式成立。

（二）其他4X理论

在4X营销理论家族中，还有4S、4V、4I、4E、4A等，可谓是“五颜六色，花样繁多”，但这些“小字辈”均有傍4P、4C、4R“三个大款”的嫌疑。

1. 4S理论

提法有两种：一是由埃夫西米奥斯·康斯汀奈德斯（Efthymios Constantinides）博士于2002年提出的针对B2C模式的网络营销组合，即范围（Scope，战略层面）、网站（Site，运营层面）、协同（Synergy，组合层面）和系统（System，技术层面）；另一个则是汽车4S店的服务标准，即满意（Satisfaction）、服务（Service）、速度（Speed）和真诚（Sincerity）。后一个只能算作被误传为理论的“伪理论”。

2. 4V理论

由中国台湾学者罗文坤教授于1994年针对高新技术产品提出，主要指产品的多样性（Versatility）、价格体现的价值性（Value）、通路的复合性（Variation）、推广的互动性（Vibration）；大陆学者中南大学吴金明教授于2001年对4V做了新界定，提出了新经济时代的新4V营销组合，即差异化（Variation）、多功能化（Versatility）、附加价值（Value）和共鸣（Vibration）。在这种理论中，开始强调差异化和个性化，实现消费者追求的价值最大化。

3. 4I理论

本质上只是网络整合营销传播的四个基本原则，即趣味（Interesting）、利益（Interests）、互动（Interaction）和个性（Individuality），提出人不详，称之为“理论”似乎有些偏大，但却是新媒体、自媒体时代，企业、产品、品牌、个人等宣传推广的基本准则。凤凰新媒体提出的网络营销4I理论事实上只是体现了其核心价值观，即精准力（Intended Target）、洞察力（Insight）、影响力（Influence）和整合力（Integration）。在大众话语权日益增强的今天，冷冰冰的说服性广告效果已经大打折扣，娱乐化、游戏化营销传播更容易被消费者接受。

4. 4E理论

也有两种提法：一是奥美全球互动董事长布莱恩·费瑟斯通豪（Brian Fetherstonhaugh）针对数字经济提出的营销组合，即产品对应体验（Experience）、价格对应交换（Exchange）、渠道对应无所不在（Everywhere）、促销对应布道（Evangelism）；另一种由国内实战派营销专家丁兴良先生于2012年针对工业品营销所提，即项目（Project）、价值（Value）、捷道（Quick

Access）和互动（Interactive），因单词里边包含“e”字母而“蹭”之为“4E”，但对于“4X”理论家族的繁衍也算提供了一个新视角。

5. 4A 理论

美国心理学家杰格迪什·谢思（Jagdish Sheth）、拉詹德拉·西索迪亚（Rajendra Sisodia）指出“营销失败的根源在于不知道顾客消费的真正驱动力，顾客价值才是营销的核心所在”，两位专家于 2012 年提出 4A 理论，即可接受性（Acceptability）、支付能力（Affordability）、可达性（Accessibility）和知晓度（Awareness），这种组合是基于消费者在市场中扮演的五种角色——寻求者、购买者、支付者、使用者和传道者——而言，特别是最后一种角色容易被企业所忽视，这个理论得到了菲利普·科特勒大师的肯定。

4X 营销理论提出者既有学术界大师，又有实战派大咖或商业机构，尤以市场营销发源地——美国贡献最多，各个理论具有明显的时代背景，不代表谁比谁更高级，如图 2-1 所示。

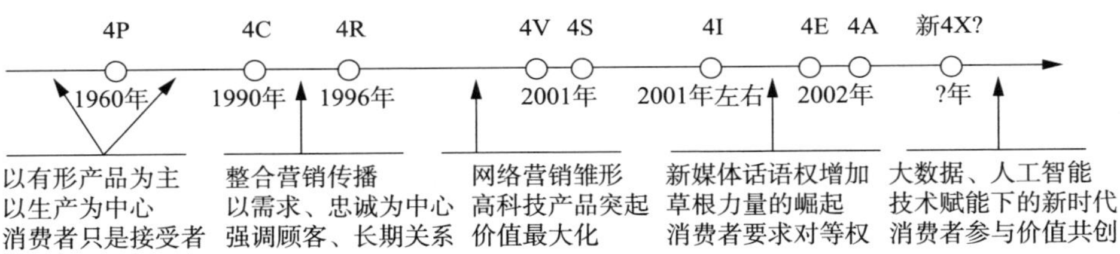

图 2-1 营销 4X 理论谱

严格意义上讲，只有 4P 理论可以称之为“组合”，其他 4X 理论只能算是一种营销理念，反映一种营销思维或营销哲学，均是对 4P 理论的延伸或升华，营销实战均要依靠 4P 来落地，这也是 4P 畅销不衰的根源所在。但新时代“P”的内涵与原 4P 的本意大相径庭，老黄瓜刷了嫩漆，你要品出新的味道。

时代在发展，理论在演绎。随着学术界对跨学科、跨地域的深入研究，各界对人工智能和大数据等新技术带来的新现象开始展开深入思考，原有的营销理论会有新的解读，新理论还将层出不穷，营销观念也将经历“变革式发展”（Transformative Marketing）。

在将来，不知道还会诞生多少个“4X”理论，4X 理论谱还将不断丰富壮大。但无论有何新理论，请记住：营销仍将以人为本，技术只是赋能，技术只是优化了营销手段和营销方式；尽管人的需求和欲望的表现形式会有所变化，但人的需求和欲望的本质——基于四重属性的本质——亘古不变。

三、市场内涵

对“市场”一词理解得不够深入或不够透彻，会让你拎着猪头（产品）找不到庙门（市场），会让你经常纳闷：“这么好的产品为何就是卖不出去呢?”客观、正确、准确地分析市场，是开展营销的第一步。

从经济学角度讲，市场是商品交易（含服务、信息、技术等）的场所，是社会分工和商品交换的必然产物，只要有买有卖，就一定存在市场。对于营销者来说，这种解释过于宏观抽象，属于“正确的废话”，无助于营销产品。

从企业经营角度讲，市场就是产品销售（或想销售）的地方。这个“地方”既指真实的物理场所（比如渠道、地点等），也指目标对象（谁来购买，谁来使用等）。做市场就是“抢地盘”，抢完不算完事，关键还得守住。打江山容易守江山难，做市场不能逞匹夫之勇，更需要精打细算，几届标王的黯然落幕常让人唏嘘不已，其根源就在于对“市场”的认知过于肤浅。

在做市场之前，关键要弄懂——谁来买？为何买？如何买？何时买？买多少？多问自己几个“为什么”，会让你的靶标更清晰。结果固然重要，但过程更重要，因为无因无缘就无果。

基于实操性，可从三个角度来充分认识市场。

（一）四个层次

市场由众多同类或不同类用户组成，这些用户可分四个层次，就像一个四环靶标，环环相嵌，层层递进，如图 2-2 所示。做市场就像打靶，打中靶心你才能得高分，为了提高命中率，你可以采取两种措施：一是苦练技能，二是扩大靶心。

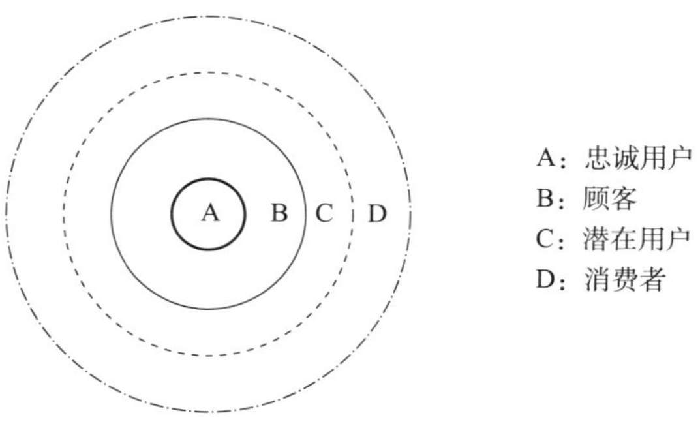

图 2-2　四层级市场

外环是指消费者，由相同需求的人或单位组成。“消费者”是一个大市场概念，从理论上讲，只要有需求就会存在市场，就有可能产生你的用户。最外环决定了整个市场（含竞争对手）边界，出了这一环你就要脱靶。当然，你也可以创造需求，即尽可能把最外环向外扩延。

第三环是指潜在用户，是指需要认真思考、精心准备或条件成熟就有可能开发和占领的市场，由有可能产生购买行为的群体组成。潜在用户与你距离最近，也最遥远。最近是指本可以力所能及，但由于种种原因尚未触及；最遥远是指看山累死马，貌似一步之遥，实则千里之外。潜在市场是种粉红色的诱惑，充满温柔的陷阱，你需要步步为营，不能贸然前行。潜在市场决定了你的市场（不含竞争对手）边界，决定了企业的成长空间。

第二环是指顾客，是已经开发或占领的“地盘”，由购买过或消费过产品或服务的群体组成。顾客的数量和质量决定了企业的经营情况和健康程度，顾客数量和质量一定要统筹兼顾，不能偏颇。为了守住“江山”，你要对顾客付诸真诚，不能做“两面派”，不能“相逢开口笑，过后不思量；人一走，茶就凉；有什么周详不周详”。为了扩大“地盘”，你要尽可能地扩大二环面积，把二环向三环扩延，你要“垒起七星灶，铜壶煮三江；摆开八仙桌，招待十六方；来的全是客，全凭嘴一张”。要想让潜在用户成为你真实的顾客，就必须“想顾客之所想、急顾客之所急、办顾客之所需、干顾客之所盼”。

内环是指忠诚用户，是营销的靶心，是企业长久生存的基石，是二八定律中的“二”，由高质量的顾客群体组成。高质量是指对企业、产品或品牌高度信任，对企业的贡献最多，这种贡献既包括良好的财务贡献（可从购买数额和购买频次上区分），也包括积极广泛的口碑传播，还包括容易原谅企业偶尔所犯的非人为过错。常客计划、VIP 不用排队就是针对这类群体所做的一些营销努力。忠诚用户数量规模越大，企业的成长就越稳健。为了获得更多的拥趸，你需要尽可能地把内环向二环扩延，把靶心做大，射靶的得分就会越高。

内环、第二环的面积越大，企业的经营现状和发展势头就会越好，营销目标就是尽可能地扩大两个里环的面积。至于潜在市场和消费者市场，有时候需要整个行业的共同努力，比如依靠技术的进步、政府的引导等。

这种“四环”分法是市场的平面图，精准定位就是考虑在哪一环上行驶。至于把哪一环作为目标市场，抑或是换道行驶，完全取决于你当前的战略部署及经营策略，比如维系原有顾客与争取潜在顾客应采取不同的策略。在制定营销策略时要考虑清楚，有的放矢。环道决定了企业的行驶轨迹，驾驶合适的车辆在合适的环道上以合适的速度行驶才能确保平安，才能不被警察（市场）扣分。

四层次市场也像朋友集。内环是老朋友，二环是朋友，三环是可能结识的新朋友，四环是“百年修得同船渡”的人。朋友多了，“春才能长留，路才能好走”。“结识新朋友，不忘老朋友，多少新朋友，变成老朋友”，这歌词被世人所熟知，但在现实经营中，有许多企业却只顾结识新朋友，而冷落老朋友，这种情况在中国移动、中国电信、中国联通三家电信运营商身上表现得尤为明显。

（二）一个公式

四层次市场犹如市场的横切面，刻画了企业经营的市场环道，是对市场的宏观静态描述。要想深刻理解“市场”内涵，还需对“市场”做庖丁解牛，充分梳理市场的基本构成和运行机理，对“市场”做微观的动态立体扫描。

市场的基本构成，可用一个公式来微观透视：

市场=（购买者×购买能力×购买意愿×购买实现）×经营实力

该公式由五个变量组成，前四个是顾客变量，代表企业外在因素；最后一个是企业变量，代表企业内部自身因素。五个变量之间是相乘关系，表明任何一个变量为零，则市场为零，即市场就不会存在。“变量”释义为动态变化，数值可大可小，不固定，正因如此，企业才有可能进行策略性干预，这也正是市场的魔幻所在。四层级市场中的各层级市场均可用这个公式来描述，只是各变量的大小和表现程度会有所不同。

1. 购买者

购买者是商品（产品或服务）的购买主体，既指真实的顾客，也指潜在用户，可以是单个人、一群人（团购）或一个单位。提前对购买者做好画像是企业经营的基本功，在第一章已经做了详细介绍，在此不再赘述。这一变量的核心要素是购买者数量，人数越多，表明“群众基础”越好，市场影响范围越广，在第一章中分析人口分布的用意也在此。要注意购买者与使用者（消费者）的区别，购买之人不一定使用（消费），商品只有消费完结其价值才能得以体现，所以对于某些商品来说，售出即为服务的开始，要想把“新朋友”变成“老朋友”，就要提供全生命周期服务。

2. 购买能力

购买能力是指顾客的支付能力，本质上反映的是其财富资本实力，即腰包或钱袋的丰厚程度，“一分钱难倒英雄汉”“只买贵的不买对的”就体现了购买能力的重要性。一般情况下，腰包鼓的人其购买能力强，高价商品（含奢侈品）的主要消费群体就是有钱人。商品定价要与目标市场的购买能力相吻合，通常情况下，经济发展水平高、经济增长潜力大的区域，其总体购买能力更强，吸引力更大，竞争也相对更激烈。自古以来，“富在深山有远亲，穷在闹市无人问”，富人更容易招人喜欢，这是不争的事实。市场也一样，“嫌贫爱富”是资本的逐利本性使然。

3. 购买意愿

购买意愿反映消费者为了拥有或享受某种商品而乐意支付货款的主观愿望，是动机的触发器，来源于未满足的需求和欲望，受制于购买能力和购买实现等客观条件。一般情况下，消费者认为商品越重要、时间越紧迫、对商品越喜欢，其购买意愿就越强烈。购买意愿既产生于消费者自身的内省需求，也深受外部环境条件的刺激影响，并且购买意愿是动态变化的，冲动性购买就是一种“临时起意”。营销的首要功能就是让消费者产生购买欲望，华丽的包装、超低的价格、动听的声音、夸张的表情、强大的功能等都是有效的刺激物，广告的最主要功能之一就是让人产生消费意愿，消费者有了想法才会有所行动。

4. 购买实现

购买实现是指消费者能在想要的时候买得到，即便当前缺货，也可以在约定的时间内购买到。为了促进购买实现，常用两种方式：一是多渠道策略，方便消费者随时随地购买，特别是快消品，多渠道尤为重要，因为你的替代品遍地都是；二是为购买能力低的人提供帮助，提升其购买能力，比如常用的分期付款、低息贷款等。饥饿营销法适用于忠诚粉丝众多的品牌，在营销时，前戏要演足，要充分吊胃口，有足够的口碑相传，“买不到”只是暂时的假象。小米、茅台均是饥饿营销高手，只不过小米是“假饥饿”，茅台是“真饥饿”，二者的“饥饿”前提和运作机制完全不同。对于一般商家来说，如果条件不成熟、品牌不强大，还是慎用这种策略，因为消费者不会饿着肚子等你。

5. 经营实力

经营实力是指企业的综合经营能力，是企业唯一可以自控的因素，包括资本规模、技术水平、员工素质、管理能力、领导眼界等，市场规模受这些因素的综合影响。有些大公司做市场越做越小，最终有可能枯死；有些小公司做市场越做越大，最后有可能成为参天大树。可见大公司的经营实力不一定强，小公司的经营实力不一定弱，可能后劲十足。在资本不太缺乏的今天，决策层的视野、领导的眼界、公司的管理能力和管理水平已成为企业经营实力的核心要素。小公司在成长过程中，切记“没有金刚钻，别揽瓷器活，有多大肚量就吃多少饭”，武功不精，莫行天下。但这不代表只能故步自封，要知道万丈高楼都是平地而起，楼要一层一层建，饭要一口一口吃。你要“顾瞻想岩谷”，不能“兴叹倦尘嚣”，不要好高骛远，不能拔苗助长，只能脚踏实地，步步为营，总有一天，你的市场会遍地开花。

在市场的这五个变量中，购买者和购买能力是客观存在的，需要营销者辨识和定位；购买意愿和购买实现是将潜在用户变为真实顾客的两个关键变量，是可以主观人为的，需要营销者去诱导和开发；经营实力是动态变化的，需要营销者去维护和培育。

（三）六大角色

对市场进一步的微观透视，就需要聚焦到消费者（含组织用户）级颗粒度。事实上，在不同的消费场景，消费者会扮演不同的角色。依据其对购买、消费和使用的影响程度，消费者在市场中常扮演六大角色，见表 2-3。

表 2-3　消费者六大角色

角色	含义	来源
倡导者	提议或倡导购买的人	意见领袖、官媒、位高权重者、有影响力的人等
影响者	对购买产生直接或间接影响的人	家庭成员、同事、同学、广告、明星、网红等
决策者	对购买具有话语权和决定权的人	领导、父母、消费者本人
购买者	支付货款的人	顾客、代购者
使用者	使用和消费商品的人	顾客、消费者
监督者	监督商品交易和使用的人	购买者、决策者、第三方机构

1. 倡导者

倡导者是指提议或倡导某种消费的人或机构，具有一定的话语权和社会影响力，其建议容易被其他人所接受。为了减少污染，节约资源，政府开始提倡和引导绿色消费，大力推广节能产品，比如购买新能源汽车除了享受优惠政策外，还可以不限号行驶，那些较早购买新能源汽车的人就是绿色产品的先行者和倡导者。在一个群体中，意见领袖往往是倡导者；在一个品牌社群，群主往往是倡导者。“人微言轻莫劝人”，要想成为某种潮流或某种产品的倡议者，就需要具备强大的社会影响力和公信力。

2. 影响者

影响者是指对他人购买产生直接或间接影响的人。消费者在购买前、购买中和购买后会受多种因素的影响，而影响过程就像一个黑匣子，常让人难以捉摸。一般情况下，一个人拥有的社会资源越多，对他人的影响力也就越大；关系越亲密，相互影响越大；在一个消费场景，陌生人之间也会互相影响，比如吵闹的环境会让许多人规避三舍。同事对某种产品的否定或负面评价，就可能影响你的购买决策；形象良好的明星、网红等社会公众人物会让人产生盲从和跟风消费；各类广告通过告知和说服也在对消费者施加影响。为了减少不必要的负面影响，良好、优质、正面的品牌形象是最佳平衡器。

3. 决策者

决策者是对购买具有决定权的人，不同种类的产品，决策者也会不同。对于组织购买，购买决策常常由一个委员会讨论决定，但基于权力游戏规则，更多由职位最高者拍板而定，所以向一个单位或组织推销产品时，需要“搞定”关键人物，获得关键人物的肯定和推荐是成功销售的一半。对于便利品来说，购买决策往往是一瞬间的事，品牌的影响力、包装的吸引力就起了关键作用。对家用产品来说，父母往往具有决定权，有时候，出于对孩子的喜爱和信任，父母也会尊重孩子的意见，此时孩子就会成为决策者。企业需要根据所处行业、产品类型、使用场景等多种因素来引导和说服决策者。

4. 购买者

购买者即实际支付款项的人，是我们通常所说的顾客，也是企业的“最爱”。对于企业经营者来说，一定要知道消费者为什么购买，要用同理心看待消费者的购买，不能只“见钱眼开”。短视的经营者，引诱顾客购买，而有远见的经营者，劝说消费者理智购买，比如在一家餐厅，有些服务员会引诱你买贵的、更多的菜品，而有些服务员会劝说你适可而止，不同的经营风格会影响你的就餐体验，也会影响你将来是否还会光顾或向他人推荐。善待你的顾客，真诚对待你的顾客，把顾客视为你的兄弟姐妹，是企业长久生存的不二法宝。

5. 使用者

使用者即真实使用或消费商品的人或群体，与购买者可能是同一人，也可能是不同的人，商家常常只重视购买者而忽视使用者，对于某些商品来说，使用者的体验和评价尤为重要。在婴幼儿用品和老年人用品市场，使用者和购买者绝对分离，更需要理解购买者为什么购买，更需要从使用者的角度来推介你的商品，此时的营销话术就显得非常重要，使用者受到伤害会让购买者更难以接受。企业不能只关注商品的交换价值，更要关注商品的使用价值，使用价值决定顾客能否变成忠诚用户，所以一定要基于使用场景来理解产品。

6. 监督者

监督者是指在交易和使用过程中监控商品表现是否符合预期的人。一旦发现未及预期，或起了反作用，监督者会立即行使管控权力。在组织市场，监督者比较好理解，比如监管部门参与采购过程等。在家庭环境中，子女在未成年之前，父母就是孩子使用商品的监督者，有时候商品的功能需要考虑到父母的监督角色，比如：带定位功能的儿童腕表；为了防止孩子过度玩要手机，厂商可以增加时间控制功能；银行发行的信用卡主副卡等。增加基于用户需求的监督功能，可以提升产品的使用价值，提升产品吸引力。

六大角色融为一体，你中有我，我中有你，在市场中发挥着不同的影响力，有点像波特“五力模型”中的五大市场角色，各司其职，均对企业的生存与发展产生或多或少的影响。在六大角色中，决策者、购买者和使用者三者尤为重要，对购买和消费产生直接影响。但营销不能只紧盯购买环节，一定要深度理解用户购买和使用的全过程。

四、产品真经

“真经”有两个含义：一是指道教的经书；二是指先进的经验，比如说“去向某某取取真经”就是指去学习先进经验。真经也可以理解为事物的真实本质，产品真经即指“产品”的真实含义。如果对“产品”的本质认识不到位或理解有偏差，对“营销”也只能念“歪经”。

产品是营销的对象，一切可以拿来销售的事物均可以称之为产品，比如物品、服务、观念、知识、经验、技术、人才、财产、企业（孵化器），等等，对产品的基本认知取决于你所从事的行业和所在单位的经营内容。

相较于渠道（位置、地点）、价格、促销、人员、流程、环境等，产品是4X营销理论体系中的“首辅大臣”，是营销的灵魂和载体，是企业赖以生存的根本。离开产品，营销就是无源之水，无本之木。

在营销圣经《营销管理》一书中，将产品分为五个层次：核心利益、基本产品、期望产品、附加产品和潜在产品，并指出市场竞争主要集中于除核心利益之外的其他四个层次，这种划分被业界广泛认可。但在实践操作时，却常常面临困惑：如何区分外围的四个层次？配件属于基本产品、附加产品，还是期望产品？软件升级被定义为潜在产品，但在手机使用中，却常常被认为是期望产品，或是附加产品——企业本来就应该提供这项服务。可见这种分法只反映了一个“产品”的综合概念，适用于理论上的探讨，无助于企业的实践运营。

产品不是冷冰冰的物体，也不是笑得灿烂如花或撕心裂肺的服务，产品是有温度的、鲜活的生命体，如同法国思想家帕斯卡尔所言：“是一株有思想的芦苇。”产品真经就是把产品视为有思想和有内涵的多层次生命体，是灵魂与肉体相结合的艺术品，所有的产品经理均应牢记这一点。

（一）灵与肉的统一

电影《罗马假日》里有句著名的台词：要么旅行，要么阅读，但肉体与灵魂总有一个在路上（You can either travel or read，but either your body or soul must be on the way）。对于产品，则讲究肉体和灵魂均要在路上，并且要风雨兼程，不离不弃，相伴终生。

灵魂指产品的意与里，肉体指产品的形与表，产品的灵与肉如图2-3所示。

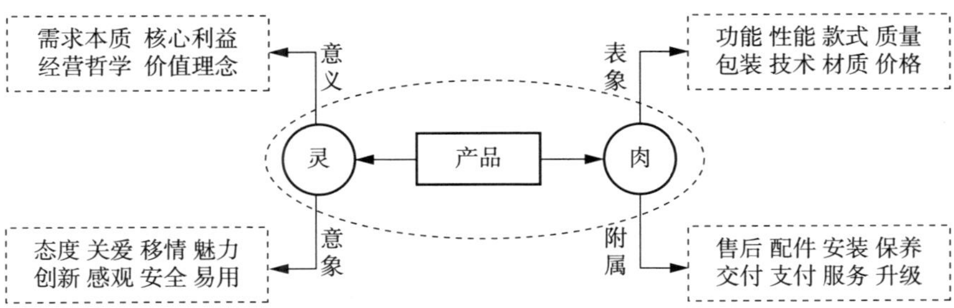

图2-3 产品的灵与肉

肉体是灵魂的符号和载体，灵魂是肉体存在的意义。失去灵魂，肉体只剩下一副由脂肪、肌肉和骨骼组成的皮囊；失去肉体，灵魂就变成空中飘荡的云烟，像雾像雨又像风，如梦如幻亦如影。这有点像神学、宗教，更像一种哲学。

1. 产品的肉体

肉体是产品的根，是客观存在的真实物体或实质性服务，可分产品表象和附加属性两部分。产品表象就像赤身裸体，高矮胖瘦，肤白貌美，一目了然；附加属性犹如衣服，不仅用来挡风遮雨，还要讲究风情万种，以便争相斗艳。

产品表象包括功能、性能、款式、质量、包装、技术、材质、价格等，直接体现商品效用和用途，是产品的核心主体，是顾客之所以购买的根本出发点，能为顾客带来直接利益，这对于有形商品来说比较容易理解。对于服务类产品，产品表象就是其具体的服务内容和服务质量，比如教育培训机构的产品表象是课程体系、教学内容、教学方式和教学质量等；医院或诊所的产品表象是医疗特长、医疗能力、医术水平和医疗质量等。不同群属、不同类型、不同档次的产品在表象上相差很大，商品之间的竞争常常聚焦于表象，但表象却不是唯一的决胜点，特别是在表象相近或消费者难以区分的时候，附加属性就成为产品竞逐的主战场，就有可能由“一点一线”定乾坤。

附加属性包括售后、配件、安装、保养、交付、支付、服务、升级等，是产品表象的补充和完善，是产品不可或缺的“配角”，属于产品销售的必要但非充分条件，即：有它，消费者不一定购买；无它，消费者一定不会购买。附加属性虽不是消费者购买商品或服务的主要诱因，但也是重要参考指标，甚至会成为决定性因素。有时候，附加属性与产品表象难以区分，因消费者常常视附加属性是商品的基本组成部分。一般情况下，使用时间越长、价值越高、技术越复杂、使用场景越多、消费者越看重的商品，附加属性就越重要。对于服务类产品，附加属性包括服务环境、设施、配套设备、资料、付款方式等，这些属性均会影响消费者的购买意愿。

2. 产品的灵魂

灵魂是产品非物质化的精神体现，是产品的“精气神儿”，反映产品的品格、德行和气质，看不到，摸不着，却又能感受到，让物质化的产品充满朝气与生命力，可分为产品意义和产品意象两部分。

产品意义体现产品存在的价值，是产品的立世之本。对于顾客来说，产品意义是指可以满足的需求本质和所追求的核心利益。顾客消费的往往不是产品本身，而是去满足所追求的利益。辨识需求本质非常重要，可以让企业扩大视野，炼成火眼金睛，准确找到产品痛点。去医院是为了祛病，更是为了保证健康；购买衣服是为了衣着得体漂亮，更是为了增加自信和魅力；买伟哥是为了治疗阳痿，更是为了享受性爱的欢娱。在列举的三种情况里，后者才是真实的需求本质，只有准确理解把握需求本质，企业才能提供精准的产品服务。核心利益是相对固定的，提供相同核心利益的产品之间会存在较强的竞争关系，为了避免竞争，有时可以增加新元素赋予产品新的意义，比如红牛饮料另辟新径，“累了，困了，喝红牛”，直接跳出饮品的传统逻辑，让消费者在疲惫和累的时候、在想要补充能量的时候，自然而然地想到红牛。

对于企业来说，产品意义则是融入产品里的经营哲学和价值理念，是企业经营思想和企业家精神的集中体现。俗话说“有什么样的鸟就有什么样的窝，有什么样的父母就有什么样的孩子”，在消费者眼里，产品即企业，企业即产品，购买产品是与企业亲密接触，更是与企业家隔空对话。“设计”是苹果产品的灵魂，乔布斯已经将“活着是为了改变”的精神融入苹果品牌里，带给用户精致、流畅、美观的使用体验，让苹果成为手机中的一哥，并大大带动了苹果电脑、音响等其他产品的销售。董明珠的执着让消费者相信格力空调的品质，王卫为快递小哥的站台让人相信顺丰物流的责任心，而奔驰车的西安漏油事件则让人看到了奔驰车高贵的傲慢。企业的经营理论、价值观不是空洞的口号，也不是贴在墙上的标语，而是流淌在每一件产品、每一次服务的血液里。

意象是指客观物象与主观情思融合形成的艺术形象，是在思维空间里形成的对认知客体的加工形象。产品意象则指消费者对物化产品或服务加入个人情感因素而形成的主观印象，是产品灵魂的表现途径和手段，包括态度、关爱、移情、魅力、创新、感观、安全、易用等。产品或服务折射生产者的态度，而态度又是企业经营理念的直观反映，所以企业要用移情心、同理心换位思考，从消费者角度来审视现行的经营政策。对顾客是发自内心的关爱，是虚情假意的迎合，还是漠不关心的应付，都可以被消费者迅速捕捉到。消费者喜欢美的事物，消费者的审美标准也在与时俱进，这就要求企业要时刻想着创新。创新是产品或服务的魅力来源，所有的颠覆均来自微创新，即使老字号产品，在保持原有口味和质量的同时，也要追求多元化表现，没有人喜欢千年不变的面孔。毕加索曾说“优秀的艺术家模仿，伟大的艺术家则是剽窃”，“剽窃”不是指侵犯知识产权，而是善于吸取百家之长为己用。安全是产品或服务的基本品质，是顾客的基本需求，没有人喜欢提心吊胆地消费。消费者不可能是所有商品的专家，越是多功能的商品，越要讲究简单易用。

产品好与坏、美与丑，不是由企业来决定的，而是取决于消费者的感知评判，大家说好才是真的好！企业的经营一定要与消费者的需求本质契合，否则即使再伟大的公司也会被胜利的云雾迷住双眼。

这就要求企业有所为，有所不为。如何为？多听听市场的声音！乔布斯也不是事事都对，也有走麦城的时候，Mac 电脑被微软打败，迫使乔帮主在1985 年离开自己所创建的苹果公司；拒绝推出小屏幕 iPad 和大屏幕 iPhone 而给了三星等竞争对手可乘之机，直到库克上位后才有所纠偏。顾客可能不知道他们想要什么，但顾客一定知道如何选择！

肉体（产品表象和附加属性）是物化的商品，通过意象来体现产品意义。肉体可以复制，但灵魂难以模仿。企业经营者、产品提供者不仅要做灵魂的摆渡人，更要做灵魂的守望者。每位产品经理都要扪心自问："我的产品灵魂在哪儿?"

（二）八大属性

属性是反映事物本质的特性，每件产品均有多种属性，产品的灵与肉就隐含在不同的属性里。属性之间交互作用，共同形成一个满足用户需求的解决方案。从消费者感知角度，产品属性可分为八大类，见表 2-4。

表 2-4　产品八大属性

属性	因子	表现	层级
功能属性	基础	体现产品主要用途，决定产品性质和存在意义	基础层
	辅助	辅助产品实现其价值，非决定性性能	
技术属性	设计	新颖性、科学性、适用性，具备感观冲击力和吸引力	
	材质	环保性、契合性、差异性，常用于产品细分和顾客细分	
	结构	复杂性、协调性、完备性，影响产品效能的发挥	
	工艺	先进性、精准性、严谨性，体现产品的制造过程	
环境属性	舒适	无压力感、无焦虑感、无紧张感，无噪音，放松	
	绿色	环保、生态、健康、和谐，安全感	
美学属性	形态	新颖、流行、潮流、统一、独创	
	色彩	象征意义，感观享受，与产品使用场景匹配	
	装饰	新颖、适用、点缀，锦上添花，繁简适度	
经济属性	价格	成本、价格、利润、损失	
	价值	物有所值，物超所值，性价比，市场认可度	

续表

属性	因子	表现	层级
交互属性	互动	关爱、友好、及时、礼貌、态度、易用、高效	中间层
	流程	简单、明确、顺畅、合理，闭环，科学	
	体验	在使用中的直觉和思维综合作用下的主观感知和评判，质量	
社会属性	面子	自尊，被认可和被欣赏，虚荣心	顶层
	尊重	受到尊敬、认可、敬佩、重视、接纳	
	责任	能力、品格、道德、担当，执行力	
心理属性	情感	积极情感（快乐、愉悦、高兴等），消极情感（懊悔、愤怒等）	
	认同	亲切感、熟悉感、信任感，肯定，忠诚，正面口碑	

产品只有被人消费才有价值，产品属性对应人的四大基本属性：基础层（功能属性、技术属性、环境属性、美学属性、经济属性）满足消费者的生物人和经济人需要，中间层（交互属性）和顶层（社会属性和心理属性）满足消费者的情感人和社会人需要。三个层次不是各自为战，而是递进关系，顶层属性通过中间层属性和基础层属性来实现，顶层属性也最容易被生产者所忽视。

1．功能属性

功能是产品的核心属性，决定了产品的性质、类属和主要用途。事实上，消费者购买的不是产品，而是产品的功能，或者说由功能带来的利益。功能越强大，产品就越有吸引力。基本功能和辅助功能都有可能成为竞争焦点，并且随着技术的发展、消费者需求的变化，竞争点位也会发生转移。有些产品以辅助功能作为竞争点，比如：通话、短信是手机的基本功能，是功能机时代的主要竞争点，但在智能机时代，手机的基本功能已基本被忽略，消费者更看重手机的照相、娱乐、学习、支付等辅助功能；肥皂、洗衣粉的主要功能是去污，但去污能力难以判断，所以就让多起泡沫显得去污效果好。有些产品则应以基本功能为着力点，比如：微波炉的基本功能是加热，其蒸、煮、烤、焙、解冻、消毒等辅助功能的使用率却很低，微波炉厂商应在加热功能上多做文章。需要注意的是，功能强大与多功能是两个概念，多功能意味着技术含量多、用途多，同时也意味着高价格。对于有些产品来说，增加某些辅助功能纯属画蛇添足，反而会削弱产品竞争力。因此，在设计产品时不要讲究大而全，要力争少而精，一定要理解消费者的需求本质，谨防多功能陷阱。

2. 技术属性

技术属性是隐含在产品里的科技含量，产品的功能属性一多半来源于技术上的赋能。设计是新产品推出前的第一道工序，要讲究科学性、新颖性和适用性，不能天马行空，一定要基于消费者需求来设计，可以引导需求，但不能脱离实际。材质决定了产品的用料，也决定了产品的成本和价格，针对不同的细分市场可以采用不同的材质，但一定要如实相告，不能以次充好。结构是产品的基本构造，内部结构影响产品功效的发挥，所以要讲究科学性和严谨性，但内部结构通常情况下并不被消费者所关注，消费者更看重产品的外部结构，即美不美观、好不好用，产品的设计和制造一定要注意美学和产品功效。结构上的缺陷是产品的硬伤，会被消费者一票否决。工艺是技术属性的另一个因子，讲究先进、精准和严谨，精致的产品体现了经营者的态度，没人喜欢粗制滥造的商品。新技术、新工艺、新材料、新应用造就新时代的新产品，技术的更替有一个循序渐进的过程，既要紧跟时代的发展脚步，也要考虑市场的承载力和可接受程度。

3. 环境属性

对于服务业，特别是高接触性服务行业，环境的影响非常明显，拥挤、脏乱、吵闹的环境会让人觉得不适，让人产生焦虑和压力，产生逃离和躲避的想法，整洁、明亮、宽敞、有序的环境会让人身心放松，乐意久留。对于有形产品来说，环境属性更多体现为环保因素，绿色已成为环保的代名词，材料、包装、成分等要讲究生态、环保，给人健康、安全感，特别是食品。对于家电类商品，使用时的噪音也是重要的环境因素，比如静音是空调的一大卖点，豆浆机、洗衣机等声音小也是优质产品的体现。

4. 美学属性

追求美丽的事物是人的本能，产品的外观和形态要符合消费者的审美要求，外形、色彩均会影响消费者的心理感知。比如“大”代表面子、力量、实力，豪华汽车就要加长，豪宅面积一定要大。特别是包装，虽说“包子有肉不在褶”，但精美的“褶”会让人产生好感，所以产品提价一定要伴随新包装。色彩不仅要满足消费者的感观享受，更要与产品的使用场景、功能相匹配，有时候色彩也会成为品牌的象征性标志，比如可口可乐的经典红、百事可乐的经典蓝，产品最好有可以传承的经典“底色”，这种底色可以将不同的产品系列进行弱关联，产品系列最忌讳的是五颜六色。装饰也是产品重要的美学属性，恰当的图案是锦上添花，要符合目标市场的审美标准。出于猎奇和反叛心理，针对特定的目标市场（如年轻人）可以提供奇形怪状的产品；青少年T恤上印个骷髅头是个性，但印到中年人衣服上则显得不伦不类，不是邪教就是有病。

5. 经济属性

经济属性体现产品的交换价值，是总成本与总价值的比较结果。价格是最直观的经济属性，是消费者为获得产品必须付出的货币成本。除此之外，总成本还包括时间成本、精力成本、体力成本和心理成本，这些成本貌似不是经济属性，但均需要通过消费者乐意支付的价格来反映。总价值包括产品价值、形象价值、情感价值和心理价值，也要通过消费者的总收益感知来体现。有些商品虽然很贵，但能为顾客带来形象价值和心理价值，所以仍有市场，“只买贵的不买对的”就是这个道理。而另一些商品，虽然价格便宜，但需要付出大量的时间成本和精力成本，消费者也会觉得不值得购买。分析产品的经济属性不能只盯着价格，消费者会根据总成本和总价值来综合判断购买是“赚”了还是“赔”了，是物有所值，还是质次价高。消费者都厌恶损失，品牌的经济属性就是产生溢价，并减少消费者的风险感知，而风险则意味着可能带来的不必要损失。

6. 交互属性

交互属性是消费者在产品购买和使用过程中的体验感知，甚至在购买前已经发生了交互，比如通过网络查询产品相关信息、向他人咨询等。交互属性也是消费者对产品各类基础属性的判断和评价，高效、易用、关爱、友善会让用户产生好感，对于生产者来说，无论自己多么受煎熬，展现在消费者眼前的永远应是简单清爽的一面。有些商品是瞬时消费，交互时间较短，比如饮料、食品、电影等；有些商品则是持续使用，交互时间较长，比如汽车、空调、电视机、手机、电脑等。产品使用的时间越长，越需要重视交互属性，越要经受得起质量检验。产品质量只有在交互体验的过程中才能被消费者感知和判断，符合预期不一定会产生满意，不符合一定会产生不满意。

7. 社会属性

社会属性是产品带给消费者的社会性利益感知，包括让消费者觉得有面子、被商家所尊重、产品有责任心等，不是指政治经济学里所讲的“价值是商品的社会属性”。面子是中国人的人格特质，“死要面子活受罪”，产品要让用户觉得有面子，受到商家的尊重，能满足虚荣心，又会得到他人的认可和接纳。产品还应表现出应有的社会责任，符合道德标准，不违背社会公德，体现商家的社会担当。不负责任的人不可交往，产品也一样。

8. 心理属性

心理属性是产品带给消费者的心理性利益感知，包括产生积极情感和认同产品。产品表现超过预期，会让消费者感到满意，而满意又会促进产生高兴、快乐等积极情感；产品表现低于预期，会让消费者产生后悔、抱怨、气愤等消极情感。避免消极情感是人的本能，没有人喜欢花钱找罪受、找气生。对产品的满意会让人产生安全感、亲切感和信任感，这些良好的感觉是对产品认同和肯定的基础，是对产品忠诚的前提，即使自己在将来不需要再购买，也会积极向他人推荐。

八大属性 21 个因子，共同决定消费者的产品需求和产品质量体验感知，在不同类商品里，或同类但不同档次的商品里，各属性的作用、地位、权重也不相同，所以一定要清楚产品的竞争优势来源于哪一个层次。社会属性和心理属性越突出，产品的竞争力就越强，市场地位就越巩固。

五、促销魔方

广义的促销包括人员推销、营业推广、广告、公共关系等，狭义的促销仅指销售促进（Sales Promotion），即制定特殊政策或利用刺激物促使产品更好地销售。促销是企业营销的一把利剑，也是最常见的一种营销方式。打蛇打七寸，挖树先挖根，促销就要讲“精准打击”。有效促销可以大大促进产品的销售，而无效促销只能增加公司成本，劳民伤财。

促销就像拍马屁，讲究拍得舒服，拍得到位，人人都知道是在奉承，却都喜欢听。促销也一样，人人都知道“买的不如卖的精”，却都对促销没有免疫力，因为“促销”常常被视为实惠的代名词，是促进成交的“一根稻草”。

营销的艺术性更多地体现在促销环节，花样繁多的促销常让人目不暇接，就像魔方一样，貌似杂乱无章、变化多端，但仍有规律可循、有技巧可用。在书上、网上已有成千上万的促销方案，至于哪一种适合你则需要细细甄别。本书无意去重复或总结这些促销方案，而是想教会你如何选择这些方案，因为万变不离其宗，学会了促销之道，你就会灵活使用促销之术。

（一）方案八要素

促销是艺术，但促销方案则讲究科学，一套完整精准的促销方案，可以让营销风生水起。小到一个蛋糕屋，大到一家跨国公司，在做促销时都有共性之处，这种共性就是促销要遵循的基本规律和基本准则。

促销方案无论是临时起意，还是周密安排，都应包含八个基本要素，即目的、目标、时间、地点、物品、价格、政策和预案，八个要素缺一不可，否则促销效果极有可能大打折扣。

总的来说，促销要讲“八确”方针：目的要明确，目标要准确，时间要妥确，地点要精确，物品要肯确，价格要商确，政策要严确，预案要正确，“八确”方针确保促销高效执行。

1. 目的

目的决定促销方向，是促销的指南针和指路灯，促销目的一定要明确，目的不明确，会让促销偏离航道。一般情况下，促销目的主要有：提高知名度、扩大市场占有率、提升销量、增加收入、拉动其他产品销售、维系顾客、应对竞争，等等。促销目的要有功利心，要有指向性，目的不同，采用的促销方案也会千差万别，最忌讳的是为了促销而促销，或为了花完促销预算而促销，后者在国企中最常见。

2. 目标

目标是目的达成的标准，要准确合理。准确是指最好可以量化，比如销量达到多少、收入增加多少、新会员增加多少、多少顾客尝试等，实在不能量化的，也要有一个相对明确的标准。合理是指一定要切合实际，科学设定，过高过低均有害无益：过高，会因不能实现而打击员工的工作积极性；过低，会因过早完成而让员工毫无成就感。

3. 时间

时间是指促销的某个时点和持续的时长，常见的有节假日、周年庆、特殊日子、周末、每天的某个时刻等，如某些加油站选择每周六、周日进行促销，锁定了一大批忠诚车主。由淘宝网发起、各电商企业助攻的“双十一”购物狂欢节，已经成为线上线下共同的促销日，在这一天，你不做促销，销售肯定会受影响。促销的时长与促销频率要相结合，时间不宜过长，频率不宜频繁，因为糖多不甜，胶多不黏，次数过多、战线太长会让人产生审美疲劳，对促销视而不见，并且易引起消费者的逆向选择。另外，促销时机很重要，在约定俗成的日子里没有活动会让消费者失望，比如节假日已被消费者默认为商场一定会有促销活动。

4. 地点

地点是指促销的空间结构，包括线上线下、区域、位置等。线上线下可以同时搞活动，也可以独立分开进行，线下只影响附近区域，线上则影响范围更广；可以选择某个区域或某几个门店来做促销，也可以全面撒网。如何选择取决于促销目的。促销商品和促销标识的摆放位置也很重要，一定要醒目，易受注意，在超市里经常会见到促销商品的降价标签。

5. 物品

物品是指参与促销活动的商品，包括卖品和赠品。卖品是销售的对象，一般要选择新款产品、快到期商品和有特色的主打产品。选择新款产品是为了让消费者尽早试用；选择快到期商品是为了尽可能地回收成本，增加收入；选择主打产品是为了提高用户忠诚度。赠品的选择要有技巧性，可以赠送同类卖品，也可以赠送其他物品，一般情况下，赠品要选择消费者日常经常使用的价值相对较低的小件商品，有时候为了促进其他新品销售，也可以赠送小量新品。赠品总价值虽然不高，却往往被消费者看重，事实上，消费者贪图的不是赠品本身，而是觉得有面子，觉得受到了商家的重视和尊重，所以在消费者索要赠品时，态度一定要好，不可有轻视之语或不耐烦的表情。

6. 价格

降价是最常用最直观的促销手段，一切促销活动最终都会反映到价格上来，巧妙的促销活动会让消费者产生价格错觉。价格对企业来说意味着收入，对顾客来说则意味着成本，即使是奢侈品，消费者也喜欢用最便宜的价格来购买，高仿产品之所以有市场就是这个原因。对于不宜降价的商品，可以采用赠品的方式，因为直接降价可能会影响消费者对产品的价值感知，也会让已购买商品的老用户心里觉得不舒服。有时候为了促进组合商品的销售，易采用牺牲定价法，即用某种商品的降价来吸引顾客，客流量的增加自然而然地带动其他商品的销售，这就是被超市经常采用的“鸡蛋效应”。鸡蛋是居民日常生活最常用的食材之一，消费者对其价格变化非常敏感，特别是老年人，鸡蛋对其有绝对的杀伤力，在超市，略微降价的鸡蛋前永远会看到很长的队伍。消费者去超市不会只购买几斤便宜鸡蛋，一定会再购买其他商品，牺牲了鸡蛋的利润却引来客流，从而提升超市的总体销售收入。对于一些互补品，也可以采用这种策略，为了一碟醋而买二斤螃蟹的现象并不鲜见。先升后降的价格策略会被消费者反感，为了减少负面影响，不易直接打折扣，易采用暗降的方式，比如赠更多的商品，或捆绑销售，总而言之，让消费者心里觉得捡到了便宜。

7. 政策

政策是促销方案的核心，不同的政策会有不同的效果，没有最完美的政策，只有最适宜的政策。政策一般包括物物捆绑、物价捆绑、以量定价、以旧换新、以一代十、以券代钱、购买返现等方式，在一段时间内，只宜采用一种政策。政策制定的原则是严格、简便、无歧义，政策过于烦琐会让消费者觉得商家无诚意，比如购买返现时设置种种条件；赠送的代金券只能购买特定的商品，而自己又不是这些特定商品的主要消费对象，这些代金券就是形同虚设。对于快销品，适宜的促销政策有许多，商家可以灵活采用，但对于耐用品，因消费者使用的时间相对较长，所以促销政策一定要照顾原有顾客的感受，比如旧款手机的降价幅度不宜过猛，要随着时间的推移而循序渐进。

8. 预案

预案是防止在促销过程中出现意外情况而提前制定好的备选方案。促销的过程无非就三种：场面很冷清、不温不火、异常火爆，针对三种情形需要制定不同的应对措施。场面冷清说明促销并未引起消费者的注意，或不被消费者接受，这时就应缩短促销周期，或增加促销力度。不温不火说明促销政策吸引力不够，需要增加新的刺激因素，此时应调查清楚顾客究竟想要什么，然后再改进促销措施。异常火爆是商家的最爱，出现这种场面，一要充分调动货源，二要充分理解为什么大受欢迎，如果供应能力有限，就要适当降降温，但不能急刹车，一定要在宣传的时间内兑现承诺。预案主要涉及政策、物品、时间和价格四项，相较于政策，预案要灵活机动，随机应变。

八大要素是促销魔方的内部零件，搭配得好，魔方玩起来就很顺畅，搭配不好，玩起来就很晦涩。事实上，促销也有保健和激励之分。在餐馆，赠送果盘已经成为潜规则，果盘只起保健作用，而择机赠送一盘菜，则会起到激励效果。当消费者视某类促销为行业潜规则时，促销的效果就会大打折扣。

（二）九度评判法

促销方式不能拍脑门决定，一定要根据客户需求、产品特性、市场环境变化、竞争对手反应等客观情况做有针对性的促销。对促销活动的评价有一定的客观标准，可用“九度评判法”审定促销活动是否科学，见表 2-5。

表 2-5　促销九度评判标准

标准	意义	举例
长度	时长、时点、周期	历时一周、每周、单双日等
宽度	产品范围、区域范围、目标群体	所有产品、指定某款产品、在某个门店等
高度	立意、境界、影响、创新性	参与游戏、划拳定输赢、摇号名单等
力度	优惠幅度、降价程度、赠品价值、礼品价值等	二折、折上折、全场 30 元、买一赠三等
角度	切入点，降、赠、送、惠、免、减、试、积分等	赠送大礼包、老用户赠流量、一元菜等
难度	复杂程度、简便流程、活动易被理解等	现场兑换、现场赠送、直接换购等
温度	友善、诚意、受欢迎等	赠品为品牌商品、直接换现金等
信度	可靠性、可信性、活动信用、产品信用	有良好口碑、老用户带来新用户等
效度	是否实现目标、是否达到预期目的	销量增加 20%、新注册用户增加几万名等

1. 长度

长度是指促销的时长，可在某段时间天天进行，也可选择脉冲式的某个时点，比如周末或每周三等。战线越长，效果未必越好。对于消费者来说，商家的促销时长仅指活动期间，而对于商家来说，促销活动则分酝酿、准备、执行、善后四个阶段，每个阶段的考虑重点和工作内容也不相同，需要注意的是，促销的善后工作也很重要，每次促销活动结束，均需认真评估和总结，并提前制定退换货预案。

2. 宽度

宽度是指促销涉及的产品范围、区域范围和目标群体。产品范围是指既包括欲促销的商品，也包括赠品、礼品、配件、额外服务等。区域范围是指目标群体所在的地理位置，广义上可分线上和线下，线上的影响面相对较广；狭义上可分全国市场还是某个区域市场，具体可到某个省、市、县、区，甚至到某个小区。目标群体是指特定的顾客群体或欲进入的新市场，比如教师节针对教师的专场活动，建军节针对军人（含退伍军人）的专场活动等。

3. 高度

高度是指促销的立意和创新性。有新意的促销方式会有较高的吸引力，能激发消费者的参与兴趣，比如某些餐馆举行的摇号免单，用游戏提升用户的体验感知，让消费者边娱乐边消费。但要注意，不能为了创新而创新，需要根据客观情况酌定，在多数情况下，传统的促销方式依然威力巨大。

4. 力度

力度是指促销的优惠幅度，力度越大，吸引力越强，但要适可而止，否则会过犹不及。商品降价过猛、幅度过大，会让消费者对产品质量产生怀疑，对已经拥有此产品的老用户也是一种伤害。如果时机把握得准，较小的力度也会起到四两拨千斤的作用，比如有些畅销商品很少做促销，偶尔为之，就会大卖。力度的大小取决于促销的目的、成本核算等，企业刚开张时，可以加大促销力度，正常经营时，力度不宜过大。

5. 角度

角度是指促销方式，是促销的切入点，合适的角度会让促销事半功倍。常用的方式包括优惠、赠品、礼品、直降、买一赠二、减免、试用、代金券等。推广新产品、甩卖旧产品、吸引新用户、感恩老用户、升级关键用户（VIP）等，促销方式应有所差异，比如在市场打开之前，可以将新产品作为赠品让消费者试用、品尝，让消费者自主选择一些可捆绑在一起的商品也是一种不错的方式。

6. 难度

难度是指消费者获得奖品、礼品的困难程度，促销政策是否容易被理解。有些企业在做促销时，为了防止弄虚作假，要么将兑奖流程设置得过于复杂、过于漫长，要么促销政策不易被理解，有各种条陈限制，需要消费者认真研读，这些人为设置的难度会降低消费者的参与度，促销活动也就失去了吸引力。促销的政策越简单越好，操作越简便越好，奖品最好是当场兑现，不用消费者填写过多的表格。

7. 温度

促销是有温度的，温度是指对商家促销诚意的感知，有些促销活动虽然力度很大，但仍被消费者视为缺少诚意，比如赠送一大堆毫无价值的东西，或消费者根本不需要的东西，或者设计很复杂的促销方案，让消费者很烧脑。在网上购物，有些电商会送你一些指定产品的代金券，比如你购买了几本经济学类的书籍，却送你几十元的婴幼儿服装代金券，而你根本不需要婴幼儿商品。其实在大数据时代，根据用户的购物记录，完全可以为用户画像，然后根据用户画像再推荐相关商品，即使消费者不购买也会对商家产生好感。促销的难度会降低温度，难度越大，温度越低。

8. 信度

信度是指促销的可靠性、真实性和可信性。促销是需要实实在在进行的，要一言九鼎，童叟无欺，要与宣传保持一致，不能欺骗用户，不要打无准备之仗，比如对赠品的准备不足、促销品被抢购一空等，往往会让消费者乘兴而来败兴而去，如果经常这样，商品就会失去信誉。

9. 效度

效度是指促销的效果，即是否达到预期目的、促销目标是否实现。为保证促销效果，在常见的促销时点，宜提前向市场透风，以便让消费者产生心理预期，比如在双十一购物节，提前十天就在网上公布活动方案，通过预订单的方式既可以预测销量，又可以营造火爆的销售场面。而在非促销季，商家的促销活动宜静悄悄地进行，在活动开始之前，需要注意保密工作，因为竞争对手获悉后有可能会提前做类似的活动，这样你就成了跟随者，活动效果会大打折扣。

无论是传统营销还是所谓的数字营销，作为最常用的营销活动，有效促销就是指在合适的时间和地点、用合适的产品、以合适的方式，向合适的顾客（消费者）进行宣传推广，以实现合适的目标。合适则指合理、科学、有效，促销的艺术就体现在对“度”的把握上。

在本章，主要从实用性角度介绍几个常见的营销概念或观点，解读完全不同于传统的营销教科书，目的是增强对这些概念或观点的应用性理解，相信读完你会感觉到这种解读更贴近现实。书中将企业面临的营销环境分成内部环境和外部环境两大类：内部环境分为硬环境和软环境，其中软环境又细分为六类；外部环境则分为微观环境、中观环境和宏观环境，宏观环境则是传统营销教科书中所指的外部环境，而在企业实际运营中，内部环境以及外部环境中的微观环境和中观环境对企业营销效率的影响远超宏观环境。

对于“4X 营销理论谱”，则详细列举了从 4P 到 4A 的理论演绎脉络，以回应业界对于“4P 营销理论已经过时”的言论。只是想告诉你一个事实：任何理论均有其时代背景和应用前提，4P 理论不是过时了，过时的只是各个 P 当初的基本含义，在新时代，各个 P 需要赋予新的内涵，从企业实际操作来看，4P 仍是营销的基本框架，只是需要有新的表现形式。

尽管我们都在谈论“市场”，连营销也叫“市场营销”，但对于“市场”的理解未必到位，或者是比较“朦胧”，或者是比较笼统。书中则从三个角度解剖了营销中“市场”的含义：从四个层面将市场解释为“靶环”，营销就是打靶；用一个公式将市场的五个构成要素连在一起，缺一不可；市场中的六大角色各司其职，各有不同的影响力，你要清楚你的顾客到底是谁，在购买中起何作用。相信读完这些内容你会对本企业的市场有个更清晰地认知。

产品是营销的载体，更是企业赖以生存的灵魂。不同于传统营销教科书，本书从两个方面详解产品的定义和内涵。一是将产品界定为“灵与肉”的统一体：“灵”体现产品的内涵和精神，是“虚无缥缈”层面的利益，是物的升化；而“肉”是产品的物理载体，是“实实在在”的实物或服务。任何产品或服务，不仅在感观上要有“物”的存在，而且还要反映或代表某种“精气神儿”。二是将产品细分为 8 大属性 21 个因子，这些属性或因子共同决定了产品的市场表现和竞争力。

促销是最常见的营销手段之一，之所以称之为“魔方”，是因为促销的玩法太多、变数太大，要想玩转促销，真的不易。书中列举的促销方案的八个要素和九度评判法，可作为企业日常促销工作的检测工具，做促销之前加以对照，有助于企业全面审视各种促销活动，合理规划促销行为，提升促销效果。

第三章

营销系统观

营销的效率不高、效果不佳，很大程度上可归因于缺少系统营销思维。树立系统营销观，需要企业了解营销的三种结构性要素——内部要素、交互要素和外部要素。构建科学的系统营销体系，熟知两种软约束的作用和威力，同时还要用系统思维来理解服务的整个生命周期。加强业务考评、重视稽核审计，也是系统营销的重要组成部分。系统营销不是大企业的专利，中小微企业同样需要。

有些企业，在营销上是兵精粮足，人才济济，谈起营销理念也是头头是道，滔滔不绝，学习最先进的营销观念、营销培训等一个都不少，业绩稍不理想，就开始频繁换帅，但换来换去，营销表现仍平淡无奇，毫无起色。重视或倚重营销本身无错，错就错在狭隘的营销观——仅将营销视为营销部门的事，或认为营销可以单骑救主，而缺乏一种全局观和系统观。

系统是指若干要素按照一定的结构形式联结组成的具有某种功能的有机整体。“要素”是指系统的“零件”或基本单元，“结构”是指基本单元的搭配和安排，“联结”则指基本单元之间发生交互，“功能”是指系统的作用和意义，“整体”是指一个完整的事物。世上万事万物都有其微系统（内部系统），并与大系统（外部系统）发生交互。

在系统论中，有一个著名的“蝴蝶效应”，即“一只南美洲亚马逊河流域热带雨林中的蝴蝶，偶尔扇动几下翅膀，可以在两周以后引起美国得克萨斯州的一场龙卷风”，特指初始条件下的微小变化能带动整个系统的长期的巨大连锁反应。

市场是复杂的、混沌的，营销中也存在蝴蝶效应。比如由于技术上的偏差，有可能会导致批量生产的产品不合格，为营销埋下巨大隐患；或者由于没有及时有效解决某位消费者的投诉，有可能会带来一系列的市场连锁反应，最终影响品牌信誉，致使产品销量大幅下滑，秦池、孔府宴酒、爱多 VCD 等曾经的标王，以及 2019 年上半年发生的西安奔驰汽车漏油事件等均是最好的例证。

为了减少这种负面的蝴蝶效应，企业需要用一种整体的、全局的、系统的思维审视营销。事实上，营销不单是营销人的本职工作，更应是全公司全体人员的共同目标；不单是前锋（营销人）的射门，更应是全队（全公司）齐心协力密切配合创造出的“临门一脚”。

营销是个系统工程，是人、财、物、思想、观念、信息、政策、策略等组成的有机整体。在营销系统中，任何一个地方脆弱，都有可能影响整个营销效用的发挥。营销的系统性不仅体现在营销的全过程，还体现在企业的人力、组织、领导、生产等政策制度均要有助于营销职能的实现。

企业一时的成功不代表能存活千秋万代，就连阿里巴巴也定位为做 102 年的公司——这既是一个小目标，也是一个大目标。企业之间的竞争，归根结底是一种综合实力的竞争，是企业系统之间的竞争，系统化地构建营销管理体系是企业提升竞争力的不二法则。

不谋全局者不足以谋一域，不谋万世者不足以谋一时，营销亦是如此。

一、营销结构性要素

营销结构是营销系统的主体，包括组成要素和将各要素连为一体的运行管理机制，结构的科学性、完备性和系统性决定了营销的表现效果。

结构性要素是指影响营销功能发挥的关键因素，按照与营销的紧密程度，可分为内部要素、交互要素和外部要素。内部要素是营销微系统的基本构成因素，是决定营销功能实现的直接因素；交互要素是指企业内部与营销紧密关联的其他职能因素；外部要素是指与企业关联最紧影响最为直接的外部因素。

结构性要素“牵一发而动全身”，缺一不可，各要素之间紧密配合，相得益彰，才能发挥营销的综合效力。如果哪一项要素不适合当前的发展需要，企业必须进行“结构性改革”，以确保营销职能高效率地运行。

（一）内部要素

内部要素主要涉及营销部门的工作范畴，是影响营销部门工作效能的直接因素，限定于营销部门边界内，主要包括人员、工作事务、商品、渠道、管理、软环境和工作理念等，见表 3-1。

表 3-1　营销内部结构性要素

要素	因子	表现
人员	领导者	业务能力、公平感知、亲和力
	团队	项目制、小组制、紧密型、松散型
	员工	责权利分配、工作内容、效率、态度、能力等
工作事务	策划	情报、方案、广告、宣传、促销
	销售	售货、物流、回款、库存、协议
	业务管理	统计、分析、纠偏等日常管理，支撑性工作
商品	产品	产品组合、产品延伸、品牌、包装、价格
	服务	售前、售中、售后
渠道	线上	自营、互联网平台
	线下	自营、合作、批发、代销点
管理	计划	规划、目标、预算、指标
	组织	定编定岗、工作分工、任务分配、人员调配
	领导	指挥、协调、沟通、激励
	控制	监督、反馈、纠偏、奖惩
软环境	工作氛围	友好、一家人、压抑、吵闹
	人际关系	和睦、融洽、紧张、互助、各扫门前雪
工作理念	任务型	面向市场，以工作任务为主
	关系型	面向内部，以处理关系为主

1. 人员

人员主要包括领导者（部门领导、团队领导）、团队和员工。营销总经理是企业营销的第一责任人，对营销职能拥有话语权和决定权。营销总经理的人选一定要慎之又慎，此人不仅要精通业务，能力超群，还要紧跟大领导的步伐，时刻领悟大领导的指示精神，同时还要应对各种冷箭暗枪，与其他部门搞好关系，所以只有复合型高素质人才才能担此重任。部门副职与处室经理（小组长）是营销部门的两个领导层级（小企业可不设），其业务能力和为人处事对于整个部门的工作效率至关重要，选拔和任用这两个层级的人员也要慎重。营销部门的人员数量达到一定规模后，就需要分成几个处室或小组，从而将营销部门分解为几个团队，团队之间会存在天然的工作“隔阂”，团队氛围影响团队成员的工作积极性，而团队氛围主要由团队领导来营造。员工是营销工作的具体执行者，只负责业务管理，不负责人员管理，是“营销工兵”或“营销搬运工”，有能力、责任心强、业务精通的员工是企业的宝贵财富，企业应好好珍惜。营销部门各层级领导的重要职责之一就是充分调动员工的工作积极性，让员工“热火朝天”地投入到营销事业。

2. 工作事务

工作事务主要包括策划、销售和业务管理。策划是营销的重中之重，营销能力和营销水平通常依靠几次相当漂亮的策划来体现。广告、宣传、促销等均是重要的营销内容，均需要周密的方案设计。策划不能盲人摸象、闭门造车，需要有准确的市场情报，需要对外部市场和顾客需求精准把握。策划方案的设计最好由头脑风暴产生，多人的思想碰撞更容易产生绚烂的火花，有时候不经意间的讨论就可能产生经典的方案，比如像“双十一”购物节的诞生。销售是营销的核心工作，也常常被视为等同于营销，策划得好，销售起来就相对容易。鉴于市场的复杂性、渠道的多样性、竞争的激烈性，确保货款回收应是销售的重点工作之一，货款回收完结，销售动作才算结束，所以不仅要及时了解企业的产品库存，还要全面了解流通中的产品库存。业务管理是营销部门的本职工作，范围比较广泛，比如统计、分析、监督、考核、指标分解、任务分配、市场监控等，同时还包括为一线市场提供支撑性工作，比如资金支持、系统设计、调货等。

3. 商品

商品主要包括销售的产品和服务，产品和服务只有售出才能称之为商品。产品的研发和设计一定要有营销部门的参与，一定要多倾听市场的声音，有时候不是营销部门执行能力不行，只是产品不对路，只要产品的“灵”与“魂”高度统一，营销工作做起来就会顺风顺水。企业投入到市场中的往往是产品组合，产品组合要讲究科学和技巧，不能随意拉郎配，互补型、生态圈型产品组合最好。品牌是产品或服务的名称和符号，强势品牌可以为企业带来许多无形的溢价，打造强势品牌是营销部门的重要职责，但强势品牌必须要有高质量的产品或服务为依托。为产品或服务制定合适的价格也是营销部门的职责，价格常被视为产品质量的标志，有时候又会变成促销的利器，制定价格时，要讲究科学的灵活性，在一段时间内，价格应保持相对的稳定。服务既包括有形产品的附属服务，还包括纯无形的服务，比如医疗、律师、教育等，无论哪种服务，均要重视售前、售中和售后。在提供服务时，最忌讳的是“变脸”或“两面人”，购前是笑脸相迎，不购或购后则是冷眼相对，这种企业很难持续发展，营销对顾客应是自始至终的、发自内心的彬彬有礼。

4. 渠道

渠道主要包括线上和线下两种类型。现在许多企业的官网已经直接改成了商城，将宣传、介绍、销售、服务融为了一体，其实企业就应该以一个面孔在网上出现，有些国企还没有意识到这一点，特别是某些央企，在网上还存在“两张皮”。企业可以搭天猫、京东、苏宁易购等大型互联网平台的“顺风车”，这些平台的超大流量可以引来大量网民的惠顾，当然企业必须遵守这些平台的游戏规则，尽管不如自建网上渠道那样自由，但可以节省许多维护费用。线下是指传统的渠道，对于线下渠道的管理也是营销部门最头疼的事，也是极易产生腐败的地方，线下渠道掌握着终端客户资源，是企业重要的战略合作伙伴，企业可以借力打力，对于渠道商的管理重点是货款回收、帮助售货、确保忠诚、防止窜货、统一价格口径，企业一定要记住：只有让渠道商挣钱，合作关系才可能维系。渠道商多是独立的法人，是服务型企业，也需要谋求自身的生存，所以渠道商的“有奶便是娘”做法也可以理解。

5. 管理

管理包括计划、组织、领导和控制四大职能，是非常重要的生产要素之一。管理是科学与艺术的结合，有效管理可以让散兵游勇变成特种兵，无效管理可以让银河舰队变成乌合之众。计划是管理的首要职能，凡事预则立，不预则废，可见计划的重要性，目标、预算、指标分配等要准确合理，一旦制定，就要严格执行，可以有一定的弹性，但不能频繁调整，月月做预算不如不做预算，规划千万别变成“鬼话”。组织主要涉及工作任务和人员的分配和调整，将工作安排给合适的人，确保在工作当中责权利的统一，责任与利益的不对等会严重挫伤员工的工作积极性。“领导”在这儿是个动词，包括指挥、协调、沟通、激励等动作，旨在充分挖掘和激发员工的工作潜能，消除运行中的不和谐因素，确保部门高效率运行。在部门日常运行中，难免会出现各种各样的问题，这就体现了控制的重要性。监督是重要的控制手段，监督不是为了治人，而是确保部门工作在正确航道中行进，确保如期完成营销计划，实现营销目标，有时候为了加强管理力度，必须采用一定的奖惩手段。

6. 软环境

软环境是指部门内的软环境，主要包括工作氛围和人际关系。相较于办公室等物理环境，软环境对于员工的影响更大。互帮互助、亲如一家的工作氛围会让人心情愉快，进一步提升工作效率，而压抑沉闷的工作氛围则让人精神倦怠，让人各扫门前雪，事不关己，高高挂起。如果工作氛围让人窒息，即使在高楼大厦里办公，也会让员工产生尽早逃离的想法。良好的工作氛围不是指一团和气，不是指你好我好大家好，而是指竞争有序、团结一致、互帮互助、其乐融融的工作气氛。培育和营造良好的软环境是管理者的基本职责之一，与管理者的个性无关，但与管理者的个人魅力有关，管理者可以一脸严肃，也可以一脸友善，应做到对事不对人，公正无私，一碗水端平，万不可滥用淫威。

7. 工作理念

工作理念主要分任务型和关系型两种，团队和个人都有可能涉及这两种理念。任务型理念处处以工作为先，天天想着是如何开发和维系市场，如何扩大市场占有率，如何把工作做好，如何把团队带好。以任务型理念为主的团队，工作更加积极主动，敢说敢做，勇往直前，如果管理到位，会有很强的战斗力，如果管理不到位，团队成员则会各自为战。关系型理念则将处理关系放在首位，天天想着是如何搞好与领导、与同事、与企业其他部门的关系，怕得罪人，是永远的老好人。以关系型理念为主的团队，往往是内部一团和气，相互妥协与容忍，尽管有时候是违心的，也要尽可能做到表面上的和和睦睦，如果引导到位，团队的凝聚力会激发强大的集体效能，如果不引导，团队内部会风平浪静，工作业绩表现平平。营销总经理的工作理念决定了整个部门的做事能力和处事风格，对部门内部，应以任务型理念为主，对于跨部门，则应以关系型理念为主。

（二）交互要素

交互要素主要涉及整个企业范畴，限定于企业边界内。营销部门是企业的一个分子，必然要与其他部门发生交互，交互过程和交互结果必然会影响营销部门的工作表现。关联最紧密的影响因素主要包括组织机构、产品生产、办公设施、公司制度和管理风格，见表 3-2。

表 3-2 营销交互结构性要素

要素	因子	表现
组织机构	组织架构	部门设置、人员调配、业务分工
	工作流程	业务流程、OA 系统、审批流程、会议
	非正式组织	同事圈、朋友圈、喜好圈
产品生产	研发设计	基于市场需求的产品研发和设计、模仿竞争者
	库存运输	仓库位置、物流配送速度与精准度
办公设施	办公环境	空间结构、绿化环境、会议室、活动空间、标语、停车场等
	办公用品	电脑、办公桌、纸张、投影仪、打印机、网络等
	食堂	三餐安排、饮水、饭菜口味
公司制度	考评制度	绩效、考核、奖励等
	人事制度	评聘、考勤、培训、福利、升职、惩戒等
	财务制度	报销、补助、奖励发放、内控、审计等
	行政制度	时间、安全、工作要求等
管理风格	指令型	告知、指示、命令、指导、霸道、等级
	协商型	咨询、探讨、征求意见、解释、说服、参与、鼓励
	授权型	说明、分权、只看结果、信任、发挥、自我管理

1. 组织机构

组织机构主要包括组织架构、工作流程和非正式组织。组织架构明确了企业的内部分工，设置的部门越多，组织就越臃肿，部门间的争权夺利就越有可能发生，所以企业一提“瘦身”，首先想到的就是精简部门。在国企，最常见的是为了安排某位“要员”，特意设置一个可有可无的部门；或者为了发展某项业务，成立一个专设机构，其结果就是越改革部门越多，工作效率大打折扣。因许多业务需要走流程审批，涉及的部门越多，流程就越长，哪个部门都不想担责，就只好让业务在 OA 系统里转圈圈，直到大领导直接审批才会有明确的方向。企业中存在许多各式各样的非正式组织，这些小团体有利也有弊，正式流程走不通的，往往凭个人交情就能顺利解决，如果二人之间存在矛盾，即使业务紧急也有可能故意拖延。营销部门与其他部门之间的摩擦不可避免，比如一个营销方案可能需要其他部门的支撑与配合，需要召开多次多部门联席会议进行“三堂会审”，在会审的过程中，各部门都有自己的小算盘，内耗、扯皮就会让方案过早夭折。

2. 产品生产

产品生产主要包括研发设计和库存物流。产品是营销的对象，营销部门可以不参与产品制造的具体过程，但一定要参与产品的研发设计，否则生产出来的产品极有可能与市场脱节。设计要跟着市场走，不要跟着感觉走，应当是“市场缺什么就去生产什么”，而不是“生产什么再去推广什么”，产品的生命力归根到底是取决于市场的需求程度，比如凤凰、永久、飞鸽牌的二八自行车，结实耐用，但仍被灵巧轻便的变速自行车取代，三大自行车品牌正逐渐被市场遗忘。库存量、库存区域位置、物流配送速度等均会对营销产生影响，紧俏商品的周转率高，积压商品就需要做促销。商品的一时流行可能会让经营者无节制备货，从而造成大量的库存，而大量的库存又反过来给企业带来巨大的压力，凡客的陈军曾说：“库存、周转对于一个品牌来说，真的是唯一的生死线。”对于工业品类的营销，营销员费尽心思“拿下”的客户，可能会因为物流问题而让销售过程一波三折，延迟发货、发错货等现象在现实中屡见不鲜，即使事后对当事人进行相应处罚，但造成的影响也已既成事实，在免费时代，包邮、送货已成为消费者选购商品的一条重要标准。

3. 办公设施

办公设施主要包括办公环境、办公用品和食堂，也是通常所理解的硬环境。办公环境会影响员工心情，进而影响工作效率。办公环境不一定要高大上，但一定要整洁，布局合理；可以不设固定工位，但一定要配全必要设备；几盆绿植就可以让办公室显得不再单调，几盆鲜花就能让办公室换种心情，不用担心这是浪费，因为总会有女员工主动站出来担任“护花使者”。如果公司年轻人多，工作压力又大，需要经常加班，在条件允许的情况下，你可以为员工配备娱乐、保健、健身、休闲等活动空间，大可不必担心员工会沉溺于此，这只会让他们更加高效率地工作，并且还会减少怨言。办公用品的质量要好、品种要全，常常是公司统一配备，集采时要严格把关，特别是办公电脑，不一定是最先进的，但一定不能是快淘汰的。在互联网时代，为杜绝员工工作期间上网而刻意断网的行为是愚蠢的，并且你也控制不住，只会让员工更加反感，更加排斥工作。不要把食堂视作小事，谁都离不开一日三餐，不仅要让员工吃得饱，还要让员工吃得好，没有条件设立食堂的，要想办法解决员工的午餐问题，单位的美食会增加员工的幸福感和归属感，网上流传的华为食堂的确让人羡慕。营销的工作性质决定了营销人员需要经常加班，办公设施的影响就更为明显，任正非深夜给加班员工送鱼汤，你遇到这样的老板，还不激动万分玩命干工作?!

4. 公司制度

公司制度主要包括考评制度、人事制度、财务制度和行政制度。考评涉及每个人的切身利益，关系着员工的收入、晋升和荣誉，所以会被员工看重，这就要求考评一定要在阳光下公开进行，不合理的考评制度、或由管理者偏袒的有失公允的考评结果会严重打击员工的工作积极性。只让马儿跑，不让马吃草，那些所谓的“以单位为家”“以团队为重”、责任心、敬业心等均属于无稽之谈。公司是由人组成的，人事制度就是人员管理的制度，营销人员的编制、选聘、考勤、岗位、培训、晋升、提职等均与人事制度息息相关，做出突出贡献或能力突出的营销人员得不到应用的待遇，就是变相告诉这些员工应该辞职。财务制度主要涉及报销、款项支付、奖金发放等与钱相关的事宜，所以更要严谨和健全。在报销时，要求发票合规不会引起异议，但报销的流程却常常被员工吐槽，网上走一遍，私下再走一遍，繁杂的流程会让员工宁可待在家里也不愿去现场调研。公司资金紧张不应作为广告费、员工奖金、渠道商奖励等不发放的借口，万不得已，需要及时做出明确的合理解释。内控和审计对于营销部门来说也非常重要，可以监督营销部门不偏离航道。行政制度是办公制度，是员工在工作时间内的行为规范，营销人员也必须遵守。

5. 管理风格

管理风格主要指公司大老板和分管营销工作领导的管理风格（与领导风格略有区别，这里侧重于管理），大体可分指令型、协商型和授权型。指令型与授权型是完全相反的两种风格，前者只把员工视为工具，适用于成熟度低、工作不积极的员工；后者则给予员工充分信任，适用于成熟度、业务能力强又急于表现的员工。指令型领导喜欢体现自己的权威，把发号施令当作一种快感，工作中常独断专行，说一不二，不仅监督工作结果，还要干涉工作过程，如果遇到这样的老板，你只有服从和无条件执行。授权型领导喜欢分权，相信下属人员的工作能力，不问工作细节，只注重结果，如果遇到这样的老板，是你的幸运，你可以充分发挥自己的才能。协商型领导喜欢与下属分享自己的感受，并勇于承认和表扬下属的高明，该决断时不犹豫，该探讨时很谦虚，既体现自己的权威，也给下属表现的机会。一个营销方案，面对三种管理风格，会有三种面世方式：面对指令型领导，方案会完全按照领导意志来设计，即使不符合市场需求，也要完全遵循领导指示；面对授权型领导，自己会先提出一个相对成熟的方案再去找领导汇报，并大胆提出自己的设想；面对协商型领导，方案会与领导反复商论，在讨论过程中，敢于提出自己的不同意见，据理力争。尽管最终还是要尊重领导的意见，但在方案制定的过程中，营销人员的情感投入、责任感却有很大差别。

（三）外部要素

外部要素主要涉及与营销紧密相关的企业外部环境因素，与通常所讲的外部环境略有区别，关联最紧密的影响因素主要包括消费者、竞争对手、合作伙伴、政府、媒体和技术等，见表 3-3。

表 3-3 营销外部结构性要素

要素	因子	表现
消费者	顾客	需求、满足、满意、忠诚、口碑、关系
	非顾客	需求、口碑、行为、习惯、厌恶
	粉丝	关注、口碑、辩护、复购、拥趸
竞争对手	直接竞争者	产品功能、质量、价格相当，处于同一竞争水平位的竞争者
	间接竞争者	处于不同竞争水平位的竞争者，替代者、跨界竞争者
合作伙伴	渠道商	批发商、零售商、经销、代理、连锁、授权店
	第三方中介机构	广告商、咨询公司、调研公司
政府	政策	国内政策、国际贸易壁垒、贸易战
	行业管制	行规、产业现状和未来发展
	行政条例	城市管理、环保、价格
媒体	付费媒体	传统媒介、流媒体、大 V
	赢得媒体	涉及企业话题的免费媒体，包括传统媒介与自媒体
	自有媒体	网站、公众号、博客、微博、头条号、内部刊物
技术	生产技术	新材料、新工艺、新功能、新能源
	电子信息技术	物联网、人工智能、大数据、云计算、机器人等

1. 消费者

消费者主要包括顾客、非顾客和粉丝，是最重要的外部结构因素，粉丝既包括顾客也包括非顾客。消费者是水，企业是舟，水能载舟也能覆舟。顾客是指购买过或消费过产品或服务的群体或机构，其数量和质量决定了企业的生存现状与发展前景，产品的立足点就是要满足顾客需求，让顾客感到满意，并积极向他人推荐，与顾客建立起持久的紧密关系。企业不仅要知道消费者为什么购买，更要知道消费者为什么不买，即知道非顾客在哪儿。非顾客是指从没有购买过和消费过公司产品或服务的群体或机构，是公司的潜在市场，其数量和规模决定了企业的成长空间，企业应更多地了解非顾客的兴趣点在哪儿，有什么样的需求，有什么样的偏好和习惯，然后针对这部分群体再去研发新产品。今天的顾客有可能永远不会再买，而非顾客也有可能会转变为忠诚用户，所以对非顾客不要冷眼相对，应以礼相待。粉丝是品牌的忠实拥护者，是品牌的“雇佣军”“志愿者”和“辩护人”，他们是品牌“最可爱的人”，对品牌有一定的情感依赖，随时关注品牌动态，积极响应品牌号召，当听到不利于企业或品牌的消息时，会主动为其公开辩护，在网上经常看到两个竞争品牌的粉丝相互攻击、对骂。粉丝一定会成为忠诚顾客，即使当前无条件或无能力购买，也会对品牌高度认可，特别是在移动互联网时代，培养一大批粉丝比销量更重要。

2. 竞争对手

竞争对手可分直接竞争者和间接竞争者。竞争对手的存在是企业创新发展的动力，迫使企业免于“安乐死”，没有竞争，就没有效率。直接竞争者是指生产和/或提供的产品或服务在功能、性能、质量、价格上相近的同规模企业，市场中很少存在“孤独求败者”，即使产品再高档、再先进、再优秀，模仿者和追赶者也会蜂拥而至。直接竞争者处于同一竞争水平位，是企业营销的最大障碍，真正的勇士，必须坦然面对残酷的竞争。间接竞争者包括不处于同一水平位的竞争者，其产品或服务与本企业有明显的差异，除此之外，间接竞争者还包括替代者和跨界竞争者，之所以称之为“间接”，是因为虽然不生产同类商品，但对企业的生存发展也造成直接威胁，有时候还是致命威胁。信息技术的高速发展催生了许多新商业形态，直接带来跨界竞争。谁都想不到，尼康、佳能等相机的最大威胁竟然是手机；打败绿箭口香糖的不是益达，而是移动支付；中国移动、中国联通和中国电信三家运营商打来打去，却忽然发现最大的竞争对手竟然是微信。企业往往将注意力集中于直接竞争者，而忽视间接竞争者的存在，因为直接竞争是即刻显现的，而间接竞争则在潜移默化中推进，等醒悟时可能为时已晚，所以企业的经营一定要环顾四周，“假想敌”定位要全面、准确。

3. 合作伙伴

合作伙伴主要包括渠道商和第三方中介机构。渠道商是重要的战略资源，企业可以充分利用渠道商的人力、资金、区位等，让产品最大限度地接触到目标客户，淘宝、天猫、京东等电商平台是企业成熟的电子渠道，企业一定要在上边开设自营店，并且还要监督上边的授权店，以维护品牌形象的统一。第三方中介机构主要包括咨询公司、广告公司、调研公司等，术业有专攻，闻道有先后，一个好汉还要三个帮，在营销过程中，企业对有些事可能没有精力去亲力亲为，此时就需要借助第三方的力量，利用第三方的专长解决经营中的难题。对于广告的设计、制作、发布，不能做撒手掌柜，一定要有专人配合并监督。对于市场现状，除委托调研公司之外，营销人员一定要深入一线，亲自了解市场动态，及时发现问题，及时分析并做出反馈。

4. 政府

政府主要包括相关政策、行业管制和行政条例。政府是大管家，是婆婆，政府下的是一盘大棋，企业只是一枚小棋子，企业的运营要接受政府的监督和管理，要遵守国家的相关法律和法规。国家的政策对于企业的发展具有明确的指向性，一个政策就有可能影响一个行业的兴衰，可能会左右一个品牌的命运，比如2003年国务院将房地产业定义为国民经济的支柱产业，导致了房地产市场十多年的癫狂，成就了一大批全国和地方房地产知名企业，在这种背景下，房地产营销犹如顺水推舟，省时省力还出效果。国际贸易保护主义就是要保护本国的企业免受伤害，在中美贸易战中，美国尽全力打压华为，而中国则及时向中国电信、中国移动、中国联通、中国广电四家运营商发放5G商用牌照，间接力挺华为，关键时刻祖国母亲一定会呵护自己的孩子。节能环保、绿水青山是对企业发展的基本要求，节能型产品可以降低用户的使用成本，绿色生态食品有助于人的健康，这些均已成为用户挑选商品的重要参考指标。在多数情况下，企业拥有自主定价权，但也不能率性而为，恶意打价格战，肆意扰乱市场秩序，应遵守国家的价格管制。企业在经营时，一定要随时留意政府这双“有形的手”——既可以捧你在手心，也可以大巴掌扇屁股。政府倡导的，要酌情为；政府禁止的，一定不要为。

5. 媒体

媒体主要包括付费媒体、赢得媒体和自有媒体。媒体是企业的大喇叭，用于对外宣传和广播，营销离不开媒体的助阵。移动互联网的高速发展已经彻底改变了媒体生存环境，冲击最大的是报纸，手机、电脑已经成为消费者获取信息的主要渠道，流媒体的影响力正日益增大。付费媒体是必须支付一定的广告费才可以宣传企业的媒体，广告价格取决于媒体的影响力和广告频率，付费媒体的选择一定要谨慎，要视企业的产品特性、企业的战略目标、目标客户的媒体使用习惯、媒体的社会地位、广告预算等情况而定，要讲究支付产出比，不要乱花冤枉钱。对于媒体来说，不能“拿人钱财，替人消灾”，否则会影响自身的公信力。赢得媒体是为企业免费做宣传的媒体，媒体喜欢追逐社会议论的焦点，特别是对企业的负面信息感兴趣，会让企业的坏事一夜之间传遍千里，“天下没有免费的午餐”，免费的东西真的不容易吃，当然只要企业充满正能量，媒体的自发宣传也可以为企业赢得更多的理解和尊重，比如贸易战中的华为就点燃了媒体的热情，让“华为之火可以燎原”。自有媒体是企业可以掌控或自己建设的媒体，企业要高度重视自有媒体的建设，一定要有官网，官网中的信息要全面，要及时更新，信息陈旧会让消费者质疑企业的产品质量和经营理念，公众号、微博是圈粉的主战场，是与粉丝互动的主渠道，一定要重视与粉丝的互动，及时回答粉丝的提问。自有媒体最忌讳的是自弹自唱，只为自己唱赞歌，而回避或漠视消费者的疑问。如果说付费媒体还有一定粉饰的话，自有媒体则最能展现真实的自己，企业应好好珍惜自有媒体的建设和运营。

6. 技术

技术主要包括生产技术和电子信息技术。新工艺、新材料、新设计等新的生产技术会赋予产品青春活力，让产品更具竞争力，千年不变的面孔会让人产生审美疲劳，如果企业实在不知道如何创新，就在包装上多动动脑筋。营销的作用之一就是告诉用户——企业一直在创新，一直在努力，一直在伴随用户成长。曾经或现在仍十分流行的概念营销，就常以新技术为噱头。生产技术主要改变的是产品，而以人工智能、互联网等为代表的电子信息技术则将彻底颠覆传统 4P 的表现方式——产品将更具科技化、现代化、个性化，价格将更加透明化、多变化，渠道将更加多元化、线上化，促销将更加多样化、精准化。在大数据时代，用户的行为、习惯、偏好等将被一览无余，企业可以做到精准分析、精准定位和精准营销，最可怕的是你正想什么，今日头条就会为你推送什么，信息孤岛、互联网回音壁等现象正在对消费者形成围猎，你明知道，却无能为力，这就是趋势的力量。5G 将助推物联网的形成，届时又会产生更多维的数据，无人零售店、机器人代替餐馆服务员、无人驾驶等正在逐步向我们走来，消费者是用脚投票的，产品或服务必须植入更多的科技元素，必须尽早融入科技的潮流。

二、系统营销的三个要点

系统营销就是将营销的各结构要素有机地整合在一起，从而实现 1+1>2 的营销效果。系统营销与菲利普·科特勒先生提出的“大市场营销（Megamarketing）”有所区别，“大市场营销”主要是指企业在国际营销时，还要考虑各国政府和公众的权力影响，而系统营销则强调各营销结构要素的相互牵制及影响。

系统营销是一种“跳出营销看营销”的大营销观念，强调用整体思维来构建营销体系，用“营销”一根主线将企业的内部因素和外部因素串联在一起，华为、海尔、格力、阿里、腾讯等都是系统营销的高手和典范。

有了标杆也未必一定要全部模仿，企业一定要根据自身的实际情况来量身定做，否则就是东施效颦，邯郸学步，最后还弄丢了自己。总体上，设计和执行系统营销要注意三点：设计系统营销体系、理清系统营销的软约束和深度理解服务的内涵。

（一）体系构建

体系是指按一定规则将一系列事物联结成的一个整体，大千世界，大到宇宙，小到细胞，都有其基本的生存逻辑和运行体系。在企业众多的管理体系当中，营销体系应处于核心位置。

系统营销体系强调各类结构性要素的配合与联动，营销统领企业的运行和管理，企业的组织架构、部门间协作、业务流程、人员调配、制度政策等均要围绕营销来设计。系统营销体系的构建如图 3-1 所示。

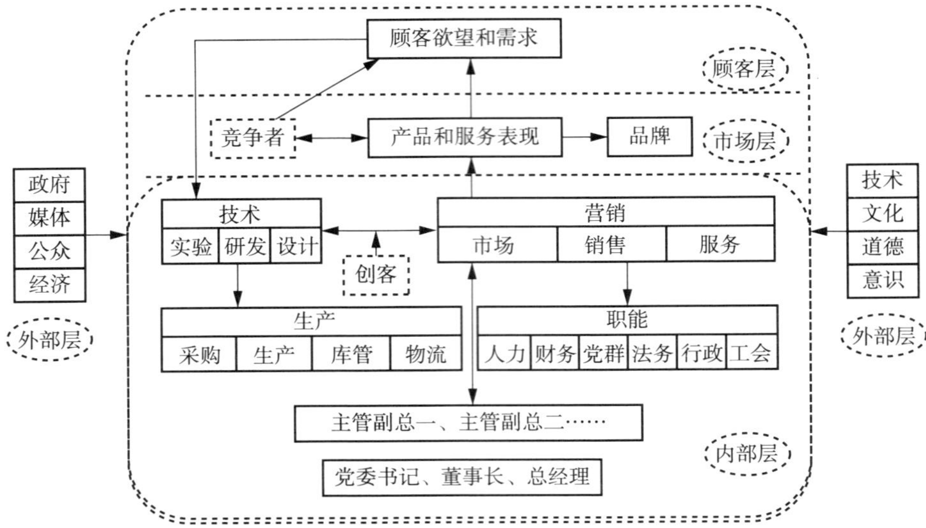

图 3-1　系统营销体系

该图体现了企业的组织架构、营销的层次、营销的影响因素以及各因素的作用指向，这些要素共同构成一个相对完善的系统营销体系。营销层次共分四层：顾客层、市场层、内部层和外部层；箭头代表作用力方向。

在顾客层，顾客的欲望和需求既是企业营销的原点，也是终点。尽最大可能满足顾客的欲望和需求是企业生存的基本逻辑，但顾客的欲望和需求不是固定不变的，而是动态变化的，会随时间的推移、年龄的增长、收入的增加、技术的进步而“水涨船高”，激烈的市场竞争也会让顾客变得更加挑剔，这就要求企业必须加强技术研发力度，通过产品创新和服务创新去契合顾客的消费升级。

在市场层，产品或服务的表现决定了企业的赢利能力和生存空间。市场就是企业的演出剧场，能否吸引和征服“观众”，主要看产品或服务的表现，这种表现不取决于企业的营销宣传，而是取决于消费者的使用检验。表现得好，买票的人就多；表现得不好，即使起初的宣传场面再壮观，最终也逃脱不了被冷落的命运。在舞台上，不仅有企业自身的“表演”，还有同台竞技的竞争对手，为了技压群芳、一枝独秀，为了笑傲江湖，企业必须下功夫认真排练——努力把产品或服务做好、做优、做强、做大企业品牌。

在内部层，营销受制于企业内部的组织架构设计。系统营销内部体系总体上可分五部分：营销、技术、生产、职能和领导层。无论是传统的科层制还是互联网时代的平台制，基本均可以按照这五部分来设计。营销除了对外攻城略地抢占市场份额之外，还要讲究内部营销，内部营销不是将产品或服务销售给内部员工，也不是强迫员工购买或销售本公司产品，而是对内向其他部门宣传公司的营销理念，以获得更多的内部支持。技术是创新的源泉和保证，企业应研发和设计基于或引领顾客需求的新产品，华为之所以敢与美国叫板，就是因为其雄厚的技术实力，将技术作为企业核心竞争力的来源是亘古不变的真理，技术的诞生不应拘泥于企业内部，更应整合全世界的资源为我所用，同时企业还应掌握并守护自己的“独家秘籍”。生产要以技术为指导，对产品的质量、性能等负责，是影响产品市场表现的最重要因素，采购、制造、库存、物流总体上均属于生产系统。

在内部层，就是要讲究各部门、各岗位的衔接统一，岗位不一定多，但职责要全面。不同规模、不同性质的企业，职能部门的设置也不尽相同，比如在国企里常见的党群部、工会在私企里就比较少见。一般情况下，职能部门越多，企业就越僵化、运营效率越低、大企业病越突出。在现在流行的平台制中，可能会压缩职能型管理部门，但这些部门的职责一定要有专人负责。比如海尔在组织变革时，设立了平台主、小微主和创客三种生产角色，小微主成为企业最小组织单元，极大提升了组织的灵活性，让企业对外部市场的感觉更加灵敏，成功实现了向互联网转型，但海尔内部的党建工作仍做得有声有色，同时，平台主也扮演了多个职能部门角色，对可行的创客项目提供各种资源支持。

领导层是一个让人敬畏的阶层，处于管理链的顶端，位高权重，一言九鼎，代表组织行使决策权。虽然有分管营销的副总经理（副总裁），但企业营销总体上还是要听命于企业的“大老板”，“大老板”的营销意识、营销视野、营销观念将直接决定企业的营销生态。系统营销生态体系的建立离不开领导层的支持和推动，如果领导层没有系统意识，没有团队意识，相互掣肘，企业就有可能错配资源、错配机制，企业内山头林立，内耗严重，既浪费资源、消耗精力，又会错失许多市场机会。企业家既要讲冒险精神、创新意识，更要有全局理念和系统思维。

在外部层，主要体现为政治、经济、文化、技术等各种宏观环境因素，这些因素就像空气一样，无处不在，虽不受企业控制，但对企业的生存和发展却有重要影响，这种影响或大或小，或明或暗，或深或浅，或直接或间接。系统营销体系的构建，必须充分考虑到这些因素的影响力和破坏力。

（二）软约束

软约束是一个经济学术语，常指“预算软约束”，与“预算硬约束”相对。通俗地讲，“预算软约束”是指企业发生亏损时由政府来买单，“预算硬约束”则由企业自己负责。

这里所讲的软约束和硬约束与经济学术语有所不同。硬约束是指企业的组织架构、规章制度、资金实力、技术实力、人员素质等，体现的是企业的主体架构；软约束则指企业文化、营销理念、营销策略以及企业流行的潜规则，体现的是企业的人文因素。既然是“约束”，就要求企业必须在一定的规则范围内行事，这个规则范围界定了企业的行为边界。

相较于硬约束，软约束对营销的影响常常不易被察觉。在这里，介绍两种重要的营销软约束：一是企业文化中的愿景、使命和价值观，这三项限定了包括营销在内的企业一切经营活动；二是企业的营销战略和战术，战略和战术是一对孪生兄弟，虽长得相像，但脾气禀性却迥异，共同决定企业的营销表现。

1. 愿景、使命和价值观

愿景、使命和价值观是企业文化的轴心，是企业经营的指路灯，是企业行为的指南针，也是马云在湖畔大学第一课的必讲内容。在平时，这三项可能不显山不露水，但在企业生死攸关、重大利益抉择面前会发生作用。企业无论大小，都要有明确的愿景、使命和价值观。

（1）愿景（Vision）。愿景是企业未来发展的方向和定位，是对企业蓝图的一种描绘，表达企业“想成为什么样子”。愿景是企业的理想，明确了企业的远景目标，为了这个目标，企业要“奋斗终生”。愿景就像人的奋斗目标，比如你的理想是将来成为一名企业家、科学家或者知名的游戏玩家。

（2）使命（Mission）。使命是企业担负的责任和义务，明确了企业存在的目的和理由，表达企业“为什么成为那个样子”。使命是企业成长的驱动力，是企业一切经营决策的依据，体现了企业成长的价值和意义。就像人经常回答“为什么活着”这类命题一样，使命是回答企业“为什么活着”。企业的使命要有一定的高度，是对企业生命的哲学思考，但使命的表述不能过于抽象，让人难以理解。使命可以表现企业的雄心壮志，但也不能夸大其词，要根据企业的实力客观表述。

（3）价值观（Values）。价值观是企业现实的行为准则，是企业经营活动中所遵循的行为标准，表达企业“如何成为那个样子”。一个三观不正的人，其行为也往往逆社会，是社会中的“不合格产品”，常被社会所排斥。企业也一样，企业有什么样的价值观，员工就会有什么样的行为表现，产品或服务就会有什么样的市场表现。产品和服务是企业价值观的缩影，也是企业价值观的真实体现。

愿景、使命和价值观不是空洞的口号，也不是挂在嘴边的口头禅，更不是贴在墙上给人看的装饰品，而是深入企业骨髓的文化精神，是企业“行走江湖”的灵魂和安身立命之本。这三项犹如企业的定海神针，让企业家保持清醒的头脑，让企业保持持久的定力——面对外部的投机诱惑从容说“不”。

这三项也是企业对内和对外的宣言和承诺，是企业经营的行动纲领，应被全体员工熟知并牢记。在日常工作时，可能会暂时“遗忘”，但在做重大经营决策时，一定要“不忘初心”，需要扪心自问：“是否产生了摇摆？是否违背了企业的愿景、使命和价值观？”

全球知名公司均有明确的愿景、使命和价值观，比如苹果、微软、可口可乐、通用电器、本田、三星、奔驰等，这些国际大品牌公司为其他企业树立了榜样，其愿景、使命和价值观也被其他企业认真研读，并竞相效仿。国内一些知名公司的愿景、使命和价值观见表 3-4。

表 3-4　国内知名公司的企业文化

<table>
<tr><th>企业</th><th>愿景</th><th>使命</th><th>价值观</th></tr>
<tr><td>阿里</td><td>构建未来的商务生态系统，让客户相会、工作和生活在阿里巴巴，并持续发展最少 102 年</td><td>让天下没有难做的生意</td><td>客户第一、团队合作、拥抱变化、诚信、激情、敬业</td></tr>
<tr><td>腾讯</td><td colspan="2">用户为本、科技向善</td><td>正直、进取、协作、创造</td></tr>
<tr><td>百度</td><td>成为最懂用户，并能帮助人们成长的全球顶级高科技公司</td><td>用科技让复杂的世界更简单</td><td>简单可依赖</td></tr>
<tr><td>小米</td><td>和用户交朋友，做用户心中最酷的公司</td><td>始终坚持做“感动人心、价格厚道”的好产品，让全球每个人都能享受科技带来的美好生活</td><td>真诚、热爱</td></tr>
<tr><td>华为</td><td colspan="2">致力于把数字世界带入每个人、每个家庭、每个组织，构建万物互联的智能世界</td><td>开放、合作、共赢</td></tr>
</table>

续表

企业	愿景	使命	价值观
格力	缔造全球领先的空调企业，成就格力百年的世界品牌	弘扬工业精神，追求完美质量，提供专业服务，创造舒适环境	少说空话、多干实事，质量第一、顾客满意，忠诚友善、勤奋进取，诚信经营、多方共赢，爱岗敬业、开拓创新，遵纪守法、廉洁奉公
中国移动	成为卓越品质的创造者	创无限通信世界，做信息社会栋梁	正德厚生，臻于至善
中国联通	客户信赖的智慧生活创造者	联通世界，创享美好智慧生活	客户为本、团队共进、开放创新、追求卓越
工商银行	打造“价值卓越、坚守本源、客户首选、创新领跑、安全稳健、以人为本”的具有全球竞争力的世界一流现代金融企业	提供卓越金融服务	工于至诚，行以致远
建设银行	建设最具价值创造力的国际一流银行集团	为客户提供更好服务，为股东创造更大价值，为员工搭建广阔的发展平台，为社会承担全面的企业公民责任	诚实、公正、稳健、创造
茅台	弘扬国酒文化，创领生活梦想	受人尊敬的世界级企业，享誉全球的国酒茅台	天贵人和，厚德致远
五粮液	科学发展，构建和谐，员工富、企业强、社会贡献大的世界名牌公司	弘扬历史传承的精髓，用我们的智慧、勇气和勤劳来造福社会	为消费者而生而长
蒙牛	以消费者为中心，成为创新引领的百年营养健康食品公司	专注营养健康，每一天每一刻为更多人带来点滴幸福	诚信、创新、激情、开放
君乐宝	成为中国营养健康乳品企业领先者	让全体员工在物质和精神都得到幸福的同时，为消费者提供健康、营养、安全的乳品	责任、尊重、服务、共赢

从这些企业的三项表述来看，有些企业正在践行自己的承诺，而有些企业的所作所为却与自己提出的愿景、使命和价值观背道而驰，或者说只是把

这三项当作对外宣传的工具，说一套做一套，做起了“双面人”，在做经营决策时，往往把这三项忘得一干二净。而那些杰出的企业对自己公司的愿景、使命和价值观了然于胸，并锲而不舍地贯彻执行。这也是伟大与假大的区别之一。

企业之所以存在两层皮，究其原因，大概有三类：一是因高层领导的不重视，或认知不足，或本身就认为这些可有可无；二是因高层领导的更迭，一个将军一个令；三是因宣贯力度不够，在中层领导可能就出现了断层，基层员工更是认为这些“高大上”的东西与自己无关。

想让这三项发挥效用，最重要的是高层领导重视，将之作为自己的管理理念，在各种场合时常提及，即便听起来像“忽悠人”，也要正大光明地“忽悠”，说久了，就会成为企业的真理，会对下属形成威慑力。同时，对这三项的理解和执行也应作为选拔任用干部的一个重要标准——符合、认同、遵循这些理念的人可以上位，阻碍、否定、破坏这些理念的人坚决调离关键岗位。引导和考核双管齐下，才能保证这三项的顺利落地。

愿景、使命和价值观不能频繁变动，也不能随领导的更替而随意变化，应在一定时期内保持相对固定。随着内外环境的变化，当感知这三项开始制约企业发展时，才有必要进行升级修正，但升级要有连贯性，要遵循一定的内部逻辑，不能跳跃性太强，或改得面目全非，否则会影响企业的经营定位，干扰企业的日常运营，让企业迷失方向，也会让消费者摸不着头脑，对企业和产品产生怀疑。

2. 战略 VS 战术

与愿景、使命和价值观不同，战略和战术是企业最常用也最易混淆的两种策略性工具。“最常用”是指“战略”和“战术”四个字常被人挂在嘴边，“最易混淆”是指分不清两个词的区别和含义。战略和战术是两只抓手，可以说，企业的营销就是营销战略和营销战术的结合，二者共同决定企业的营销效果。

战略通常指全局性、方向性、持久性、宏观性、公开性的策略，回答“做什么”；战术则指局部性、内容性、暂时性、微观性、私密性的策略，回答“如何做”。战术是对战略分阶段和分步骤的操作，是对战略的落地和执行。在中国古人的智慧里，《道德经》更适宜做战略部署，《孙子兵法》更适于做战术解读。

没有战略，企业营销就没有方向，战术也是散乱化，东一榔头，西一棒槌，没有系统性；没有战术，企业营销就是空中楼阁，只闻其声，不见其影。企业在执行战术时，一定要扪心自问是否与战略部署保持了一致。

企业的战略有多种性和多层次性，在同一时期，企业可能贯彻执行多个战略。从竞争角度讲，主要包括成本领先战略、差异化战略和集中化战略，这三大战略由美国战略大师迈克尔·波特提出，并伴随《竞争战略》和《竞争优势》两本名著被全世界所熟知，以至于许多企业家误以为企业战略就是这三种。

事实上，企业战略还有多种：从职能上划分，可分为财务战略、人力战略、生产战略、营销战略、品牌战略、技术研发战略等；从操作上划分，可分为领导战略、跟随战略、维持战略等。这些战略还可以分为总体战略和部门战略，战略与战略的交叉，又形成更为复杂的战略，所以马云说："战略是不可复制的，所有可以被复制的东西都是不值钱的。"也就是说，战略可以模仿，但不能完全复制，因为就像树叶一样，天下也没有完全一模一样的企业。

对于营销战略，还可以分解成产品战略、价格战略、渠道战略、人力战略、服务战略等，这些战略又分别对应各自的战术。被业界视为"价格屠夫"的格兰仕就是充分利用价格战略让微波炉"飞入寻常百姓家"，让品牌深入人心，从而为自己的产品扩延打下了坚实基础，小米手机、中国联通、拼多多等均是利用这一战略让自己在江湖占据一席之地。华为公司的技术研发战略让自己能从容应对美国的极限打压，鸿蒙系统被国人所期盼，送餐的快递小哥给深夜加班的华为员工的 11 字留言——期待鸿蒙!!! 华为加油!!!! 辛苦了！——让人为之动容，这件小事也彰显了华为战略的强大力量。

战略不是大公司的专利，中小企业也要有自己的战略规划。中小企业做战略规划是为了保持清醒的头脑，明晰自己的发展方向，坚定自己的意志。但要注意，不要将战略规划做成"战略鬼话"——规划年年滚动年年变，做来做去，连员工都认为规划的东西都是"谎话连篇"，做规划只是徒增工作量，毫无实际价值，这在大型国企比较常见。

战略要讲科学性，战术更体现艺术性，科学的战略要用艺术化的措施来实现。世纪伟人毛泽东的名言"战略上藐视敌人，战术上重视敌人"就是讲如何看待竞争战略和竞争战术。"藐视敌人"是指即使敌人知道了我方的战略也无所谓，要对自己充满信心，在战略上不惧怕竞争对手；"重视敌人"则讲战术的重要性，因为战术是对战略的落实，要认真比较敌我双方的战术差异，要认真注意每一个活动的效果和意义。

敌我之间即使有相同的战略，也会因战术的不同而产生不同的结果。企业家可以在公开场所高谈阔论企业战略，但对战术安排应讳莫如深，避而不谈——即使知晓也要佯装不知。企业战略可以被世人周知和热议，可以毫无秘密，而战术则应在实施之前仅限于局内人知悉，应是企业核心机密，否则精心策划的一次营销活动，有可能会被竞争对手抢先一步。具备优势互补的企业之间可以建立战略联盟，但在战术运用上则需保持相对独立——你我之间可以相濡以沫，但仍需保持彼此独立的空间。

战略和战术是对企业愿景、使命和目标的落实，而战术又是最基本的活动单元，一个个鲜活的战术构成了形式各样、丰富多彩的企业实践。可以用一个形象的比喻来解释这些词之间的关系——企业就像一名中学生，其愿景是成为一名杰出的物理家；使命是用所学物理知识造福社会；价值观是勤奋、坚毅、务实；近期目标是考上中国科技大学，长远目标是中国科学院院士；战略是物理优先，每天坚持至少一个多小时的物理学习；战术是平时每天做两道物理难题，周末再复习巩固基础知识，还要上物理竞赛班以及校外的物理辅导班。

（三）服务五部曲

服务是系统营销的重要组成部分，贯穿营销的全部动作和全部过程，缺失或不到位将大幅降低企业的竞争力。无论是有形产品的销售，还是服务业的经营，服务均在其中扮演重要角色，特别是当消费者对产品的质量难以评判或者在不同的品牌之间难以选择的时候，服务就成了购买的关键因素。

对此，本书作者深有体会。2019 年夏天，计划安装两台空调，起初首选是格力，去电器城一问，格力空调从购买到安装需要一周时间，并且送货与安装是分离的，而海尔只需要三天时间，送货与安装为一体，最终果断购买了海尔空调。在此次购物中，物流时效成为最重要的选择砝码。可见产品质量再好，服务的不足也会成为软肋。

服务说起来容易，做起来很难，就像“做一件好事容易，做一辈子好事很难”一样。服务不是一个口号或一个简单的动作，而是一套科学规范的体系，里边藏着大学问，精致、标准、完善的服务体系是强有力的营销武器，是企业竞争优势的重要来源，也是企业孜孜不倦的追求，海尔、海底捞等均以优质服务著称。如果想做强做大，想基业长青，企业就必须高度重视服务，科学设计和提供服务。

依时间逻辑，服务可分售前、售中和售后三个阶段，再融入接触动作，则可以分为接触前、接触+售前、售中（接触中）、接触+售后、不再接触五个阶段。这五个阶段组成一个相对完整的服务体系，共同谱写服务的五部曲，如图 3-2 所示。

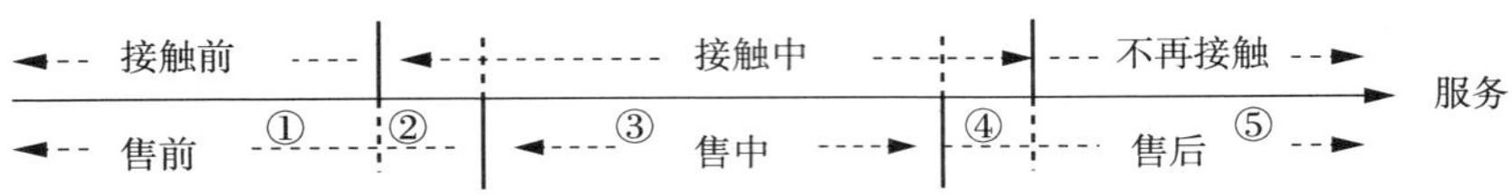

图 3-2　服务五部曲

从图 3-2 中可以看出，接触与销售的时间点不一定完全重合，可能存在时间差，正是因为时间差的存在，让貌似简单的服务变得有些复杂。①代表接触前的售前服务，②代表接触中的售前服务，③代表接触中的售中服务，④代表接触中的售后服务，⑤不再接触的售后服务。①和②构成售前服务，④和⑤组成售后服务，②、③和④组成接触中的服务，也是通常认知中的服务。

1. 接触前的售前服务

对于服务，有一个误区——认为服务只能在与消费者的接触中产生，事实上，服务从消费者产生购买意向就已经开始。企业不会精准地提前预知目标市场中“谁会成为真实的顾客”，唯一能做的就是“撒大网”，让尽可能多的人知道、熟悉产品。消费者在购买之前，往往要对市场中满足同种需求的产品进行比较和筛选，以实现最优选择，筛选的时长取决于产品的单位价值、对产品的了解程度以及产品对消费者的重要程度。此时，消费者尚不需要与企业正面接触，而是从侧面观察了解企业和产品。

这个阶段的服务可以理解为一种“泛服务”，是一种无具体沟通对象的信息服务，主要是做好信息管控工作：一方面多渠道向市场提供积极信息，另一方面及时管控负面信息，特别是要密切监视、回应互联网上的不利言论。无论网络购物还是现实购买，消费者普遍喜欢看或听其他人的评论或建议，并将这些评论、建议及商家的反馈视为重要的购买依据，及时、诚恳地解决问题会被视为负责任，会赢得消费者的好感和认可。有投诉是正常的，企业不要过于担心，而要注意处理投诉时的态度和方式——这被消费者尤为看重。

2. 接触中的售前服务

经过一段时间的比较和了解，消费者会产生购买意向，会与企业展开正面接触，这种接触既可能是通过互联网的隔空对话，也可能是面对面交流，无论哪种方式，企业均应以诚相待。因为消费者还没有实际购买，此时一线接待人员的态度、营销话术就尤为重要，目的是让消费者减少购买顾虑，增强购买信心。

这个阶段的服务主要是提供咨询，答疑解惑，同时还要建立用户预购买档案。在提供咨询服务时，回应要及时，语气要平和，态度要诚恳，聆听要认真，回答要耐心，当场解决不了的，要向领导汇报，协调相关部门共同解决，并向消费者及时反馈。在咨询过程中，在征得消费者同意的前提下，企业要尽可能多保留消费者个人信息，这类消费者是准客户，应纳入重点观察名单，以便于后期的跟进说服。

3. 接触中的售中服务

售中是销售的关键时刻，决定着消费者是否变成真实的顾客。一线员工在售中扮演着关键角色，其一句话、一个动作就可能左右销售的成败，培养一线员工的察言观色、随机应变能力非常重要。优秀的一线员工会促进快速成交，并且是让消费者心甘情愿、兴高采烈地购买。

这个阶段应提供全方位的服务，要比售前的咨询显得更加热情、更加诚恳，打消消费者所有疑虑，肯定用户购买本产品是正确的选择，让用户觉得自己很聪明，购买很合算。美好的消费体验更多的是从售中服务中产生，有时可以提供超预期服务，为用户制造惊喜，比如一群人在餐馆庆祝生日，餐馆突然赠送一份带有吉祥意义的菜肴，并送上诚挚的祝福，这种策略比会员打折更能收到奇效。即使消费者犹豫或者表达“回头再买”的时候，态度也要一如既往的好，千万不要变得爱搭不理，甚至冷嘲热讽，要知道消费者今天可能不买，明天可能购买更多。

4. 接触中的售后服务

购买后不是销售的完结，而是二次销售的开始。二次销售是指用户可能重购或购买企业的其他产品，优质的售后服务是二次销售的根本保证，如果一件商品的售后服务做不到位，消费者会排斥这个品牌的所有商品。企业要用系统的眼光来看待售后，不要将售后视为累赘，更不要对客户的售后需求置之不理。售后服务是锦上添花，顾客在购买前是上帝，购买后还要被视为贵宾。

这个阶段的服务主要是善后，解决遗留问题，确保产品正常使用，兑现销售承诺。有些商品，需要为用户提供安装、指导、维修、升级、更新等一系列的服务，为确保服务质量，需要对售后人员进行专业培训，并且严格监管其态度和行为。同时，还要在产品使用一段时间后回访客户，了解其购买和使用体验，以发现企业经营中的不足。在售后阶段，还要完善客户档案，客户档案是企业宝贵的财富，可以精准地为二次销售找到准客户，企业应将售后服务视为新的销售契机。

5. 不再接触的售后服务

产品销售出去之后，所有权和使用权发生转移，产品就变成了受法律保护的“私有财产”。在产品的寿命终结之前，即使用户不再与企业接触，甚至是与企业“老死不相往来”，也不代表用户不再关注企业，用户会根据自己的使用体验向他人推荐或劝阻他人购买，并且会经常关注企业的发展动态。企业发展得好，用户会觉得当初的选择是英明的；企业负面消息不断，用户则会担心产品一旦出现问题，企业是否还能提供必要的服务支持。

这个阶段的服务主要是向用户单向传递信息，告诉用户“我一直都在”“我会负责到底”“如有需要，我会随时出现”。虽然用户不再主动与企业接触，但企业还要与用户保持弱联系，比如在春节、生日、购买日等特殊日子道声问候。同时，在市场上要经常发声，树立创新发展的正面形象，就像都喜欢积极乐观奋斗向上的人一样，用户也喜欢勇于创新积极向上的企业。

为了减少人为因素的干扰，有些企业采用自助终端、智能语音、智能机器人等方式提供程序化的服务，在一定程度上提升了服务效率，但这种缺少温度的服务并不能解决所有问题，企业可以减少而不是完全取消人工服务，毕竟消费者遇到的问题可能是千奇百怪、五花八门，需要灵活掌握、灵活处理。

服务常被视为产品的附属，只会为企业带来成本，甚至有些企业为了减少成本而将服务外包，自己只履行监督之职，对服务的这种理解是片面的，也是狭隘的。从企业对服务的重视程度就可以看出是否真正地将顾客视为上帝，是否在只喊口号，是否在只想着做“一锤子买卖”。

企业应将服务部门视为情报中心，而不是单纯的成本中心。服务是重要的情报搜集渠道，在服务中会看到最真实的产品表现，了解最真实的用户需求，听到最真实的市场反应，这些情报无须付出高昂的代价就可以轻易得到。这些情报对于产品研发、生产、营销政策、服务形式等具有重要参考价值，企业应及时将用户的反馈归纳总结，并分类处理。

在不同的行业，服务的重要性也略有不同。在手机、家电、汽车、电脑等行业，消费者更看重售后服务。在方便面、瓶装饮料、牛奶、醋酱油调味品等快消品行业，消费者对个体服务的需求不太明显，企业的服务对象主要是渠道终端，以确保产品的覆盖率，保证产品及时供应不缺货。在服务行业，服务即产品，服务的重要性贯穿整个消费过程。在组织市场，服务的对象就是整个单位，组织购买对于服务的要求更加严格。

三、综合管控

世上没有永动机，再好的机器设备，在使用中也需要保养和维修。组织也一样，日常的运转不可能总是一帆风顺，总会遇到各种各样的问题，这就需要组织擦亮眼睛，尽可能做到未雨绸缪，将问题消灭在萌芽状态。未雨绸缪需要的是法治，而不是人治，需要做好规章制度设计，用管理制度控制组织行为，确保组织沿着既定路线向前行驶。俗话说“家有家规，国有国法”，家规和国法就是管控制度，用于限定人的行为边界。

管控是对组织的约束和保障，是对人、财、物、事的管理和控制。相较于后三者，对人的管控最难也最为必要，毕竟后三者的作用和分配均靠人来实现。对人的管控不是为了治人，而是规范每位成员的言行，维护正常的经营秩序，树立规章制度的权威，让每位成员心存敬畏，知道做什么是对的，做什么是错的，以确保组织平稳运行，减少波动，正确履行自己的使命，如期完成各项经营目标。

现在有一种流行的说法：“在互联网时代，应减少管控，增加赋能。”这种说法是片面的，有可能导致组织混乱，因这种观点是基于人“性本善”的假设，只适用于成熟自律且“遵纪守法”的好员工。管控是基于人“性本恶”的假设，有时候不是人想坏，而是所处环境迫使这些人不得不跟着学坏。人都有两面性，是“善与恶”的矛盾统一体，一念天堂，一念地狱，也在于此。如果没有管控，给“恶人”赋能越多，对组织的破坏也就越大，所以只能在管控范围内赋能，允许创造式破坏，但不允许犯罪式破坏。

在企业经营中，营销的主要职能是将产品或服务变现为收入，变现速度和变现能力决定着企业的生存现状和生存能力。当然，营销能力强并不代表发展前景好，在企业发展史中，营销能力超强而昙花一现的企业比比皆是，比如三株、太阳神、秦池酒业等。除了营销之外，决定企业发展的还有许多其他因素，比如产品研发、资本运作、企业家眼光、外部环境的变化等。生存是发展的基础，如果连活下去都困难，就谈不上持久发展。为了活好当下，企业必须重视营销能力的培养，科学设计营销指标体系，加强考核监督。

同时，营销可以调度和分配许多资源，这些资源也是违规或犯罪的生存土壤，如果不及时“拔草锄苗”，营销就会变得杂草丛生，一片荒凉。有时候，营销人员为了完成任务考核或为了自己的私利而“不择手段”，常见的有：过度承诺、夸大其词、虚假宣传、谎报军情、业绩作假、瞒报漏报、内外勾结、权力寻租、以权谋私、钻政策漏洞等。为了杜绝这些现象，必须加强管控。

管控是系统营销的重要组成部分，这一点在实践中往往被忽视，甚至在营销教科书中也不作为重点，教授们授课时也常常一带而过。系统性本身就强调不能只顾前不顾后、只顾头不顾尾，不能只顾打鱼不懂如何收网。营销就像赛马，不能任由马儿瞎跑，还要适度抽马鞭、收缰绳，这匹骏马才会沿着正确的方向跑得更远、跑得更久。

管控就像套在营销人员头上的“紧箍咒”，平时不起作用，一旦违规，就要掐指念上几句，让他感到头疼欲裂不舒服，以示惩戒。除应遵守各项管理规章制度之外，在这里仅介绍两个重点营销管控：业务考评指标和业务稽核审计。考评指标是一种软管控，完不成最多被评价为“无能力”，调岗、辞退是最严重的惩罚手段；监督审计是硬管控，严重的可能要移送司法机关处理。这两种均是系统营销必要且常规性工作，是系统营销的“护法神”。

（一）业务考评指标

指标是计划在未来一段时间内达成的可量化的任务目标，可分指标内容和目标值两部分。指标内容指引企业的经营方向，划定营销重点，让看似繁杂的营销工作简单化、条理化、格式化、清晰化；目标值是监督业务发展速度和发展质量的标准，是企业营销考核、薪酬发放、绩效奖励的主要评判尺度。可以说，企业所有的营销活动均要围绕指标来开展。没有指标，营销就没有压力，更没有动力，营销会迷失方向，如同脱缰的野马，在市场上会横冲直撞，毫无章法和分寸。

营销一般有多项指标，但未必将这些指标都列入考核范畴，应取其中最为关键的几个作为管控重点。所以在设定指标时，一定要慎重，要遵循一定的原则，要充分发挥指标的导向、控制和激励作用。各指标目标值要有科学依据，应认真讨论，精确推算，千万不要想当然，拍脑门决定，最忌讳将高层领导（特别是一把手）随口的一个数字设定为目标值。

营销指标一般先由营销部拟定，然后交由高层领导开会审定，一旦确定下来，在本周期内应保持不变，除非周围环境发生重大变化（如国家出台相关政策）而不得不做相应调整——即使调整也要有理有据，有说服力。

1. 指标设定原则

原则是设定指标时必须遵守的基本准则，是设定指标时的方法论。坚持按原则设定，可以增强指标的科学性、合理性和可达性，减少盲目性和随意性。通常情况下，设定指标应符合目标管理中的 SMART 原则。

SMART 原则最先由美国管理学大师彼得·德鲁克于 1954 年在其名著《管理的实践》中提出，历经多年，经久不衰。这个原则由五个独立的英文单词组成，“SMART”是这五个单词的首字母。虽然后来还有其他的演绎和补充，但这五个单词是最基础、最实际的指标设定准则。

（1）具体化（Specific）。要求对指标的描述是具体的、明确的、清晰的，不能模棱两可，似是而非，不能用外交辞令或哲学性语言。指标可以用概括性语言，但指标的解释要详尽准确无歧义。比如“增加 xx 个新用户”，这个“新用户”如何界定？是指以前从未购买过产品的用户，还是指从未购买过同一品牌的用户？买过海尔洗衣机，再买海尔空调，算不算海尔的新用户？这就需要在制定指标时给出明确的定义。对指标的描述不清，会给将来的考核埋下巨大隐患，一旦完不成任务，营销人员会用自己的理解来辩解。

（2）可量化（Measurable）。要求指标必须有确定的数值，这个数值就是业务要实现的目标值。目标值可以是绝对值，比如销售收入达到 xx 万元、新开发渠道 xx 户、销售量达到 xx 台等；也可以是比值，比如销售额增长 x%、销售费用减少 x%、市场占有率达到 x%等。对于一些定性指标，比如客户满意度、员工态度等，应采用打分的方式进行量化，类似于在淘宝网购物后的评价，“描述相符、卖家服务、物流服务”均采用五分制的方式，但打分要客观公正，尽可能减少人为因素的干扰，更不可以威胁或诱导评分者打分。

（3）可实现（Attainable）。要求指标经过努力可以完成，目标值过高、过低都会起反作用。指标过高会打击员工信心和工作积极性，也容易导致业绩造假，因此不要滥用权力强压指标，也不要为了业绩人为拔高指标，不要试图让员工跳起来“摘星星”，不可完成的任务只会为员工留下口实，员工会想“既然完不成，何必去努力?”。同样，过低的指标会让员工变得松懈，降低工作热情，磨平斗志，员工会想“轻松就能完成，何必去努力?”。在这种情况下，员工或许为了获得更多奖励而拼命工作，过高的奖赏又会引起其他部门的骚动，不利于企业的长久发展。目标值的设定要循序渐进，不可大幅跳跃，能让员工跳起来“摘仙桃”，而不是一伸手就够得到。

（4）相关性（Relevant）。要求不能孤立地设定某个指标，要综合考虑各指标之间的内部关系，均衡发展。事实上，营销各指标之间具有天然的内部联系，比如市场占有率的提升一般会带来销售收入的增长，而销售收入的增长同时会伴随销售费用的增加，三者之间存在正相关关系。但销售收入的增长并不一定带来利润的增长，如果成本、费用控制不好，还有可能带来利润的负增长。再比如在设定销售增长率时，还应同时关注销售回款率和坏账率，货款不能及时收回带来的可能只是华而不实的账面收入。在某个阶段，可以突出某个指标，但不能完全忽视其他指标的存在。

（5）时限性（Time-bound）。要求指标有明确的时间限制，必须在规定的时间内完成才算有效，没有特殊情况不准延期，一般以月、季、年为考核周期。可将年度指标分解到各月，按时间序列监督指标的累计完成进度。如果指标过早完成，说明目标值定得过低，在下一个周期需要重新考虑计量模型；如果到期完不成，不外乎有这几种情况：指标定得过高，或不够努力，或能力不足，或外部环境突变，或公司支持力度不够，这就需要根据实际情况来做具体分析。时限是任务红线，带给员工时间压力，促使员工加快工作节奏。

2. 指标体系

指标体系是由若干个相对独立又相互关联的营销指标组成的有机整体，是企业营销的“体检表”，用来反映营销工作的全貌。各指标考核的侧重点有所不同，所以采用单一指标往往不能体现营销的真实情况，当然，也不必将所有指标一起考核，应根据业务发展需要有所选择。就像血常规检查一样，主要看哪几项取决于病情需要，其中，红细胞、白细胞和血小板的数量是最基础的三大项。

关键绩效指标（Key Performance Index，简称 KPI）是从指标体系中精挑细选的核心指标，是营销年终考核的主要依据，关系到员工的工资和奖金。KPI 的理论基础是二八定律，即 20%的指标可以反映 80%的营销现状，抓住关键的少数指标即可。企业层级的 KPI 可以有多个，部门层级的 KPI 一般有两三个足矣，常用作营销 KPI 的是销售收入、成本费用、用户数、市场占有率等。

KPI 是目标管理和绩效管理的核心，对于企业营销具有强烈的指引作用，决定企业的营销行为和战术策略。KPI 的选择主要依据的是企业战略目标、经营现状和发展方向，随着时间的推移和外部环境的变化，可以做适当修正。为了保证 KPI 的顺利完成，选择 KPI 时要充分调研，一般在年末公布第二年的 KPI 考核办法，可以根据岗位职责和工作内容将部门 KPI 层层分解，最好能落实到个人，使企业利益与个人利益达成一致。为保证目标任务的完成，需要每月甚至每周对 KPI 的完成情况进行通报，以鼓励先进，鞭策落后。

企业应加强信息化建设，构建经营分析系统，利用计算机编程在后台自动生成各项指标报表，用报表加强经营监管，报表就是一种指标管理、数字管理。尽可能减少人工计算。由于各指标之间存在内部关联，为便于发现问题，最好能展现所有指标，突出重点的同时，尽可能不遗漏。

企业规模、经营内容、所处行业、发展阶段、战略目标等不同，指标体系也会有所差异，比如保险公司与银行业虽同属金融机构，但 KPI 可能有较大差异。每家公司均应根据企业实际来选择自己的 KPI，大可不必照猫画虎，依葫芦画瓢。

常用的营销指标见表 3-5。

表 3-5　常用的营销指标

一级指标	二级指标	三级指标	公式或解释
销售指标	销售规模指标	销售收入	单位时间内销售金额（与营业收入有区别）
		销售量	单位时间内销售的数量
		用户数	单位时间内用户的总规模
	发展能力指标	销售增长率	［当期销售收入或销售量/上期（或去年同期）销售收入或销售量］-1
		利润增长率	［当期利润额/上期（或去年同期）利润额］-1
		用户增长率	［当期用户数/上期（或去年同期）用户数］-1
		销售计划达成率	销售完成量/销售任务量
		新客户开发率	新客户数量/潜在客户数量
		新产品试用率	新产品购买量/目标客户数量
		绝对市场占有率	产品销量/同类产品销售总量
		相对市场占有率	市场占有率/前三名竞争对手市场占有率之和
		市场渗透率	使用过产品的人数/受访总人数，常以年为单位
		品牌渗透率	使用过品牌的人数/受访总人数，常以年为单位
	盈利能力指标	销售毛利率	（销售收入-销售成本）/销售收入
		净利润率	净利润/销售收入
		费用率	成本费用/销售收入
		成本费用利润率	利润总额/成本费用总额
	运营能力指标	成本费用增长率	［当期成本费用/上期（或去年同期）成本费用］-1
		库存周转率	单位时间内库存商品周转的次数
		应收账款周转率	赊销净额/应收账款平均余额，常以年为单位
		滞销库存比率	没有销售出去的商品数量/总商品数量
		销售回款率	实际收到的销售款/总销售收入
		销售坏账率	坏账数额/赊销总额，常以年为单位
		成本费用节省率	节省的成本费用/总计划成本费用
		交付及时率	及时交付订单数量/需要交付订单数量
		物流时间	购买后运送到客户手里的时长
		安装时间	购买后到安装上的时长
		客户拜访次数	在单位时间内与客户联系的次数

续表

一级指标	二级指标	三级指标	公式或解释
顾客指标	顾客态度指标	顾客满意度	受访用户对企业满意程度的评分
		顾客投诉满意度	投诉用户在企业处理投诉后的满意度
	顾客关系指标	顾客投诉数	顾客投诉的数量，以次计
		顾客投诉率	投诉用户占总用户的比例
		顾客重购率	再次购买用户数量/总用户数量
		顾客回访率	回访用户数量/总用户数量
		顾客流失量	不再购买产品的用户数量
	顾客获利指标	顾客获取成本	获取客户所支付的平均成本费用
		顾客盈利能力	在单位时间内客户为企业带来的收入和利润
		顾客回报率	在客户寿命周期内为企业带来的收入和利润
		客单价	每位顾客平均购买商品的金额
		购买频率	在某一周期内顾客重复购买的次数
渠道指标	渠道开发指标	网点数量	各类渠道的数量
		新渠道数量	新开发的渠道数量
	渠道运营指标	铺货率	销售产品的网点数量/企业网点数量
		铺市率	销售产品的网点数量/市场所有网点数量
		缺货率	缺货量/需求量
		缺货时长	从缺货到补货的间隔时长
		货架占有率	商品摆放面积或摆放数量在货架中的比例
		渠道销售量	各网点的销售数量
		渠道盈利率	网点获得的利润/该网点销售额
传播指标	传播效果指标	品牌第一提及率	无提示情况下在同类商品中把品牌作为第一个提及的人数/受访总人数
		有效到达率	在特定的暴露频次范围内，有多少目标受众知道所传播的信息并了解其内容
		毛评点	接触千人数/推及人口千人数
		曝光率	用户看到广告的次数
		点击率	用户点击广告的次数
		点评数量	用户对产品的评价数量
		转化率	注册或购买次数/看到广告次数
		活跃用户数	经常购买或使用产品的用户数
		日活跃率	日活跃用户数/总用户

续表

一级指标	二级指标	三级指标	公式或解释
传播指标	传播效果指标	人均使用时长	每个用户每日对产品的使用时间
		转发量	广告被转发的数量
		户外广告到达率	看到或注意广告的人数/经过人数
	传播成本指标	每千人成本	每达到一千人次的受众量支付的费用
		每千人印象费用（CPM）	每一千人次的访问而支出的费用
		每点击费用（CPC）	每次点击的费用，常以千人次为单位
		每行动成本（CPA）	以回应的有效问卷或者订单支付费用
		每销售成本（CPS）	以实际销售数量来换算广告费用
		每回应成本（CPR）	以浏览者的每一次回应计费
		每购买成本（CPP）	以实际销售笔数支付广告费用
		时间计费（CPT）	以持续时长计费，常以月为计费周期

在表3-5中，列举了营销常用的4个一级指标、11个二级指标、69个三级指标，其中传播成本指标主要列举了移动网络营销的成本指标。事实上，无论是网络营销、产品营销、组织营销或服务营销，营销指标远不止这些，还有许多未在表中体现，比如营销人员的培训次数、接单量、员工满意度等，这些对营销工作也非常重要，企业可以根据实际情况给予增删。

考核时的主要计算公式是：任务完成率=（实际完成量/计划任务量）×100%，大于1的属于超额完成任务，小于1的属于未完成任务，可根据年初的既有规定给予奖罚。同时，在给部门或个人综合打分时，应给不同KPI赋予不同权重，重点发展的权重赋值高，略为重要的权重赋值略低，以体现KPI中的层次性，充分发挥KPI的引导功能。

（二）业务稽核审计

海面风平浪静，海底暗流涌动；玉不雕不成器，树不剪不成材；有阳光的地方一定会有阴影——这是事物发展的客观规律。企业无论大小，无论所处哪个行业，无论国营还是民营，在发展过程中，难免会有人起贪念、生贪心、伸贪手，越是权力集中、资源集中的地方，越容易滋生腐败。这是企业成长中的烦恼，也是企业不得不直面的现实。

腐败、违规、不作为是企业发展的“毒瘤”，是“绊脚石”，必须除之而后快。特别是腐败，会严重干扰企业正常运行，阻碍企业发展，甚至会直接给企业带来巨大损失。铁腕治腐、高压反腐、对腐败零容忍是保障企业平稳运行的战略举措，是关系企业生死存亡的大事，必须常抓不懈，警钟长鸣，必须有“明知山有虎，偏向虎山行”的决心，告诫所有人“莫伸手，伸手必被捉”。

华为、腾讯、阿里、百度、京东、格力、小米、万科、万达等这些外表风光的知名企业均将反腐放在重要位置，甚至不惜自曝家丑。刘强东所说的“你贪污十万，我就是花一千万也要把你查出来”彰显了企业的反腐决心和反腐力度。“永不行贿”是马云经营企业的格言，体现了一身正气的发展理念，在聚划算出现贿赂的时候，马云表示：“宁可不要这块业务，也要守住阿里的价值观。”阿里的廉政合规部可以监督审计包括马云在内的所有人；任正非曾说：“公司不因为腐败而不发展，也不因为发展而宽容腐败，”对腐败的态度是“坚决查处，决不姑息”。从网上可以搜到近些年这些公司“打老虎拍苍蝇”的反腐战绩。

稽核、审计、纪检是公司监督管控的三大金刚，特别是审计和纪检部门，属于公司的“锦衣卫”，一定要由“嫡系”来掌舵。稽核一般由业务部门自己进行，属于自查自纠，旨在发现业务漏洞，及时采取补救措施，为公司挽回损失；审计属于内控，一般有独立的部门，旨在发现业务的合规性，是否按规定履行了岗位职责；纪检则上升到新高度，旨在纪律检查，惩戒职务犯罪，对外发布的常常是由司法机关介入的违法犯罪。在稽核和审计的过程中，如发现涉嫌职务犯罪，则应移交公司纪检部门做进一步核实处理。

业务稽核主要是稽查和复核业务发展的真实性和合规性，涉及业务发展的全部过程。市场营销部应设稽核岗位，由专人负责。稽核人员要眼光敏锐，熟悉公司，精通业务，能从一大堆数据中找到蛛丝马迹，能准确地找到问题所在。同时，稽核属于“挑毛病”，为落实某个数据，往往需要其他部门或其他人员的配合支持，其间难免会遇到各种各样的阻力，所以稽核人员还要有较强的沟通协调能力，有强烈的敬业心，敢担当，敢于碰“敏感地带”，不怕得罪人。老板要做稽核人员的坚强后盾，稽核人员才敢啃硬骨头。稽核完后，要形成稽核报告，提出整改建议，并定期抽查复审，形成稽核闭环。

业务审计与业务稽核一样，均是主动性管控措施，但审计要比稽核的范围更为宽泛——不仅可以审计业务流程，还可以审计各类票据、费用支出、报销凭证、业务订单、业务合同、各类台账、招投标流程、发票真伪、业绩真实性、签字合规性等。审计是最重要的内控手段，企业应给审计部门充分授权，对审计部门不设禁区，广告费、招待费、推广费等费用支出是营销审计的重点。干部离任要审计，在职同样要定期审计，并且还应实施倒追机制，在任时出现问题，情节严重的，无论走到何处，均要受到相应牵连，不能以辞职了事。如果公司规模较大，在各地有分支或派出机构，则还要异地审计。

此外，还要设立专门的内部举报通道，对于提供重大违法线索的或为公司挽回较大损失的，还应给予额外奖励，充分"发动群众斗群众"，让每位员工均成为公司的义务监督员，用物质奖励增强员工的监督意识，让管控不怒自威，充分发挥监管的威慑力。

企业规模越大，越应加强监管力量，扩大管控范围。如果规模较小，可不设专门机构，但也要有专人负责。企业应加强问责机制，通过管控制度来解决权力滥用的问题，解决红包回扣的问题，应"把权力放进制度的笼子里"，不要依靠所谓的信任，正如《潜伏》里余则成所言："信任是一种滑稽的好感"，有时候最信任的人未必最靠得住，还是通过制度约束最靠谱。

对于管控，也不要草木皆兵，要相信"身正不怕影子斜""不做亏心事，不怕鬼敲门"，要高度肯定管控的积极意义，有时候约束也是为了更多的自由。要向营销人员宣贯企业的管控文化，让他们清楚违规违法的严重后果，不要让他们产生"我在前线打仗，你在后方拆台"的错觉。管控是对事不对人，是"王子犯法与民同罪"。在管控某项业务时，有可能会带来暂时性的业务停滞，理顺后其会跑得更健康，正如任正非所言："内控、监管不是阻止速度，而是让流程顺畅后速度更快。"

在本章，主要是强调营销是个系统工程，而不是经营中独立的一个动作。许多时候，营销效率的低下、营销活动的不成功，均可以归罪于缺乏系统观。影响营销效能发挥的三种结构性要素分别为内部要素、交互要素和外部要素，其中：内部要素限定在营销部门内，具体可细分为7个一级因素和15个二级因素；交互因素限定在营销部门外至企业边界，可细分为5个一级因素和15个二级因素；外部因素与外部环境有所不同，特指企业边界外与营销紧密关联的影响因素，可细分为6个一级因素和15个二级因素。了解这些要素，你才能感受到营销工作的不容易，才会知道营销的效率来自何处，才会产生营销的"大局观"。

在构建系统营销时，需要注意三个事项。一是科学搭建系统营销体系。这不是大企业的专利，企业无论规模大小，均需要牢牢树立系统营销观。

二是重视两种软约束的威力——愿景、使命和价值观不是用来点缀“门面”的“花瓶”，应当被所有员工熟知并落实到一言一行中；企业的营销战略和战术应紧密配合，讲究战略得当、战术准确。三是用系统思维来正确理解服务的内涵。服务五部曲体现了整个服务的寿命周期，每一步均可影响营销的成败。

管控常被营销教科书忽略，事实上，管控也是系统营销最重要的工作内容之一。管控的目的不是为了治人，而是为了制定考核标准，为营销“体检”并纠偏。书中列出4个一级指标、11个二级指标和69个三级指标，企业可从中选择几个用于阶段性KPI考核。另外，在日常营销中，还需要加强内部的业务稽核审计，将一切营销行为约束在规章制度的“笼子”里。

第四章

高效团队

单丝不成线，独木难成林，任何工作均应强调团队的重要性。高效的营销团队，要有一名出色的“团长”，并遵循高效基本法则。作为团队的领路人，“团长”要具备六种基本的领导能力，精通六种驭人之术，还要兼具十种优秀的个人品质。五种高效法则可分为两种硬法则和三种软法则，前者强调科学性，后者则更注重艺术性。

一个人可以走得很快，一群人可以走得更远。世界上所有的大事业、大成就，无一不是由团队成员共同完成。一个人势力再雄厚、能力再强大、才华再出众、经验再丰富，若无“良将贤臣”辅佐，也难成大器。一个好汉三个帮，一个篱笆三个桩，众人拾柴火焰高，单丝不成线，独木不成林，就是这个道理。

在文学、历史记载和现实生活中，依靠团队“干事业”的例子比比皆是，这些鲜活的案例为如何组建团队提供了丰富的素材。从《西游记》里的唐僧团队、楚汉争霸中的刘邦团队、《三国演义》里的刘备团队、贞观之治中的李世民团队，再到阿里创立之初的“十八罗汉”、腾讯创建时的“五虎将”，均体现了团队建设和运行中“选对人、站对岗、走对路、干对事”的重要性。对这些团队的介绍和剖析有许多资料，感兴趣的不妨找来读一读，相信会有不少收获。

一个政党、一个社团、一个组织、一个企业、一个部门、一个处室、一个班组均是一个团队，不同的只是团队结构、团队规模以及团队负责人的职责范围，而团队建设和团队维护的基本原则、方法、道理基本相同。企业可以根据职能、项目、任务的需要成立多个团队，这些团队既可以是以部门为基础的固定团队，也可以是任务完成即行解散的临时性团队，企业本质上就是由多个“团团伙伙”组成的大团伙。

团队（Team）是为了完成既定任务而相互支持、相互依赖的一群人组成的共同体，与群体（Group）有本质上的区别。团队由组织主导组建，以解决问题为主，有共同的任务目标，有明确的规章制度，有明确的分工和职责划分，有正式任命的负责人和执行人，讲究团结、奉献、合作与互补；而群体可以有共同目标，也可以没有共同目标，可以相互协作，也可以各自为战，没有任务压力，没有分工，没有“法定”负责人，无规章制度，常自发形成，遵循约定俗成的潜规则，比如餐馆的食客、电影院的人群、旅游团、火车站候车人等。团队是一个群体，但群体不一定是团队。

营销部门是一个大家庭，是一个大团队，根据业务分工，可以成立策划、经分、渠道、销售、品牌、产品、宣传、稽核、监管等小团队，这些小团队就成为部门的基本单元，每个小团队负责其中的几项工作。企业所有的营销业务均由这些团队来完成，团队的工作效率和工作能力，以及团队之间的竞争与合作，决定了整个营销部门的业绩和表现。

在团队中，某个人的表现可能非常突出，比如某位销售员的业绩占总销售额的一半以上，但这并不能说明团队不重要，要知道“一人难撑一片天”，背后没有其他人的支持和付出，取得佳绩会很难。遇到这种情况，可以给予重点奖励，但同时不要否定或漠视其他人的付出，要知道前锋进球再多，如果没有后卫防守，比赛的胜负很难预料，所以说团队的业绩不是看某个人或某几个人的表现，而是要看团队的整体表现。

在团队建设众多理论中，有一个流行的“狼性法则”，即团队要像狼群一样。该法则主要强调两点：一是头狼的作用，二是团队协作精神。头狼在狼群中拥有至高无上的权威，是狼群的组织者、领导者和决策者，发动、组织、指挥狼群的捕食活动；头狼不仅要有强劲的狼爪和锋利的牙齿（个体素质），还要有机敏的眼光（前瞻能力）、果断的判断（决断能力）和高超的“驭狼”能力（管理能力）；头狼接受成员的挑战，一切以狼爪和牙齿说话。狼群在捕食中，有明确的分工，讲究策略协作，齐心协力完成捕食计划。独狼不可怕，再强壮的独狼在荒野上也要“夹着尾巴做狼”，而一群狼则可以与老虎狮子相抗衡，狼群的战斗力主要来源于团队成员的紧密合作。

一提“狼”，首先想到的是冷酷、残暴、血腥、贪婪、凶狠、狡猾等，所以与“狼”沾边的词多为贬义，如饿狼、色狼、白眼狼、中山狼、狼吞虎咽、狼狈为奸、鬼哭狼嚎等，所以“狼性法则”总让人觉得不择手段，无情无义。事实上，在团队建设中，不是全盘学狼，变成一群“狼人”，而是充分学习和效仿狼身上的“优秀品质”，如专注、坚忍、合作、执着、果断、效率、精力充沛等，团队要像“饿狼”一样一致对外，齐心协力捕捉猎物，这才是真正的狼性文化。在激烈的市场竞争中，一群“温柔的狼”要么饿死，要么被吃掉。

无论规模大小，无论成员结构，高效团队均有共性特征。高效团队，一定是对外多些狼性，对内多些羊性；一定是伸直是五指，攥起是拳头；一定有清晰的被认可的任务目标，有明确的职责分工；一定有坚强的意志和执着的精神，咬定青山不放松，不达目的不罢休；一定有较强的合作意识和奉献精神；一定有生龙活虎的精气神儿，有超强的战斗力和执行力；一定会妥善处理内部冲突和矛盾，懂得容忍与谦让；一定有一个灵魂式人物，有一名优秀的团长。

一、优秀的团长

火车跑得块，全凭车头带；一将无能，累死全军；兵熊熊一个，将熊熊一窝……这些谚语都在强调领导的重要性。在一个团队中，领导即团长，由组织正式任命，是团队的法定管理者，带领团队开展日常工作，完成团队既定目标任务。作为团队的灵魂，团长决定着团队工作方向和工作效率。

优秀的团长，不仅要以身作则，有超强的个人素质和业务能力，而且还要有高超的领导能力、控制能力和协调能力，精通管理艺术，思路清晰，调度有方，张弛有度，广纳谏言，既有威严感，又有亲和力；团队内士气高涨，工作积极，成员之间彼此真诚、信任、互帮互助，亲如一家；团队业绩好，有旺盛的斗志。优秀的团长，一定要目明、耳聪、嘴甜、腿勤、脑灵，手要既软又硬，心要既善又狠（可以狠，不能黑），该糊涂时不聪明，该聪明时不糊涂。

拙劣的团长，只唯上不唯实，只会逢迎上级，不知爱护下属，在上级面前唯唯诺诺，在下级面前趾高气扬，投机钻营，任人唯亲，品行恶劣，性格暴躁，以权谋私，与“民”争利，滥施淫威，骚扰下属；团队内山头林立，钩心斗角，推诿扯皮，暗中放冷箭，抱怨声不断；团队业绩糟糕，与其他团队争斗不断，在组织中显得格格不入。拙劣的团长，个人业务能力可能很强，但自负，自恋，狂妄自大，唯我独尊，永远不糊涂，永远自己最聪明。

平庸的团长，办事无原则，才能不出众，不懂用人，不会为人，不敢或不愿得罪下属，无威信，对业务常常不懂装懂，乱分配，瞎指挥，无条理，无规划，无尺度，无章法，有“法”不依，执“法”不严；团队内一团和气，你好我好大家好，成员之间既熟悉又有疏离感，气氛沉闷无生机；团队业绩平平，不求有功，但求无过，在组织中没有存在感。平庸的团长，要么对团队放任自流，要么自己忙忙碌碌，永远老好人，该糊涂时不糊涂，该聪明时不聪明。

选择和任命团长要慎之又慎，一人用错，全队皆输。在狼群中，头狼是内斗出来的，凭自己的实力统领众狼。而在组织中，团长的诞生基本有五种：一是生出来的，个人有背景有靠山，组织不得不用，或与领导私交不错，领导要用自己人；二是干出来的，个人业绩出众，或个人才能得到上级认可，从而获得晋级机会；三是送出来的，通过跑关系送礼拍马屁求得这一职位；四是选出来的，上级无倾向性，个人能力得到同事认可，由众人推举而成；五是捡出来的，上级内斗厉害，都有“意中人”，关系无法协调，从而捡漏儿。从团长的启用方式，也可以判断一个企业有没有活力，有没有未来。

在一个团队中，还有两种与“团长”相关的角色：影子团长和团长影子。影子团长虽无团长之名，但有很高的影响力和凝聚力，其振臂一呼，应者众多，对团长职权形成严重挑战，管理影子团长是团队管理的一个重点和难点。团长影子是团长的跟班、亲信或心腹，天天围着团长转，是团长“最亲密的伙伴”，常被称为“二号团长”，如果团长威望高，此人的行为还可以被同事谅解，如果团长口碑差，此人逐渐会被同事孤立。

团长也有层级，越往上，管理职责和领导职责比重越大。一般情况下，高层团长抓决策，中层团长抓执行，基层团长抓实施。无论哪一层级的团长，要想带好团队，就必须具备较强的领导能力，能熟练驾驭团队成员，有较高的职业素养。

（一）卓越领导力

“领导”有两种词性：动词和名词。作为动词，领导是指挥和带领他人完成目标任务的过程；作为名词，领导即领导者，是指实施领导行为的人。现在“领导”一词越来越口语话，遇到社会地位高于或平于自己的，尊称对方“领导”，会拉近二人距离；遇到低于自己的，如果二人熟悉，这样称呼会让对方诚惶诚恐，会反思“我哪儿做错了?”如果二人不熟悉，会让对方觉得你很谦虚。

领导是职场中人人向往的目标，因为领导者可以掌握更多的资源，对人财物有一定的决策权和分配权，会受到他人的仰视和尊重。当上领导，可以让自己有更大的展现舞台，实施自己的抱负，发挥更大的作用，当然，也意味着更严的要求、更多的责任和更高的收入。如果你不想当领导，会被人视为要么不求上进，要么“看破红尘”，要么不具备领导素质。想当领导，你得具备一定的领导能力。

领导能力（简称领导力）一直是管理学学术研究的重点，产生了许多影响深远的伟大理论，包括 20 世纪 20 年代的领导特质理念、40 年代的领导行为理论、60 年代的领导权变理论，此三个理论并称为领导能力研究的三大基础理论；还包括产生于 70 年代末的领导归因理论、魅力型领导理论、交易型领导理论和变革型领导理论。从理论的发展脉络来看，研究的重点从个体研究转向与组织情景、社会情景交互作用的影响，这些理论均为企业实践提供了有意的指导。

领导能力也是企业重点培训课程之一。企业每提拔一批干部——员工升任管理层或管理人员晋级，总会外聘一些讲师来做领导力培训，以便让这些人尽快熟悉新岗位的管理职责，熟悉应具备哪些领导力，以及如何运用这些领导力。

学术研究认为，领导者与管理者略有不同，领导者产生于管理者，又“高”于管理者，这个“高”字主要体现在站位、方向、思想和境界上，领导者的主要职责是把方向、定大局、做决策，从狭义理解，领导者特指组织内的高层管理者，比如董事长、总经理、副总裁等，中层领导只能属于一般管理者。而在企业实践中，从员工角度看，管理者和领导者并无多大区别——你的直接上级可能不是企业的领导层，但一定是你的直接领导者。

团长作为团队的负责人，不仅要当一名称职的管理者，更要当一名优秀的领导者；不仅要有较高的管理水平，更要有卓越的领导能力。领导能力一部分来源于先天潜质，但更多的是依靠后天的培养、锻炼和修炼。领导能力与个人的身高、体重、相貌、肤色等无关，与体质、性格、脾气、禀性、个性、出身等弱相关，与教育、学习、经历、修养、见识、胆量、胸怀等强相关。

不同流派、不同学者、不同讲师、不同企业家，对领导力有不同的理解，但总体来说，大同小异。一名优秀的团长至少应具备六种基础领导力：感召力、组织力、决断力、控制力、沟通力、前瞻力，这六种能力形成综合影响力。

1. 感召力（Personality Influence Ability）

感召力又称号召力，是一种人格特质和人格魅力，是领导对下属天然的吸引力、感染力和鼓舞力。感召力不是来自职位权力，而是来自个人修为和个人魅力，是专长权和个性权的综合效用。精通业务、能力突出、经验丰富、遇事果断、沉稳冷静、公平公正、自我牺牲、胸怀宽广、创新冒险、精力充沛、不惧权威、袒护下属等是感召力形成的必备条件，这些优秀的个人品质会让团队成员自愿追随和信服。感召力强的团长，会用个人魅力征服下属，鼓舞士气，激发员工潜能，提升团队凝聚力和战斗力，让员工更加积极主动地做事。

2. 组织力（Organizational Ability）

组织力是一种配置组织资源的能力，是管理能力的主要体现，既可以来源于职位职权，也可以来源于个人感召力。组织资源主要包括人、财、物、事、信息、关系等，是组织生产经营的投入要素。有效地配置和调度这些资源，可以让团队高效率运行，用最小的投入获得最大的产出。组织的过程，就是设置岗位、分配工作、分解任务、配置资源、激励下属的过程，此过程更多地讲究科学性。组织力强的团长，会做到人尽其才，物尽其用，指挥有力，调度有方，能充分激发团队成员的工作热情和工作积极性。

3. 决断力（Resolution Ability）

决断力是一种对客观事物或事情的发展进行分析、判断、处理和决定的能力，是一种担当和魄力的表现，主要来源于个人知识、经验和个人性格。在团队运行中，常常需要团长下结论、做决策，特别是在遇到棘手的问题时，团长要敢于拍板，要有明确的表态，给出明确的答案或指向，或明确告诉员工自行处理，模糊的回答只会被视为不敢担当、逃避责任。但要注意，决断不是武断，不要在信息不充分、解释不清楚、情况不明了的时候轻易下结论。决断力强的团长，在做决策时，信心十足，迅速，果断，不犹豫，不逃避，不瞻前顾后，该出手时就出手，能艺术性地把握决策节奏。

4. 控制力（Control Ability）

控制力是一种把握、调整、约束事物发展状态和发展进程的能力，来源于职权、专长权和个人特质。作为领导，既要学会控制他人，还要学会自我控制，自律性不强，会降低个人威信，减弱对他人的控制力。组织赋予团长法定的控制权，用以规范员工言行，监督和确保工作有序开展。团长应艺术化地使用这种权力，不能事事插手，事无巨细，什么都管，什么都问，过度控制是一种不自信的表现，也不利于人才培养。有时候要学会授权，授权本质上也是一种信任控制。控制是门艺术，该严格时不手软，该宽松时不紧盯。控制力强的团长，首先会以身作则，注重仪表，注意言行，控制情绪，不乱发脾气，不牢骚，不抱怨，然后再去控制他人的言行，控制团队的工作节奏。

5. 前瞻力（Forward-looking Ability）

前瞻力是一种对事物的发展分析预判的能力，主要来源于个人专长、学习、见识和经验。前瞻力是创新的基础，没有前瞻力，创新就没有方向。随着科技的快速进步、经济的高速发展、文化水平的普遍提升、法律制度的健全规范，市场环境是日新月异，产品升级、消费升级、竞争升级等均要求公司创新发展，要求各级领导具备较高的前瞻力。团长级别越高，接触外部信息就越广泛，就越要具备前瞻能力。前瞻力不强，会一叶障目，不见泰山，只盯眼前，不思未来，没有长远规划，或胡乱做规划。前瞻力强的团长，会在预判的基础上，提前做好应对准备，未雨绸缪，防患于未然，会敢于创新，勇于创新，不断提出新思路、新方案、新产品，带领团队创新发展。

6. 沟通力（Communication Ability）

沟通力是一种在人际交往中控制信息传递的能力，主要来源于个人性格，但经过后天训练，沟通能力也可以大大提升。沟通不仅包括口头语言，还包括面部表情和肢体语言，后两者是无声的语言，从中也能读出丰富的信息。沟通是情商的重要表现，有些人说话让人爱听，有些人说话让人一听就烦，会说话是一门交际艺术。作为领导，与下属交流时，要尽可能地多肯定，少批评，特别是不要像训斥自己孩子一样吼下属，显得自己很没水平。领导要先学会闭嘴，再去张嘴，先学会倾听，再去发号施令，有时候要学会沉默，古德曼定律告诉大家：在沟通中要学会沉默，沉默是一种无声的压力，用好了，会起到积极效果。当然，用不好，就会产生“古德拜”（Goodbye）效应。沟通力强的团长，不会大声嚷嚷，不会无故斥责下属，不会得理不饶人，会把握说话分寸，注意措辞、语气和声调，会以理服人，讲话简单透彻，批评人时点到为止，给下属留面子。

六种能力相结合，则体现了团长的综合领导能力。具体到个人身上，六种能力不一定非常均衡，某种能力可能非常突出，另一种能力可能相对较弱，比如组织力很强，但前瞻力不足；感召力很强，但控制力薄弱，等等。只要某种能力不是过分欠缺，当一名优秀的团长依然会称职，在工作当中，应针对自身的不足刻意地加强训练，否则这个缺陷会成为职级晋升的短板。

（二）精准驭人

在现实生活中，经常会看到有些领导非常轻松潇洒，游刃有余，平时很少开会，周末常去钓鱼，但员工干劲十足，团队业绩非常突出；有些领导却活得很累，事必躬亲，加班、开会是家常便饭，虽也为员工谋求各种各样的福利，但员工始终是提不起精神，毫无斗志，团队业绩平平。领导风格、领导能力、管理水平是造成二者差异的根源所在。

领导力本质上是一种驭人能力。在团队中，岗位好设计、工作好安排、任务好分配，唯有人最难管理。人是复杂的感性动物，既吃五谷杂粮，又有七情六欲，是“善”与“恶”的矛盾统一体。每位员工的出身、成长经历、学识、社会资源等均不相同，虽然为了一个共同的目标走到了一起，但个人需求、个人能力、个体目标均有差异，这也是管人和用人的难点所在。管事讲科学，管人则更讲艺术。

“驭人”听起来会让人不舒服，会让人联想到驾驭、权谋、不道德等词汇，特别是与“术”联结在一起的时候，更会让人想到阴谋诡计。事实上，驭人之术是指管理、调动、激励和控制人的谋略，是一名管理者必备的素质。所有的卓越领导者，均有高超的驭人之术，不懂得如何驭人，就不可能熟练驾驭一个团队。驭人是正大光明、正规合法地使用阳谋，是为官之道，也是为官者的立身之本。领导的级别越高，越需要熟练掌握驭人之术。

驭人的目的不是为了治人、整人、骗人、玩人和害人，不是与人钩心斗角，不是体现自己高高在上的权威，而是为了提升下属的工作积极性和责任心，充分挖掘和利用其价值，最大限度发挥其才能，让其服服帖帖、心甘情愿地去工作。驭人不是为了人而驭，而是为了事和工作而驭，所以不要曲解“驭人”的真实本意，更不要以阴暗的驭人为乐（毛泽东的原话是“与人奋斗，其乐无穷”，本意是与人一起奋斗，后被人篡改为“与人斗，其乐无穷”，少一个字，含义却大相径庭）。

老子、孔子、鬼谷子、曾国藩等历史名人均留下了许多驭人名言，这些大智慧到现在也是熠熠生辉，给人无限启迪，因为人性自古至今未有太大变化。驭人也讲究道与术的结合，道是指道理与原则，术则指方法和策略。驭人是一个动态变化的过程，可细分为识人、选人、用人、育人、留人和赶人六个步骤，这六部分构成一个完整的驭人体系。学会了、用好了，管理团队才会得心应手。

1. 识人

识人是驭人的基础，也是最难的一步，识人不准，就会任人不当、用人失误。俗话说“知人知面不知心”，就是讲知人不易、识人之难。团队中有君子、小人、智者、勇者、强者和庸者之分，团长要擦亮慧眼，精准识别。识人不是戴着透视镜去看人，也不是强行走进对方的内心世界，而是要客观地分析了解只与工作相关的个体特征。识人的方法有三种：从简历中识、从观察中识和从实践中识。从简历中识了解的只是表层现象，包括年龄、学识、经历、家庭等，对于相貌、体重、身高等一般不作为识辨指标，除非是在特定的行业（比如化妆品销售员应注意相貌和肤色，健身器材销售员应注意体重和体型）。从观察中识指在日常的接触中了解一个人，包括品质、品行、体质、态度、爱好、特长等，其中品质和态度尤为关键，应不戴有色眼镜、不带主观色彩客观公平地去评价。从实践中识就是看其能否胜任工作，包括能力、效率、结果、思维等，团长了解得越多（不要试图了解个人隐私），越有利于日常的管理。经常听到有些领导感叹“用错人了”，事实上是知人不深、识人不准，被那些善于“表演”的人所欺骗。的确有许多人善于伪装，台前幕后两张脸，人前人后两张皮，这就增加了识人辨才的难度，王莽在篡位之前就表现得非常谦恭卑微，所以不要仅凭一时一事的言行就对人匆匆下结论，“试玉要烧三日满，辨材须待七年期”“路遥知马力，日久见人心”，要在长期的工作实践中，全面、立体、用心地观察才能识别真才。

2. 选人

在识人的基础上，再去挑选合适的人从事合适的岗位。在外部招聘和内部竞聘时，会有选聘的条件要求，这些条件只是选人的“入门标准”，在具体工作中，还会奉行一套不可言喻的“潜标准”，这些潜标准才是真正的选人规则。第一是道德品质，道德是做人的根本，品质不好之人，心术不正，善于伪装，私欲膨胀，权力越大，破坏力就越强，这类人哪怕能力再强、与自己的关系再铁，也要谨慎使用。当然，道德败坏之人毕竟还是少数，多数人的言行还是遵循社会道德规范，所以品质是第一标准，而不是唯一标准。第二是忠诚（许多时候它是真正的第一选人标准），只有忠诚的人才肯听话，才会言听计从，才会用起来放心顺手。忠诚可以分两种：一是真忠诚——被领导的感召力所打动，心甘情愿地跟着领导走；二是假忠诚——忠诚的是领导屁股下的职位，而不是领导本人，领导一旦调离，立马是人走茶凉。所以一定不要被曲意逢迎蒙蔽了双眼，要知道哪些人是围着你本人在转，哪些人是围着你屁股下的职位在转。第三是态度，包括对工作的态度和对领导的态度，态度积极会被起用，态度不好会被弃用，毕竟没人喜欢与自己顶着干的下属，天天躲着领导走，工作拖沓，满腹牢骚，自然不能委以重任。当然，态度可以通过外力给予干预和引导，对于一些可用之人，还是要通过积极沟通来改变其态度。第四是才能，能力固然重要，但相较于前三者，才能仍要屈居老四，因为在一个团队中，员工之间在能力上的差异不至于有天壤之别。有才之人可能是千里马，也可能是桀骜不驯的烈马，千里马可用，烈马要么被驯服，要么被杀。第五是关系，团队中总会有关系户存在，如果该人同时具备上述四条，则该人是团长的福星，应被重用，这样既照顾了关系，又起用了人才；如果只具备其中一条，则可酌情起用；如果都不具备，则应闲置。岗位所需的硬条件再加上潜标准就构成了选人的基本准则。

3. 用人

用人是驭人的核心，主要指影响人、指挥人和控制人。用人讲究因材施教、看菜下碟，用人不疑，疑人不用；讲究抓大放小，不拘小节，用人长处，避其短处；讲究“胡萝卜加大棒”，奖惩共施，恩威并重。根据对下属的信任程度，用人可分四类：重用、使用、利用和弃用。重用是把最重要的工作、最机密的工作交给信任和忠诚之人，此人不一定德才兼备，但一定是领导铁杆嫡系。使用是把一些次要工作交给相对可靠之人，这类员工往往憨厚老实，不挑三拣四，不带头闹事，只知埋头苦干，不知溜须拍马，大多数员工可归为此类。利用是指借某人身上之势实现领导个人目的，这个“势”是指可用之处，主要包括社会关系、个人性格和个人才能。如果员工有深厚的关系背景，领导可能会借用这层关系攀附更高的权贵；如果员工才华出众，掌握核心技能，领导会哄着使用，以顺利完成工作；如果员工不合群，性格乖戾，处处与人相争，领导可能会用来借刀杀人，当枪使。一旦身无利用价值，可能立马会被弃用。弃用是弃之不用，被弃之人属于团队中的闲棋冷子，是边缘人，在团队中没有存在感，被领导刻意打压，这类人要么技能平庸，要么不服从领导安排，要么对领导职位形成严重挑战，要么属于“前朝重臣”，要么属于另一“团伙帮派”。用对人、会用人，领导就不会陷入具体事务中，用人最能体现领导胸怀、领导艺术和领导水平。

4. 育人

育人是驭人的重要一环，为公司挖掘人才、培养人才也是管理者的重要职责。身为领导，一定要胸怀宽广，不要担心下属功高盖主，不要忧虑有朝一日下属职位超过自己，要知道下属的进步，于公于私均有益。育人的方式主要有四种：培训、从事关键岗位、工作轮换和晋升。培训是最常用的育人手段，按受训组成人员，可分规模培训和个体培训。规模培训是团队的整体培训，旨在提升团队整体的学习能力和业务能力，但在国企，这类培训常常走样——更多是为了用完当年的培训费用额度而组织培训。个体培训是为了推进某个项目或针对专门的业务岗位组织的培训，旨在提升专业技能。无论哪种培训，一定要端正培训目的，注重培训效果。关键岗位关系到团队绩效，关系到领导业绩，在关键岗位上的人不一定能力最强，但一定与领导关系最近，领导在刻意培养谁，从其从事的岗位就可以看出端倪。工作轮换是让员工从事不同的工作，如果越换岗位越重要，则是在刻意培养，如果越换越被边缘化，则是在刻意冷落。晋升是最明显的育人，晋升意味着领导的倚重和认可，意味着权力的增加、薪酬待遇的提升以及自我价值的实现。如果领导为了私欲只育亲信，则企业一定是近亲繁殖，民怨沸腾，所以说没有不合格的员工，只有不称职的领导。育人，既要重点培养，也要“雨露均沾，阳光普照”。

5. 留人

留人不是留住所有的员工，而是留住有价值之人，特别是那些精通业务的将才和业务骨干。如果这些人离职，对于公司来说，不仅会带来现实损失，更会带来潜在风险；对于团队来说，会打击团队士气，影响工作开展，所以留人在驭人之中同样重要。留人的目的是稳定军心，保障团队（或企业）平稳运转，挽留有功之臣会让坚守的员工不觉得心寒，要知道“哭死人”常是给活人看的。常用的留人措施有四种：制度留人、情感留人、事业留人和福利留人。制度留人是指通过制定公平、合理、透明的管理制度来留住人才，主要包括用工制度、薪酬制度和晋升制度等，不是指“几年内不允许从事同种工作”，或“不允许到竞争对手工作”等这类形同虚设的规定，也不是指各种苛刻又烦琐的离职限定。情感留人是指团队中充满浓浓的人情味让人舍不得离开，员工个人或家庭有困难及时伸出援助之手、与领导私交关系不错、领导非常真诚地体恤和关心下属、团队中有几个好朋友，等等，这些均是重要的情感留人手段。事业留人是指给有上进心的人提供更大的舞台，只要做出业绩，只要表现优异，就会得到肯定，即使没有空缺岗位，也会在薪酬待遇、荣誉上有所体现，要让有才之人觉得在团队中有价值、有尊严。福利留人是指提供富有竞争力的薪酬福利待遇，包括一些精神和物质上的隐形福利，对于那些在团队已无发展空间而个人还想实现自身价值的员工来说，福利留人的效力会非常虚弱。团队留人，最关键的是公平的环境、融洽的氛围，让成员看到希望，被领导和同事所认可，活得有尊严。如果不舍之人执意要走，就应抱着“你来我欢迎，你走我欢送”的超然态度，不要再设置各种卡、限、惩等障碍，给人留点念想，多好！

6. 赶人

赶人就是迫使员工与团队（或单位）脱离关系，是驭人的最后一步，赶走了，驭也将结束。赶人的目的有多种——降低成本、瘦身健体、优胜劣汰、铲除异己、违规惩戒，等等，有时候会找冠冕堂皇的理由来遮掩真实的目的。除了机构改革、部门重组这些特殊情况，如果出现员工集中流失，一定是领导出了问题。《劳动法》是赶人的紧箍咒，所以赶人要讲策略和技巧。常用的赶人手段有五种：自然淘汰、养着不用、训斥批评、形单影只和直接劝退。自然淘汰是指没有完成 KPI 指标或处于业绩末位而被淘汰出局，相较于硬性的业绩指标，末位淘汰显得略加公平，更能激发团队或个人潜能，所以常被许多企业推崇。养着不用是指只安排一些无关紧要的工作，领导对你的态度还挺友好，对于那些想做事或曾风光过的人来说，这种工作状态是一种煎熬和折磨，这种软刀子杀人的阴险方式是一些领导惯用的伎俩，会迫使不用之人自己主动走人。训斥批评是指领导经常在公开场合直接点名斥责，故意让人颜面扫地，这是一种硬刀子杀人，关起门来批评是爱护，用喇叭批评则是赤裸裸地撵人。形单影只是指在团队中孤零一人，其他人聚餐从不叫自己，几个人在说话，你往前一走，立马鸦雀无声，除了必要的工作交流之外，其他人均与之保持距离，这种窒息的氛围是杀人于无形，有时候是领导授意，有时候是咎由自取（常由自己的个性造成）。直接劝退是指正面委婉或毫不客气地告诉员工不再适合目前岗位，要么去别的团队，要么换部门，要么辞职，对于违规违纪违法之人，严重的则是直接开除。赶人最好用阳谋，最好不要用阴谋诡计，也不要用阴招、损招，要因公而赶，不要掺杂私人恩怨。

许多电视剧是驭人的经典教材，里边的许多场景与职场颇为相似，剧中人物总能在现实中找到对应的影子，反复观看，细细琢磨，就能品出许多驭人之术。比如在《康熙王朝》里，康熙如何使用魏东亭（心腹）、周培公、姚启圣、李光地（将才），如何对付鳌拜、吴三桂（不听话的老资格），如何驾驭索额图和明珠（团伙领袖）；在《潜伏》里，军统天津站站长吴敬中如何领导余则成、马奎、李涯和陆桥山，当然，不是去学习吴敬中如何贪腐，而是学其领导艺术。

（三）提升职业素养

职业素养是一个人在工作中技能、态度、为人、做事、价值观和道德品质的综合表现，是个人素养的重要组成部分。个人素养涵盖的范围很广，涉及学习、生活、家庭、交际、工作等多个方面，在不同的场景，素养的表现方式略有差异，但素养的体现内容基本一样，主要包含能力、态度、行为和道德四个组成部分。

工作能力是职业素养的基础，体现一个人胜任工作的程度，但能力强不代表素养高，还要看素养的其他方面。工作态度反映一个人的工作意愿和工作倾向，既包括对本职工作的态度，比如认真、积极、负责、敬业等，还包括对领导、同事、顾客的态度，比如尊敬、友好、关爱等。工作行为是职业素养的具体表现，有什么样的素养就会有什么样的行为，互帮互助、紧密合作、勤奋努力等均体现了良好的职业素养。道德品质是职业素养的行为规范，不仅要符合“仁义礼智信，温良恭俭让”这些传统的道德标准，还要严格遵守公司各项规章制度和职业操守。这四项内容组合在一起共同反映一个人的职业素养，某个方面的薄弱或不足，均会降低职业素养的分值。

职业素养的量化被称为职商（Career Quotient，CQ），是职业中智商（IQ）和情商（EQ）的综合体现，被视为一个人职业生涯成败的关键因素，现已开发出相对成熟的测量量表。智商反映一个人的学习能力或专业技能（能力），情商则体现一个人的情绪控制力、交际能力、沟通能力和遵纪守法意识（态度、行为和道德），在职场中，情商主要体现为与上级领导的关系处理能力。智商和情商都高，会被重用；智商高、情商低，会被利用；智商低、情商高，会被酌情使用；二者都低，会被弃用。高智商和高情商二者兼备才是真正的大智慧。

团长是“头狼”，身上担负着指挥、协调、沟通、组织、领导等管理职责，需要更高的职商才能服众。高职商是团长（领导干部）“执政”能力的基石，是成功带领团队的重要保障，素养不够或不高，即使步入领导岗位也带领不好团队。职业素养一小部分来源于天资，更多的是由后天培养和修炼而成，“轻财足以聚人，律己足以服人，量宽足以得人，身先足以率人”，体现了不同素养会起不同作用，团长需要培养和提升自己的综合职业素养。

综合职业素养本质上是一系列充满正能量的优秀品质，这些品质会让一个人在职场中散发出“谜一样的人格魅力”。作为团队的带头人和领路人，团长应具备的优秀品质主要包括十种：担当、专注、进取、真诚、自信、勤奋、坚毅、宽容、乐观和守信。

1. 担当

担当是一种能力，是一种品质，是一种勇于承担责任的表现，是优秀团长应具备的第一职业品质。领导勇担当、敢担当，下属才会、才敢甩开膀子干。领导不愿意担责任，或遇到问题就推卸责任，下属就没有安全感，工作起来一定是缩手缩脚，小心翼翼，生怕出错。“你只管往前冲，有事我来担”，是让员工非常感动的一句话，这句话充满了信任和鼓励，体现了领导的胸怀和担当，跟着这样的领导工作准没错。

2. 专注

专注是一种职业修行，是指集中精力于某项工作或某件事。失败不一定是成功之母，但专注一定是成功的“亲爹”，长年累月地专注一件事，并做到极致，你就会成为该领域的专家。学生的成绩好坏主要取决于专注力的方向，专注手机游戏与专注书本知识的考试结果肯定大不一样。在工作中，团长的专注力方向和大小也将直接影响团队成绩。如果团长集中精力于工作业务，员工就会满负荷地认真工作；如果团长热衷于和上级领导拉关系，员工就不会上心工作；如果团长对团队工作不闻不问（不是授权），员工就可能把办公室当休闲娱乐场所，或者今天的任务明天做。要想让员工有自律意识和自主精神，团长得首先专注于工作——为工作投入更多的时间和精力，学习与工作相关的各类知识，身先士卒，身体力行，想尽一切办法把团队管好。

3. 进取

进取是努力上进、力争有所作为的表现，体现了一个人不满足于现状的奋斗意识和奋斗精神，是努力工作、高质量工作、高效率工作、创新工作的动力源。有进取心的员工，一定会精神饱满、斗志昂扬地专注于工作；无进取心的员工，一定是得过且过、在单位混日子，或不求有功，但求无过，常见于年龄大、快退休或受排挤打压之人。团长的进取心会影响团队的工作态度、工作士气和工作作风——进取心强，就会有更高的目标和更高的要求，员工是“累并努力工作着”（不一定是快乐工作着，是否快乐取决于其他因素）；进取心弱，员工表现得就会松松垮垮、自由散漫，团队也会毫无斗志。

4. 真诚

真诚是一种优秀的道德品质，是人际交往、人际沟通的通行证，是真心实意地与人坦诚相待，源于一个人内心深处的善念。真诚与虚伪相对，没人喜欢与一个虚伪的人共事。但真诚不是将自己的内心世界或真实想法全部公布于众，那叫“傻”“缺心眼儿”，也不是不顾别人感受或面子的“率真”。真诚是该说的说，不该说的一字不吐；是不害人、不伤人、不损人利己；是在别人遇到难处时伸出援助之手；是不求回报地主动帮助别人；是善意地指点迷津和批评。真诚是高效团队的必备条件，创造真诚的工作氛围是团长的重要职责，团长真诚待人，员工才会“士为知己者死”。

5. 自信

自信是一种特殊的气质，是对自己某方面的能力充满信心。这种信心能给予人无穷的力量，充分激发人的潜能，让人内心丰盈充实，工作积极主动。自信是取得事业或职业成功的前提和基础，自信的人，敢于肯定自己，也敢于否定自己，不畏惧别人的怀疑和议论，坚持自己的目标和原则，会“走自己的路，让别人说去吧”，会乐观面对一切困难，坚信“办法总比问题多”。团长的自信可以传染或感染下属，鼓舞士气，从而带动整个团队充满信心和活力，特别是在遇到挫折或困难的时候，信心比重赏更有效。但要注意，自信不是自负、自大和自恋，自信来源于客观真实的自我评价，而后三者则是过分高估自己的能力，并且不把其他任何人放在眼里。

6. 勤奋

勤奋是指发自内心地认真努力地专注做一件事，是一种传统美德，也是一种优秀的习惯，包括手勤、腿勤、眼勤、耳勤和脑勤（口勤是话痨）。勤奋比天赋更重要，是通往成功之路的唯一捷径，是所有成功人士公开的成功“秘籍”。关于勤奋的名言举不胜举，其“功效”已得到历史的检验和普遍认可。什么是聪明？比别人更勤奋就是聪明。勤奋不是天天加班，团队也不要以加班为荣，偶尔加班或阶段性加班是正常的，但天天加班只能说明工作分配不合理，或者说工作效率低，企业最好不要鼓励员工“上班 996，下班 669，不出半月 ICU”（996 制度虽违法，但在高薪、镀金的诱惑下，年轻人仍会趋之若鹜）。勤奋有目标指引，工作饱和，讲究方法，伴有深度思考，追求效率和效果，低效率的勤奋只能叫忙忙碌碌，是对生命的浪费。早到晚归不一定是勤奋，要看花在工作上的时间和精力。团长不要关起门来一个人勤奋，要学会敞开门带领大家一起努力。

7. 坚毅

坚毅是指坚定的信心和抗挫折打击的毅力，是不畏艰难险阻对既定目标坚持不懈的追求，长年累月的勤奋、持续不断的努力、永不服输的进取心、十年如一日的自律均来自坚毅品质。在工作和生活中，不可能总是一帆风顺，总会出现意想不到的新困难或新问题，此时，放手还是坚持取决于是否有坚定的意志力。面对客户拒绝，只要有一丝机会就不放弃；迟迟打不开市场，仍然鼓励团队坚持再坚持；泰山压顶我自闲庭信步；逢山开路，遇水搭桥，迎难而上，挑战自我；遇事沉着冷静，内心笃定，决策果断迅速，不拖泥带水；等等，均是坚毅的具体体现。在困难面前，领导不可表现得不知所措，六神无主，要将无力感埋在心里，表露出的永远是“一定能行”。坚毅的团长会带领团队砥砺前行，攻坚克难，为完成 KPI 指标锲而不舍。

8. 宽容

宽容是理解、接纳、忍受和原谅他人的气度，是一种“拿得起、放得下、看得透、想得开”豁达的人生修为，也是生病少、活得好的“秘方”，是广交朋友和广结善缘的必备要素。宽容之人，拥有宽广的胸襟和肚量，能包容和谅解别人的过失或过错，不斤斤计较，不怕吃亏，不计前嫌不记仇，是“大肚能容，容天下难容之事；开口便笑，笑天下可笑之人”。大肚不是指“啤酒肚”，而是指宽容之心；宽容不是软弱，而是刚强。宽容有底线，有原则，与严格并不矛盾，该宽容时不计较，该严格时不手软，比如员工可以在工作上有失误，但不能犯纪律错误，不能违背职业道德和违反规章制度；可以有些牢骚，但不能影响团队士气；可以提意见、质疑，甚至可以举报，但不能故意破坏或妨碍正常工作。宽容不等于心软，心软干不成事业，当不了领导，带不出队伍。

9. 乐观

乐观是一种积极的人生态度，是用阳光、积极、正面、肯定的心态看待周围事物，是坦然面对人世的风雨，是在逆境中还能笑口常开。乐观之人总是看到事物的积极一面，相信瑕不掩瑜，风雨再大总有天晴时。乐观源于自我肯定、自我欣赏和自我鼓励，给予人无穷的力量，让人勇于直面现实，敢于接受挫折挑战。乐观不是没心没肺地傻乐呵，也不是自娱自乐得过且过，更不是犬儒主义和佛系，而是有明确的目标和坚定的信念，充满正能量，相信只要辛勤耕耘，就一定会有丰厚收获，即使结果未达预期，也不后悔，毕竟自己曾为之努力过。领导的乐观精神和积极心态，会让整个团队充满阳光和朝气。

10. 守信

守信是指讲究信誉、遵守信用和兑现承诺，是一条重要的做人标准和做事准则，是一种比金子还珍贵的品质。“人无信不立，业无信不兴，国无信则衰”，充分体现了守信对于个人、业务、单位、甚至国家的重要性。企业的守信就是不虚假宣传，不夸大产品功效，不以次充好，不欺骗顾客；工作的守信就是按计划按标准踏实工作，内容不注水，业绩不作假；个人的守信就是君子一言，驷马难追，许下的诺言一定要如期兑现。团长寡信轻诺，满嘴跑火车，说话不算数，威信就难以树立。身为领导，不要经常给员工“画大饼”，画了，就要兑现当初的约定，更不要许“兄弟好好干，明年哥给你娶个嫂子”这样的诺言。

职业素养是领导力和个人魅力的基础，优秀品质越多，素养就越完善。“格物、致知、诚意、正心、修身、齐家、治国、平天下”，是修身养性的八个层次，有逻辑顺序，前四者是修身的方法，后三者是修身的目的。职场中的修身即为提升职业素养，素养提高了，才能干好事业。道理很简单，坚持执行却很难，关键是要做到知行合一。你若盛开，蝴蝶自来；你若精彩，天自安排！

优秀的企业家身上均有一股强大的气场，有一种“现实扭曲力场”（Reality Distortion Field），这种力场是基于近乎偏执的自信，本来是形容乔布斯骇人的眼神、专注的神情、口若悬河的表述、过人的意志力、扭曲事实以达到目标的迫切愿望，从许多企业家身上可以看到这种力场。气场或力场均来自企业家的职业素养，来自企业家对事业的专注追求，如果没有较高的职业素养，所谓的“现实扭曲力场”就是一种狂妄的迷之自信。

二、高效法则

法则是方法和规则，是对事物发展所遵守的基本逻辑和基本规律的概括和总结，是用最简单的语言揭示表象背后的本质，比如自然法则、丛林法则等。在日常生活中，法则、定律、效应等词汇经常混用，著名的管理法则有：二八定律、长尾理论、刺猬法则、蝴蝶效应、木桶法则、从众效应、马太效应、奥卡姆剃刀定律、彼得原理、手表定律、不值得定律，等等，这些法则或定律均有助于人们了解真实的客观世界。

宇宙万物，均存因果，找到其因，才能干预其果。不幸的家庭各有各的不幸，幸福的家庭都很相似；事业（个人）失败的原因多种多样，事业（个人）成功的经历大都相同；团队低效有其低效之处，团队高效则有共性规律，这些共性规律就是高效团队所践行的高效法则。法则是“因”，高效是“果”，认识、总结、运行、遵守这些法则，团队才会有旺盛的战斗力和生命力。

法则是团队运行的基础，是科学方法论，是团队建设所必须遵守的基本准则，或是明文规定的行为规范或制度设计，或是团队成员所认同的潜规则；大局意识、合作意识、奉献精神、服务精神、积极主动等所提倡的团队精神只是表象，是法则综合作用的结果。法则不科学、不合理，团队就结不出“正果”，团队精神也就变成一厢情愿的镜中花、水中月。

高效法则与优秀的团长是高效团队的两条腿，团队要想跑得稳、跑得快，这两条腿缺一不可。高效法则是高效团队奉行的行为方式和行为准则，设计、制定、守护这些法则，是团长的基本职责，既能体现团长的能力水平和职业素养，又是团队高效运行的根本。团队高效，一定是法则先行！

（一）目标科学

目标是计划在未来一段时间内完成的任务标准，是对企业愿景和使命分阶段、分任务的落实，是企业（团队）一切经营活动的航标和灯塔。“计划”一词，表明目标的实现带有一定的不确定性（计划赶不上变化），正是因为这种不确性的存在，才让经营变得既复杂又有趣。“凡事预则立，不预则废”，就是讲任何事情都要提前做好规划才有可能成功，而设定目标和制订方案是计划准备的主要内容。

指引方向、激励员工、考核依据是目标的三大作用。没有目标，团队的运作就会变得杂乱无序，没有方向，没有节奏，没有动力，无法判断运营质量，企业的愿景和使命也将变成空中楼阁。团队目标是团队成员共同的目标，指引团队（企业）所有的经营活动，可以说团队（企业）一切活动均要围绕目标开展。为了完成目标考核任务，需要团队成员之间协同合作，紧密配合，一起努力，特别是涉及每个人薪酬待遇的 KPI 量化目标，更能激发员工的工作动力。

依据不同的原则，目标有不同的分类。按可量化程度，可分为量化目标和非量化目标。量化目标有具体的数值标准，可以是绝对值，比如销售额、销售量、投诉量等，也可以是相对值，比如增长率、减少率、占有率等；非量化目标没有绝对的数值，常用主观评分法给予量化，比如员工满意度、客户满意度、工作态度、工作胜任度、工作能力等。按时间跨度，可分为短期目标、中期目标和远期目标。短期目标常以某项任务或月、季为考核时点；中期目标常以 1~2 年为考核周期；远期目标则以 3~5 年为考核周期。依据目标考核对象，可分为团队目标、业务单元目标和个人目标，其中，业务单元目标以某个业务为单位给予考核，可能涉及团队中的几个人。究竟采用哪一种作为目标，取决于企业对团队的要求。

科学的目标有四大特征：明确、具体、可实现和统筹兼顾。目标越明确，经营方向就越清晰，指引效果就越显著；目标越具体，工作就越有针对性和可操作性；目标越专一，工作就越专注。设定的目标要符合洛克定律，即“篮球架原则”——目标既指向未来又富有挑战性的时候最有效，也就是说，设定的目标太高太低均不好，经过努力才可以实现的目标最有激励作用。设定目标时要统筹兼顾，注意各目标之间的内部联系和相互影响，目标不是越多越好，个人目标和团队目标有机结合，才能充分调动工作积极性，让员工干劲十足。

在设定目标时，一定要遵守科学的原则，让企业、团队、个人实现三赢，即企业实现发展，团队获得荣誉，个人得到实惠。可以将某些团队目标分解，落实到业务单元或具体个人，此时应充分考虑和尊重员工的意见，不要搞一言堂，特别是不要为了业绩人为拔高目标，也不要为了年末考评故意降低目标。

目标科学，是高效团队的第一法则。只有目标科学，团队才不会迷失方向，工作才可以有序开展。在年初，投入精力设定目标；在年中，时刻检验对标；在年尾，严格按目标考核。提升团队效率，一定要让目标引领团队建设的全过程！

（二）人岗匹配

“一个和尚挑水喝，两个和尚抬水喝，三个和尚没水喝”，这个经典寓言告诉大家一个哲理：分工不明，则责任不清；责任不清，则相互推诿；相互推诿，则一事无成。人多未必力量大，没有制度设计，没有管理约束，人越多，效率反而越低。在心理学研究中，称这种现象为旁观者效应（责任分散效应）、集体冷漠和从众心理。从管理学角度讲，这是无岗位设置、无职责分工和无制度体系的必然结果。

解决“三个和尚没水喝”这一问题可以有多个方案。第一个方案：明确分工，分工就是设置不同的岗位，有人挑水，有人砍柴，有人做饭；第二个方案：轮岗，三人轮流挑水，或轮流抬水，其余时间负责其他事务；第三个方案：通过某种方式选举方丈，比如佛教协会任命、化缘多、来寺庙早（资历深）、拳头硬等，由方丈指定挑水之人；第四个方案：永久解决喝水问题，一人负责挑水，另外俩人负责挖井；第五个方案：谁也不欠谁，各自喝自己的。

这五个方案是团队常见的几种状态，均存在一定的管理问题。第一个方案虽然有明确的分工，但没有因人而异——根据和尚的体能进行安排，高壮的负责挑水，矮壮的负责砍柴，瘦弱的负责做饭，人岗错配，即使有分工也会导致低效率。第二个方案貌似公平，但并未做到人尽其才，物尽其用，易造成人力资源浪费，同样会导致团队低效率。第三个方案产生了领导，但领导的职责并未明确，方丈是否只做管理不做具体事务？另外一个和尚生病了如何解决喝水问题？这个方案同样存在机制问题。第四个方案需要三个和尚形成共同目标，互帮互助，每人都尽心尽力地挖井，在没有监督、协调、激励的情况下，单纯依靠自觉性也难以维持长久。第五个方案就是一个分崩离析的名义上的团队。

从这个小寓言里可以悟出许多团队建设的道理。告诉大家无论是短期目标（挑水喝水），还是长期目标（挖井喝水），只有目标（喝水）对于提升团队效率还远远不够，岗位设计、工作分工、责任到人、制度安排等同样重要，这些均是实现目标的重要制度保障，是团队高效运转的关键环节。没有这些保障措施，再科学的目标也难以实现（没水喝）。

团队无论处于初创期还是成熟期，均需按工作任务设置岗位，岗位不同，工作内容和工作职责也不相同。岗位体现工作分工，每个工种均要发挥积极作用，不要因人设岗（这在国企经常见）。岗位的职责和数量可根据公司发展、业务发展做相应调整，调整不是只做加法不做减法，对于那些可以合并和撤销的岗位，应尽快采取措施。对于需要增设的岗位，也要向人力资源部门据理力争。人浮于事，就是典型的岗位设置不合理。

岗位是死的，但人是活的，选什么样的人从事什么样的岗位大有学问，体现了领导艺术和驭人哲学。用人的科学原则是人尽其才，物尽其用，是“使人者，器之”，扬其长，避其短，充分发挥其才能——这只是理论上的有效原则。如果真能做到这点，团队就具备了高效的基础（做到这一点还不能保证高效，只是具备了高效雏形）。在现实中，关键岗位和重要岗位常常并不由才能最出众的人来担任，而是由最听领导话的嫡系来把控。嫡系有才有德还好，如果有才无德，领导就是在给自己埋雷。都说举贤不避亲，事实上更多是任人唯亲。这样做的好处是增强控制力，弊端是损失工作效率。对于这一点，不要有非议，也不要有意见，谁当领导都会这么做，换你也一样。

团队本身就是由形形色色的人组成，这些人既有不同的脾气禀性，又有相似之处。按能力、工作态度和人品三个维度，团队成员（包括团长）可分八大“品类”：能力强，态度好，品质好，是精品；能力强，态度好，品质差，是次品；能力强，态度差，品质好，是半成品；能力强，态度差，品质差，是毒品；能力差，态度好，品质好，是装饰品；能力差，态度好，品质差，是劣品；能力差，态度差，品质好，是赝品；能力差，态度差，品质差，是废品。精品需重用，半成品可加工培养，装饰品可做辅助点缀之用，次品酌情使用，毒品不到万不得已不用，赝品、劣品是聊胜于无，偶尔使用，废品最好弃之不用。仔细想想，身边之人总有几个能对号入座。

把次品、毒品、赝品、劣品当宝贝，把精品置入冷宫做闲棋冷子，是资源错配；让瘦弱和尚去挑水，让粗壮笨拙和尚去做饭，让姚明踢足球，让马拉多纳打篮球，则是人岗错配。错配一般只结恶果，较少出现奇迹，错配也易导致劣品驱逐良品，劣币驱逐良币。试想，韩信、张良、萧何互换角色，刘邦带领的团队会是怎样的一种场景？楚汉争霸又会是怎样的一个结局？

人岗匹配，是高效团队的第二法则。匹配成功，就具备了效率提升的制度基础，为提升效率提供了机制保障。俗话说“好钢要用在刀刃上，好庄稼要种在节令上”，就是要求领导不仅要知人，更要善用——能识别和挖掘出好材料，并知道何时用、如何用、用在什么地方。

（三）有效激励

做到了人岗匹配，团队士气可能依旧低迷，团队效率依旧低下，表层原因是激励政策有偏颇，激励措施不到位，没有激发出员工应有的工作热情，深层原因是受限于团长的职业修养、管理能力和领导水平。目标科学、人岗匹配只是高效的保健因素，而非激励因素。要想让各岗位员工尽其所能，就必须有配套的科学的管理措施和激励手段。要记住：狼吃的是肉而不是草，只让狼吃草，狼不可能玩命去干，尤其是狼看着羊吃肉，而自己只能吃草，心理会更加不平衡。

激励是指激发和鼓励，旨在鼓舞士气，提高团队执行力，提升团队效率。激励是管理中不可或缺的环节和手段，可分正向激励和负向激励。正向激励主要包括表扬、荣誉、奖金多、涨工资、晋升等，负向激励主要包括漠视、批评、教育、扣罚、降薪、降职、处分、辞退等。正向激励是人人皆爱之，负向激励是人人都避之。在管理中，要平衡使用这两种措施，长期使用一种会消退激励效果，要知道，糖多了不甜，胶多了不黏。还有一种软刀子杀人的负向激励，那就是冷暴力——针对某位员工，要么不安排工作，要么对其工作不闻不问，要么使劲儿安排杂活性的工作，但给的奖金却最低，这类员工属于被刻意打压排挤对象，团长无权力撵人走，就只好腹黑玩阴的。

无论是哪类激励，关键是做到有理有据，奖惩分明，不以亲疏定标准，只以表现论赏罚。“不患寡而患不均”是国人的天性，都少或都多无所谓，但分配不均衡就会产生不满。这个“均”不是平均之意，而是公平和公正，团队忌讳吃大锅饭，更不能搞平均主义。员工心里有杆秤，那秤砣就是公开、公平、公正和合理。这是激励的“三公一理”原则，只有遵循这个原则，激励才能真正发挥效用。

奖赏是最常见的激励手段，是以考评为基础，涉及每个人的切身利益，所以被员工最为关注。考评可分考评过程和考评结果两个步骤，过程不公正，结果就难以公平，特别是当团长负责奖金二次分配的时候，如何发放奖金就成了注意力的焦点。团队常用 ABCD 制给员工打分，作为月度或年度绩效奖金的发放依据，此机制无可厚非，关键是打分的依据和标准是否公开透明？打分之人是否公正无私？打分过程是否科学？由团长自己一人关起门来在小黑屋里打分，只是体现团长的职权，极易导致权力寻租，对于整个考评来说，毫无公平公正可言，也违背了该制度的初衷和本意。绝对的公平是不存在的，但要有一个度。领导对嫡系给予适当关怀和照顾是允许的，也是职场中流行的潜规则，但过分倾斜就是无度，是假公济私，滥用权力，或者二人在私下有不可告人的交易。

正确的方式是员工个人、同事、领导三方共同打分，给予同事打分最高的权重，领导次之，个人最小，因为多数人会高估自己的贡献。同事之间可能存在小圈子、小群体，但多数人是心存正义，为防止员工主观上的故意乱打分，三者的打分指标应有所区分。每月考评完后，团长要与得分最低的员工一起分析：是工作不饱满还是业绩没完成？是态度不好还是工作不重要？然后一起想办法，找对策，争取下个月得高分。没有反馈，这种负向激励就没有作用。对于每月考评结果有异议的，员工可以向上级领导反映，公司要给各团队提供这样的反映渠道和途径，用以监督和控制各团长的管理成绩。

在一个人的职业生涯中，除了与家人在一起的时间外，同事之间相处的时间最长，彼此的熟悉程度要远高于领导对员工的了解，每个同事的工作状态、工作态度、工作业绩都被其他同事看在眼里，各成员的奖赏是否公平公正，每个人都会在心里有所评估。一人给你打低分可能存在偏见，但多数人给你打低分，一定是你本人有问题。由员工匿名参与打分还有两个好处：一是轻松处理团队中的刺头，“发动群众斗群众”，减轻团长的沟通压力；二是上班时间，员工会全身心地投入到工作中，因为有无数双眼睛在盯着自己。

可以说，科学考评是提升团队效率最有效的激励措施，其中设计科学的考评指标体系（不是 KPI）和科学的考评办法是关键环节，不要仅把考评视为薪酬发放的依据，而要真正发挥它的激励杠杆作用。公司大领导与其天天喊口号，不如偶尔关心关心各团队的考评制度是否科学合理，各团长是否在滥用权威肆意挥舞考评大棒，毕竟一个“次品”团长给公司带来的危害远远大于几个“废品”员工。

有效激励，是高效团队的第三法则。“有效”是指遵循“三公一理”原则，真正发挥激励作用。理论上讲，只有满足个人意愿才会产生激励效应，但一人难称百人意，所以激励既要有普适措施，又要因人施策，要讲因地制宜，因时制宜。比如当某位有能力的员工出现思想波动、情绪低落、业绩低迷的时候，团长就应及时沟通，这种沟通不是“吃小灶”，而是及时发现并解决团队问题。“管理”就是既要管，还要理，管是监督、检查和管控，理是道理、理解和搭理。员工的工作积极性、爱岗敬业不是管出来的，也不是哄出来的，更不是逼出来的，而是“理”出来的。

（四）融洽氛围

工作氛围是指在工作中营造并被员工感受到的气氛和环境，可分物理氛围和人文氛围。物理氛围主要指办公环境，包括办公场所的装修、设计、装饰、工位布局、办公设备等。良好的物理氛围虽有必要，但不是员工的主要追求，高大上的办公环境只能增加公司颜面，体现公司实力，偶尔可以满足一下员工小小的虚荣心，对工作效率的影响是微乎其微。对于许多员工来说，只要能发高薪，办公环境再简陋也无所谓，只要具备基本的办公条件，能正常开展工作即可。

人文氛围是对同事之间关系距离的主观心理感知，是一种看不到、摸不着但内心却能时刻感受到的软环境。人文氛围是团队文化、团队精神的基础，对员工工作态度和工作效率的影响最大。良好的人文氛围，能让员工产生轻松愉快的心情，乐于主动奉献，同事之间彼此信任，相互理解，相互尊重，遇到困难时互帮互助，精诚合作。在这种氛围下，团队成员会心往一处想，劲往一处使，团队业绩显著。不好的人文氛围，则让人感到窒息，同事之间彼此提防，互不信任，关系冷漠，互打小报告，不是隔岸观火，就是落井下石，内耗严重。在这种氛围下，员工更多的精力用于设防和内斗，不会主动专注于工作，是“各人自扫门前雪，哪管他人瓦上霜”。如果员工发自内心地乐意融入这个团队，或离开后还想念这个团队，那就是人文氛围好；如果员工时刻都想逃离，或离开后只有痛苦的回忆，那就是人文氛围极差。

团长是团队的精神支柱，营造融洽的团队氛围是其天职。在融洽氛围中，要有团长既模糊又清晰的影子。所谓模糊，是指团长与员工是朋友和同事，要模糊领导与被领导之间的界限，与员工打成一片；所谓清晰，是指要尊重团长的职权，尊重团长的相关身份和决定，在内心有一定的距离感。营造融洽氛围主要包括四大措施：提升职业素养、公平分配利益、组织团建活动和管理冲突。这四种措施是一个有机整体，虽可单独实施，但却彼此影响。

1. 提升职业素养

团长要以身作则，有主动奉献精神，与员工主动拉近距离，不要高高在上，以权压人，对员工只会呵斥，不懂呵护。如果团长自私自利，心胸狭窄，睚眦必报，员工就会小心翼翼，团队气氛沉闷，让人压抑。上梁不正下梁歪，有什么样的将军，就会带什么样的兵，职业素养不高的团长，带不出战斗力强的团队。

2. 公平分配利益

公正的考核、公平的薪酬分配是融洽氛围的基石，没有公平的利益分配，就不可能有融洽的内部氛围，即使有，也是顾及脸面虚假的脆弱的团结。需要注意的是，公平利益不是平均利益，特别是在工资总额相对固定的时候，利益要在员工之间分配，此时就会存在利益之争，这种利益之争一定要在阳光下进行，在员工均认同的标准下进行，以体现“多劳多得、少劳少得、不劳不得”的公平分配精神。因为公开，才会减少猜忌；因为公正，心理才会平衡。而猜忌和不平衡是产生不信任的根源。

3. 组织团建活动

常见的有聚餐、联欢会、集体活动和户外训练。聚餐是最常用的沟通手段，不是为了美食而吃，而是为了维系关系或沟通工作而吃。比如聚餐是华为的企业文化，被任正非所推崇和鼓励，但华为的吃必须由领导买单，或者AA制，其基础是华为极差非常大的普遍高收入，而在等级森严的国企，有几个领导有这气量?！联欢会常在年末进行，大家忙乎一年，到年终聚在一起happy一下，在排练节目过程中，的确可以缓冲、缓和紧张气氛，但对于提升工作中的协作意识不会太明显。集体活动比如一起打球、爬山、郊游、户外烧烤等，会在一定程度上凝聚人心、调节关系。至于户外团队训练，在参与的过程中，多数人会体会到合作的重要性，但这种合作意识很难融入员工的血液里。在没有公平的利益分配下，所有的这些活动都是劳民伤财，不会起丝毫作用。如果利益分配公平，这些活动则一定是锦上添花！

4. 管理冲突

员工在一起共事，难免会产生一些摩擦和冲突，团长要做冲突的消防员和灭火器。冲突主要包括目标冲突、角色冲突、利益冲突和人际冲突。当公司目标、团队目标、个人目标三者发生冲突时，要遵循个人服从团队、局部服从整体的原则解决冲突。对于角色冲突，就是要明确责权利，做到三者匹配，让员工清楚能做什么，不能做什么。利益冲突最难协调，因为团长常是利益冲突的始作俑者，解决利益冲突必须从制度根源入手。人际冲突比较好协调，同事之间不存在深仇大恨，说开了都会冰释前嫌。团队内允许个性存在，但个性不能影响团结，刺头往往是团队最不和谐的因素，常由几种人构成：个性强、老员工、领导亲戚和团长跟班（有这样的亲信是团长的悲哀），常见表现是遇事就躲，遇利则争，越权行事，指手画脚，把别人当傻子。领导要善于拔刺头，不能处处忍让，降伏或清除了刺头，带领团队就会容易许多。

融洽氛围，是高效团队的第四法则。融洽氛围，不是指奢华的办公环境，而是指令人愉快的人文环境，是互帮互助亲如一家的同事关系，是相互信任、为了同一个目标共同努力的领导关系。营造这样的氛围，团长的个人素养、公平的薪酬分配制度是关键，没有这些为基础，任何团建活动都是纸上谈兵。

（五）极简主义

2019 年 1 月 24 日，在新东方的年会上，一曲改编于《沙漠骆驼》的《释放自我》爆红了网络，里边许多歌词因为真实引起许多人的共鸣，让人感叹原来这样的网红公司也存在同样的问题。“干活的累死累活，有成果那又如何，到头来干不过写 PPT 的”——道出了多少职场人的心声！这种现象不仅存在于大公司，小企业、团队等人数较少的组织，如管理不善，也会过早患上大企业病。

该首歌在网络上获得了热传，相对于巨额广告费来说，给予该创作团队的奖励可谓是九牛一毛，但新东方敢于揭家丑的精神值得称赞，从侧面也体现了新东方敢说真话、鼓励说真话的企业文化。几位年轻人的精彩说唱获得俞敏洪的高度认可，直接带来了新东方的管理革命，开明的俞敏洪的确值得敬佩，但更应该反思为什么只有员工唱出来才受到重视?!

的确，一个依靠 PPT 汇报工作、热衷于 PPT 制作的企业，其内部一定是官僚僵化的。许多团队加班的主要工作就是做 PPT，为了一个词或一句话，可能要反复斟酌讨论两个小时，怕领导不明白，或为了体现自己认真负责的态度，PPT 做的是又长又多，有时候熬夜做出来的 PPT，被主管领导随便翻翻就给否定了，这种现象恐怕是许多团队的工作常态。

高效团队要奉行极简主义，不要搞形式主义。每个人的时间都非常珍贵，极简主义就是节约时间，一切从简，让每个人都专注于本职工作而不是专注于汇报。团队要少开会、开短会，能用两句话说明白的，不用三句，能用一页纸说明的，就不用专门做 PPT。大团长只需关注一个工作过程——薪酬分配过程，其余的只看结果。小团长在落实工作任务时，也要简单明了，去除繁文缛节，让工作变得清清爽爽，不拖泥带水，让员工不用“累死累活地干活”。

极简主义就是让团队成员轻装上阵，高效工作，在单位时间内获得最大产出。极简工作法，就是要懂得时间管理，紧急重要的事优先做，缓急次要的事稍后做，不急不重要的事最后做；就是要领导决策果断，下属汇报简练，在沟通中，讲重点，说干货，不啰唆；就是要上下级关系、同事关系变得简单，一切都是基于工作，一切都是为了工作。

极简主义，是高效团队的第五法则。“极简”是指简而不乱，简中有序，简中出效率。极简工作，需要高层领导带头执行，高层领导有什么样的领导风格，公司内部就会流行什么样的工作表现，在新东方，俞敏洪首先应该反思自己的管理方式。极简工作的基础是充分信任和充分授权，允许下属在规则之内自由发挥，不干涉工作过程，只注重工作结果，让团队成员都能轻松愉快地工作。

在本章，主要介绍营销团队高效率的来源。火车跑的快，全凭车头带，团队领导对于团队效率的发挥起决定性作用。优秀的团队领导至少应具备六种基本领导力；在管人、带人或驭人方面，则讲六个步骤，每个步骤均有侧重点和不同的技巧；同时还应具备十种优秀的个人品质。“团队”大至企业整体，小至几人组成班组，团队领导的挑选一定要慎之又慎。

高效的团队，需遵循五种法则。其中：目标科学、人岗匹配是硬法则，是高效团队的保健因素，强调更多的科学性；有效激励、融洽氛围、极简主义是软法则，是高效团队的激励因素，强调更多的艺术性。五条法则都很重要，是高效团队的共同特征，也是高效团队的必备要素。

第五章

快乐营销人

营销人不易，但要在勤奋的工作中积极地寻找快乐。工作本身就是一种职业修行，在这种修行中，要注意培养五种积极的心态，提升八种素质能力，工作与生活均要平衡好“燃”和“禅”，既要体现生命的价值，也要享受生活的乐趣。快乐工作需要协调好四种关系，认真生活需要提升四种生活修为。营销礼数和烟酒茶，均是营销的辅材或“佐料”，熟知这些更会让营销变得充满激情和快乐。

人是营销的第一生产力，营销的决策和落地均需要人的设计和执行。营销人是指在企事业单位从事与营销相关工作的人，上至公司总经理，下至电话接线员、前台接待员、门店营业员，只要工作内容与营销沾边，均可称之为营销人。不要将“营销人”狭隘地理解为营销部门的职员，或简单地理解为推销员。

无论分工有何不同，还是职位有何高低，营销人共同的职责就是将产品（包含服务、设计、体验、理念、方案等）卖给需要的顾客，打造公司品牌和产品品牌，为公司创造更多的收入和利润，实现公司存在的经济价值和社会价值。产品只有销售出去并且收到回款才有价值，销售不出去只能叫库存，已售出但货款不能及时回收则会产生应收账款，应收账款多了会导致现金流短缺，会拖垮一个企业。产品售出、用户正常使用、不发生退货、货款及时回收才叫一个完美的营销流程，营销人就是这个流程的具体负责人和执行者。

营销是企业资金流转的健康活水源，强大的营销可以为企业源源不断地回笼资金，让资金在流转中健康增值。靠借贷维系资金流转只能解燃眉之急，不要上瘾，一旦资金链断裂常会崩盘，众多 P2P 公司倒闭就是因为借贷不当造成击鼓传花的游戏无法再进行下去。企业可以利用资金杠杆，但要想健康生存和发展，必须依靠强大的营销实力，只有完美的营销才可以健康地盘活企业资产。

在商品经济高度发达、市场竞争异常激烈的今天，企业的营销更加充满挑战性和复杂性。即使在电力、自来水、电信、石油等传统垄断行业，也面临越来越多的竞争和挑战——越来越多的用户开始安装家用太阳能光伏发电，不仅满足自家使用，还可以将多余的电量售出增加收入；桶装水、纯净水、直饮水等形成多样化的用水市场；微信等互联网公司倒逼电信运营商改革；山东量产的汽油迫使中石油、中石化不再高高在上，也开始频繁做促销。传统垄断行业尚且如此，在充分竞争市场，竞争就更加残酷激烈。在消费者用脚投票的时代，无论哪一类市场，包括城市、旅游、教育、文化、观念等，都需高度重视营销，谁能跟上消费者的节拍，谁才能在市场上得以生存。

营销人的任务艰巨，责任重大，营销人的确不易！既要处理复杂的内部人际关系、部门关系，还要时刻想着市场，紧盯竞争对手；既要有丰富的专业知识储备，还要上知天文，下晓地理，中间懂空气，能与不同的人聊天侃大山；既要透支自己的身体费尽心思应付客户，还要记着锻炼身体以保持充沛精力；既要想着把工作做好，多出业绩，多挣奖金，还要想着多陪陪父母，让孩子享受更好的教育；既要让领导满意、同事满意，还要让客户满意、合作伙伴满意，唯独经常忘记的是自己。营销男人是变形金刚，要有不坏之身，再多的委屈也要打破牙齿混血吞，因为你是男人！换个造型，依然是打不死的小强。营销女人是花木兰，是橡胶做的花瓶，既要美观实用，还要打不烂摔不碎，温柔中透着刚强，细心中揉着干练，轻声细语中透着力量。

但再细想，职场上谁不是戴着镣铐跳舞？在一个人的职业生涯中，基本上每天三分之一的时间在单位度过，三分之一时间在床上度过，八分之一时间用于吃饭，剩余时间留给上下班、学习、聊天、交际、休闲、娱乐、洗澡、管孩子、做家务等。对于营销人来说，可能每天三分之二的时间在做与营销相关的事。日复一日，年复一年，日子就这样从“手指间”流走了。宋末词人蒋捷的“流光容易把人抛，红了樱桃，绿了芭蕉”，让多少人唏嘘岁月的无情和无奈。如果按 100 岁计，你算算最多还能活几年？想想这个，戴着镣铐又如何?！我们有什么理由不快乐生活每一天呢?！

跳累了，就歇歇，歇够了，就接着跳。生活要继续，工作更需努力。不要想着去掉镣铐，去掉了还会有新的枷锁，权当它是身上的装饰品，习惯了就感觉不到它的存在，强大了更会忽略它的存在。正如歌词所写：“不经历风雨，怎么见彩虹，没有人能随随便便成功。”的确，人的一生不可能永远都是一帆风顺，总会出现坎坷和不平，在磨炼中砥砺奋进才是多姿多彩的人生！“宝剑锋从磨砺出，梅花香知苦寒来”，成功都是奋斗出来的，都是撸起袖子干出来的。哪有什么岁月静好，只不过是有人替你负重前行！

营销是工作，是职业，是养家糊口的手段，更是一场修行。客户虐你千百遍，你待客户如初恋，要把营销视为你的真爱，你才会充满工作激情。营销人要先正心，再修身，时刻提升自己的职业技能，要注意平衡事业与家庭、工作与生活的关系。人，毕竟不是机器，更需要保养和修整。懂一些社交礼仪和常识，会让你在职场中多结善缘少碰壁，获得更多的人生机会。就像明知道“人终有一死还要努力地活着”一样，明知道生活充满苦涩，还要尽可能地追求快乐！快乐地工作，快乐地生活，快乐地面对一切，快乐地做营销人。

这些有点像心灵鸡汤，适当读读或许能醍醐灌顶，茅塞顿开，但鸡汤喝多了就过犹不及，变为毒药，不要整天沉溺于鸡汤中不能自拔，关键在于执行，并且是长年累月地坚持执行。职场生存法则既复杂又简单，既黑暗又透明。复杂和黑暗是指“混好”的确不容易，不仅要往上攀爬，还要时刻防着暗箭；简单和透明是指职场招数也就那么几种，不存在什么秘籍。本书无意传授那些阴招损招，想学习，就去多品读《厚黑学》，然后使劲增厚自己的脸皮，做一些“不要脸”的事，不要将“老实人”这一“美誉”顶到自己头上，在职场上，“老实人”是傻子的代名词，拼不过人精和人渣。本书只想讲一些阳谋，讲如何渡己，这是做人做事的基础，只有先学会渡己，你才能更好地渡事业。不仅适用于营销人，也适合所有的职场人。

特别是年轻人，如果想着进步，一是要尽早提升职业修行，尽快完善自己，因为岁月不等人，时光真的是太匆匆，一晃就会步入不惑之年；二是要紧跟领导，不要只向领导汇报工作，还要经常汇报思想，拉近二人的情感距离，有好处领导自然而然会想着你，天天躲着领导走，除了工作交集再无其他，领导肯定不敢用你，也不会想着用你。如果你不想委曲求全，不愿放下身段，那另当别论。读一读接下来的内容，即使不求职位上的进步，也会让你有所释然，快乐前行。

一、职业修行

人生是一场修行。所谓修行，不是指吃斋念佛，参禅打坐，天天敲木鱼诵经，过寻求灵魂自由的苦行僧日子；也不是初一十五烧香拜佛，或热衷做慈善事业。真正的修行，不在山上，不在庙里，而在红尘滚滚的现实生活中；真正的修行，不必流于形式，不必大张旗鼓，不必寻僻静幽深处，而在平平淡淡的一言一行一念间。入世、处世和立世均可渡己，不必遁世去终南山，而应“隐于市”。

工作即最好的修行，职场即最好的道场。职场中的修行，不是无欲无求，听天由命，随遇而安，随波逐流，而是气定神闲地面对职场中的风风雨雨，宠辱不惊，安之若素，世事我曾抗争，成败不必在我，得意之时不张狂，失意之时不绝望，每天都用坦然超然的心态看庭前花开花落，赏天上云卷云舒。对于工作，不是凑合、差不多、能混就混、能躲就躲，而是认真负责、爱岗敬业、追求上进、力争完美，做一天和尚撞好一天钟。无论所在的职场有多污浊，永远保持自己内心的纯洁，守护自己的良知。改变不了环境就适应环境，适应不了环境就逃离环境，天涯何处无芳草，何必单恋一枝花！

工作中的修行不是要抛弃七情六欲，做一钢铁侠，但也不是想笑就笑，想哭就哭，喜形于色，而是要学会控制自己的情欲，内心再起波澜，也要做到表面风平浪静。这不是伪善，而是因为除了父母，没有人能放纵你的任性。你不必一直表现得都很坚强，但要学会受伤的时候一个人静静地疗伤。俄罗斯总统普京的名言：“我偶尔也有颓废，但从来不装样子。”普京可以不装样子，但你不能，你还得学会“伪装”，把眼泪淌在无人的角落，把疲惫置于田野或撒入酒杯，展现在世人面前的永远是一副微笑的面孔。

工作中的修行，就是要做好六件事：想干事、会干事、能干事、敢干事、干成事、不出事。想干事，是一种心态，是做事的基础，有了它，工作才会有动力；会干事，是一种技巧，是方法和策略，用最小的投入取得最大的产出；能干事，是一种能力，具备岗位所需技能，可在实践中学习提升所需能力；敢干事，是一种胆识，是做事的气魄，敢作敢为不惧失败，勇于探索和创新；干成事，是一种追求，是把工作尽可能地做完美，实现最好的结果；不出事，是一种底线，是在法律法规和公司规章制度内正确地行使权力，不违背职业道德地做事。

做好这六件事，看似容易，实际很难，也就是说工作中的修行不会一蹴而就，需要时间的沉淀和坚定的信念，需要刻意的培养和锻炼。营销人的职业修行可分两部分：第一是正心，培养积极的心态，用积极乐观的态度面对工作和生活中的一切困难和障碍；第二是正己，努力提升自己的职业素养，提升自己的职业技能，把自己的竞争力武装到牙齿，做一只打不死的小强。

（一）培养积极心态

心态是指心理状态和精神状态，是个体心理特征在某个时段的表现。心态决定过程，态度决定结果。许多事不为我们所左右，能左右的只能是自己的心态，心态稳定，情绪就会持续稳定，心态不稳，情绪就会波动。良好的心态，会让你自带光芒，精神饱满，处事不惊，从积极的角度看待和思考一切事物，用积极的态度对待工作，即使结果未达预期，也会笑着接受；心态不好，则会情绪低落，精神萎靡，只注意阴暗面，用消极悲观的眼光审视周围的世界，工作态度也是消极颓废，做事马马虎虎，不用心，充满更多的抱怨。

好心态会让你成为职场的胜者，人生的赢家。有好心态，就会让你有好心情、好身体、好人缘，会让你浑身充满正能量，从而获得更多的好机会。好心态不是一味地退缩和忍让，不是别人打你左脸时还要把右脸贴过去，不是让人肆意践踏你的尊严，表现得软弱可欺，而是不斤斤计较一些小事，是在触碰你做人底线时的敢于反抗和斗争，是不惹事但也不怕事。好心态不是天生的，而是在工作生活中历经沧桑修炼习得而成。

营销的过程不会一帆风顺，不会广告一响，黄金万两，全程有许许多多的不确定因素存在，会让你的心情变得起起伏伏。整个营销就是一部辛酸史，外表风光，内心沧桑，个中滋味只有自己一人可以体会：既有成功的喜悦，也有失败的泪水；既有攻城时的兴奋，也有被拒时的落寞；既有被表扬时的荣光，也有无助时的伤感；既有被肯定时的得意，也有受委屈时的无奈。心情可以有短暂的起伏，但一定要尽快归位，冷静地看待工作中的得与失，越往好处想，心就越宽，越往坏处想，心就越窄。营销人更需要有良好的心态，这些心态主要包括敬业心态、豁达心态、空杯心态、敬畏心态和感恩心态。

1. 敬业心态

敬业是一种态度，一种修养，一种美德，一种境界。它不是一句空洞的口号，不是汇报时的修辞或点缀，而是一种基本的职业道德，是立足职场的基础。职场上所有成功之士，无不是心怀梦想、热爱工作、认真负责、踏实肯干的敬业之人。因为梦想，才会有目标和动力，才会不畏艰难和困苦，勇往直前；因为热爱，才会投入时间和精力，才会充满激情和亢奋；因为认真，才会专注、细致、用心地工作，精益求精，追求极致，才会想尽一切办法克服工作中的困难；因为踏实，才会内心安定，有条不紊，勤勤恳恳，一步一个脚印，积少成多。喜欢自己的工作岗位，就要抓住机会，充分表现；不喜欢自己的工作岗位，也要尽快调整自己，先做好本职工作，再寻求机会做调整，只要在岗一天，就要恪尽职守，尽善尽美。敬业心态会让领导用着放心，工作起来也会顺心，也才会为自己创造更多的发展机会。

2. 豁达心态

豁达是一种性格，一种胸怀，一种善良，一种心境。豁达之人，性格开朗，胸怀宽广，待人宽容，做事坦荡，识时务，懂大体，知进退，能屈伸，不会为世态炎凉、人情冷暖而愤懑，不会为人生起落而困扰，用平静之心坦然地面对现实。豁达之人善于自嘲、原谅和遗忘，有自知之明，敢于正视自己的不足和弱点，身处逆境时不避讳用阿 Q 精神胜利法安慰自己；懂得谦让，而谦让是骨子里的善良；不会铭记私人恩怨，不会对别人不经意的冒犯耿耿于怀，更不会伺机打击报复。豁达不是与世无争，是有所争——争该争之利，争该争之位，有所不争——不争枉物难消之浮财，不争南箕北斗之虚名。郑板桥“难得糊涂”的题跋——聪明难，糊涂难，由聪明转入糊涂更难；放一着，退一步，当下心安，非图后来福报也——是对“难得糊涂”四个字的最好诠释，体现了一种豁达的人生心态。“大知闲闲，小知间间”，真正的聪明人是大智若愚，胸怀广博豁达，遇人遇事是说话留三分，看破不说破。

3. 空杯心态

空杯是一种勇气，一种魄力，一种智慧，一种哲学。空杯就是要敢于忘掉过去的成功与失败，知道天外有天，人外有人，虚怀若谷，谦虚有礼，低调行事，广纳新物。特别是到了新岗位或从事新工作之后，一定要有归零心态，尽快忘掉曾经的辉煌与业绩，虚心学习新业务，与时俱进，永不满足。空杯不是要否定历史，不是推倒重来，忘掉的只是过去的结果，记住的是以往的经验与教训，是尽可能地用眼前之“水”去装满杯子，成长就是在不断的满杯—空杯—满杯中轮回前行。做了领导，更需要有空杯心态，做领导之前，个人只是在某一方面表现突出，未必样样精通，做了领导之后，需要熟悉所有主管业务，此时更要伏下身子虚心向老员工学习，不要不懂装懂，瞎指挥。开辟新市场，推广新产品，均要有空杯心态。

4. 敬畏心态

敬畏是一种力量，一种习惯，一种约束，一种觉悟。心存敬畏，方能行有所止，方能不因喜好而为所欲为。敬畏规则和制度（包括潜规则），可以让你知道有所为，有所不为，即使你是老大，也不能做规则的破坏者，无规矩，不成方圆，无五音，难正六律。敬畏领导，就是要尊敬领导的职权或领导个人，与领导再熟悉也要保持亲密的距离感，永远不要与领导“拍肩膀”，不要与领导称兄道弟，领导的私生活知道的越少越好。敬畏同事，才能明白“尺有所短，寸有所长”，才能与人为善，和睦相处。敬畏市场，可以让你在成功之时保持清醒的头脑，知道世事无常，行情也是瞬息万变。敬畏顾客，就是要时刻把顾客放在首位，知道水能载舟，亦能覆舟。敬畏对手，就是不要总以为自己最聪明，对手身上也有许多优点值得学习和效仿，不要忽视对手，或许哪一天自己就被对手收购。敬畏他人，不是显示自己的卑微，而是彰显自己的胸怀，是一种处世之道。

5. 感恩心态

感恩是一种品质，一种桥梁，一种尊重，一种情怀。滴水之恩，当涌泉相报，常怀感恩心，会让你的贵人越来越多，人生之路越走越宽广。感恩就是感谢帮助和感激恩情，是不仅要知恩、思恩，更要学会如何报恩，投之以桃，报之以李。赠人玫瑰，手有余香，对于施恩，要不思回报，对于受恩，要铭记在心。报恩不是做等价交换，对于使用公权帮你的人，你用金钱、物质等去答谢，那就是行贿，那不是报恩，而是违纪违法地害人。对于正常交往中的帮助，礼尚往来那是报恩，逢年过节发个问候、对方遇事你跑前跑后、心里天天为恩人祈福等均是感恩。忘恩负义之人，觉得自己是宇宙的中心，把别人的所有付出均视为理所应当，只知索取，不知回馈，极端自私自利，狂妄自大。感恩心是重要的职场生存法则，是一个人的进步桥梁。

对于成功的营销人来说，除了这五种基本的心态外，还有许多积极的心态需要在职场中修炼和培养，比如：沉稳心态、绿叶心态、平和心态等。经的事多了，见的人多了，你就会见怪不怪，心态就会愈加成熟和稳定，特别是在逆境和不如意的时候，好心态会起到定海神针作用，会让你变得坚强而不向困难妥协。跟了三年的订单，突然被竞争对手撬走，本来要马上签单，结果客户突然出现了意外，这种情况在销售中经常遇到。签了单，可以小庆，但不能骄傲；跑了单，可以失落，但不要堕落。用一颗平常心看待成功与失败，心如止水，才能智圆行方。

对过去，要淡；对现在，要惜；对未来，要信。正如俄国诗人普希金所创作的诗歌《假如生活欺骗了你》所言："假如生活欺骗了你，不要悲伤，不要心急！忧郁的日子里须要镇静：相信吧，快乐的日子将会来临！心儿永远向往着未来；现在却常是忧郁。一切都是瞬息，一切都将会过去；而那过去了的，就会成为亲切的怀恋。"

（二）修炼八种能力

找几句名言警句作为自己的座右铭，或在床头放几本心灵鸡汤书，或读读名人特别是优秀企业家的自传，接受一些精神洗礼，做自己的心态调理师和心灵按摩师。在意志消沉或身处逆境时，读一读，品一品，给自己鼓鼓劲，加加油，然后满血复活；在得意时，给自己提提醒，降降温，告诫自己莫张狂，莫浮躁，用平常心看待暂时的成就。心态决定了自己走多稳，能力决定了自己走多远、爬多高。修心在于正心，修身在于正身，在于提升自己的才华和能力。

才华就像刀刃，心灵就像磨刀石，即使才华横溢，能力突出，没有磨刀石的打磨也会生锈。不要抱怨怀才不遇，只是你没有入领导的法眼，只是你的职商还不够高，还存在能力结构上的欠缺，贵人只能帮你一时，不能帮你一世，路最终还要靠自己来走，走多远取决于你的修行和福报。不是有人说你行就行，也不是说你行的人行就行，关键是你自己行才行。在职场上，高学历不等于高能力，不等于高水平，高学历只是拥有文化知识的证明，不等于熟悉职场文化和人情世故，无论何种学历，初入职场均要有归零心态和空杯心态，不要书生意气去指点江山，决定你事业成败的是综合能力，而不仅仅是文化知识。

在商品经济比较匮乏的年代，靠一个点子就可以让产品大卖，而现在即使几个点子也可能带不动销量，一是因为消费者越来越精明，二是因为可选商品太多，三是因为市场模仿能力太强，只要你推出新产品，很快就有仿制品涌现。这是营销人不得不面对的市场现实。同时，随着 80 后、90 后甚至 00 后开始进入职场，这些人的三观和行为方式对职场中的传统逻辑又会形成一定冲击。这种既对内又对外的工作性质均决定了营销人必须具备更多更全面的综合素质能力。这些能力主要包括自控能力、学习能力、专业能力、洞察能力、沟通能力、社交能力、应变能力和意志能力。

1. 自控能力

自控能力是指一个人对自己思想、语言、情绪、行为和习惯的控制能力，是成功人生的第一定律，是一个人是否成熟的重要标志，包括身处外部环境时的控制和调节能力以及独处时的自律。面对领导的批评、同事的误解、客户的刁难、市场迟迟打不开、方案久久做不出等不利情况，均要控制好自己的情绪，不要因受到委屈就撒泼打滚，不要有过激的语言和冲动性回击行为。自律是慎独，高度自觉，严格律己，是在无人监督、无人干涉时仍旧保持良好的行为习惯。对于学生来说，成绩的好坏固然有智商因素，但更多的是取决于自制力，拒绝游戏、视频、QQ 聊天、早恋等的诱惑，才可以专注于学习。职场人也一样，在单位里控制自己的言行是规则所需，关键的是八小时之外的自律，只有自律到“变态”才会让你开启开挂的人生，不要在该奋斗的年纪就享受安逸，不要为自己的任何放纵找借口，出来混早晚是要还的，总有一天你会为自己的任性和放纵买单，少壮不努力，老大真的会徒伤悲。训练自己的自律可先从小事做起，比如每晚看书一小时，早上 6 点准时起床，锻炼半小时，等等，21 天养成一个习惯，习惯之后就会变成自然，再优秀的才华也会被无节制的坏习惯所磨灭。不要做思想的巨人、行动的矮子，再优秀的思想也要有优秀的行为，有时候，不逼自己一把真的不知道自己有多优秀。

2. 学习能力

学习能力是指自我求知的方法和技巧，反映一个人主动接纳新知识、新技能的能力，是成功人生的第二定律，是一个人有无上进心、是否追求自我完善的重要标志。在快速发展日新月异的今天，坚守以往的知识和经验会让你故步自封，裹足不前，唯有学习，才会让你进步，才会提高自己。学习是创新的基础，不会学习或不学习，创新就没有思想动力，更不会有创新灵感。要想成功，你必须成为这个领域的专家，要想成为专家，你必须坚持不断地学习，一天、一周可能看不到学习效果，但坚持一个月自己就会有所感觉，坚持一年你会脱胎换骨，自信满满。学习不是要求脱岗去大学进修深造，而是在干中学，是在八小时之外自律学，向领导、优秀员工、设计师、生产线工人甚至竞争对手学习，从书本中寻找解决问题的答案，是白天求生产，晚上求发展。学习要讲系统性和目的性，不要满肚子都是八卦新闻、各种秘史，多看有用的书、有价值的书、适合自己的专业书，不是所有的书里都有黄金屋、颜如玉。坚持学习，会让你的工作更加顺畅，让你的生活更加充实，少追韩剧，少看抖音，少出去喝酒应酬，不要让休闲娱乐占据你业余生活的全部，不要信奉什么读书无用论，否则行万里路你也不过是个邮差，如果读书真的无用，那些各种“达人”就不会千方百计送自己的孩子去最好的学校读书。学习是回报最高的投入，会让你穿行于美好的“大门”，会增加你选择的机会，而不是被动地接受，医生可以在业余时间去兼职滴滴司机，但滴滴司机却不能给人看病。

3. 专业能力

专业能力是指工作岗位所必需的专业技能，体现一个人对岗位的胜任程度，是成功人生的第三定律，体现一个人的核心竞争力。一招鲜，吃遍天，专业能力越强，越有话语权，越受人尊重，地位越无人可以替代。营销人的专业能力主要包括熟知产品和业务，掌握一定的营销技巧，能熟练运用营销相关理论知识。熟悉产品和业务是基本功，不仅要熟悉产品的性能、构造、特征和用途等，还要熟悉产品的生产和运输过程，熟悉整个业务流程，对产品和业务了解得越充分，就越有利于宣传和推广，对于不曾在生产车间或一线工作过的营销人员来说，恶补产品和业务知识是做好工作的必备功课，解答不了客户对产品的疑问是件很丢人的事。同时，还要知道并熟练应用一些营销理论知识，比如顾客需求、定位、市场细分、目标市场、推销技巧、话术、各种促销的适宜场景等，无论是处于运营岗、销售岗、策划岗、分析岗还是其他岗位，最好都能去一线销售岗位工作三个月以上，甚至可以每年都去一线工作一段时间，只有与顾客近距离接触，所制订的方案、活动和政策等才会接地气，不要关起门来造车，许多公司的营销方案之所以与市场脱节，主要原因就是政策制定者（包括一些专家）坐在办公室里“想当然”，即使做调研，也是走马观花，并未亲自与顾客接触。专业能力一方面可以在实践锻炼中提升，另一方面则需要有针对性地主动学习。

4. 洞察能力

洞察能力是指基于现状对市场变化以及市场未来发展趋势的预判能力，是营销高手必备素质之一。无论是传统行业，还是新兴产业，都会受到外部环境变化的冲击，产品再先进也会有生命周期。洞察能力强的人，对外部环境高度敏感，能迅速捕捉市场变化信号，精准把握发展趋势，提前做好各种应对措施，是未出茅庐先定三分天下。市场变化主要包括技术的发展方向、消费者的需求升级、竞争对手可能有的反应、国家行业政策调整的可能性、国外领导人更替（特别是美国）带来的国际贸易政策不确定性等。只有先知才能先行，只有充分准备，才能做常胜将军。洞察能力弱，则会没有危机意识，或者有危机意识但不知道突破方向，一头雾水，反应迟钝，只能被动地接受新发展和新变化，只能做市场的追随者而不能做市场领导者。洞察能力一方面来源于一线调研，另一方面来源于自己的知识储备，以及对各种信息的综合分析判断。比如自媒体的快速发展会带来广告市场的重新洗牌，选择在何种媒体上投放广告就需要认真推算；消费者健康意识和环保意识的增强，对食品类产品会提出更高的要求，产品卖点、广告诉求点需要紧跟这些变化；等等。

5. 沟通能力

沟通能力是指在信息传递过程中的语言表达能力，特别是一线营销人员，强大的沟通能力可以为自己带来更多的销售业绩。沟通能力强主要表现在口才好，会说话，让人听起来舒服不反感，反应机敏，对答如流，是见人说人话，见鬼说鬼话，是高情商的一种表现。沟通要讲策略和技巧，比如“我讲明白了吗”要比“你听懂了吗”给人的感觉更好；领导先表扬时不要高兴，往往后边会紧跟一个“但是”，这个“但是”才是领导要讲的重点。在与客户沟通中，不仅要会说，还要会听，能迅速捕捉成交信息，把握成交机会。会听是指不要自己一直滔滔不绝地讲，而要注意倾听客户的见解和意见，接受客户的质疑与反驳，能听出言外之意，辨别客户的真实意图。会说是指善于主导交谈内容，在肯定客户见解的同时，提出自己有说服力的观点，引起客户的共鸣。为提升沟通能力，可对客户常见的担忧和质疑进行总结提炼，然后形成一套常用的营销话术，在实际沟通中再加以灵活运用。沟通能力可以通过日常训练 得以提升，比如在小组内部讨论时，敢于大声表达自己的观点；大声地诵读一些经典演讲稿；大声地讲述产品特性和使用说明等。需要注意的是，沟通能力强不是指健谈，而是指善谈——知道什么该说、何时说、如何说、说什么。

6. 社交能力

社交能力是指在社会生活中建立广泛社会关系的一种能力。人是社会人，需要在人际交往中与他人交流思想、联络感情和增进友谊，一个人在社会上没有朋友，退缩于一个被社会遗忘的角落是很可悲的。社交能力强的人，往往乐观开朗，善于言谈，善解人意，真诚守信，乐于助人，懂换位思考，熟人多，圈子大，人脉广，口碑好。正是在“熟人多了好办事”“人脉即钱脉”的观念影响下，让许多人热衷于参加各种饭局。事实上，社交有阶层之分，你达不到那个实力，即使多次在一起吃饭，你也挤不进那个圈子，社交不在于你认识多少人，而在于多少人认识你。要想提高自己的社交等级和社交质量，你得首先提升自己被利用的价值，手中资源越多，包括权力、地位、知识等，就越有人主动要求认识你。要尽可能地杜绝那些低质量的无效社交，远离那些充满负能量的垃圾人，多品味品味曾国藩所说的“八交九不交”，不要耻辱地“跪舔”某些人。营销人需要社交，但社交不等于饭局，不等于无节制地应酬，不等于各种聚会，不等于在朋友圈点赞，在平时发个问候、道声祝福均是一种社交。社交的前提是人格独立平等，打个电话不接就不要再打第二个，因为想见你的人 24 小时都有时间，关爱你的人酸甜苦辣都可以吃，想带你的人东西南北都顺路。别人打电话给你，当时不方便接，过后再晚也要回个信息，这是尊重，更是教养。

7. 应变能力

应变能力是指对外界变化做出快速反应的能力，是一个人审时度势、快速调整、及时采取应对措施的综合能力体现，具备快速、沉稳、准确三个特性。快速强调在第一时间做出反应；沉稳强调慌中不乱，有条不紊；准确强调应对得当有效。洞察能力强调未卜先知，应变能力强调快速准确应对，两种能力结合，才能走在市场前沿，特别是当市场上出现不利于企业的负面新闻时，强大的应变能力就显得非常重要。当消费者的需求偏好已经发生变化，就要迅速调整产品结构，不要对曾经的爆品恋恋不舍，要勇于改进甚至淘汰原有产品。在做促销时，要对突发情况有足够的心理准备，并做好应急预案。在与顾客沟通时，要显得机灵，随机应变，对答如流，不要让顾客把你问住，这就需要有丰富的产品知识储备。高度的市场嗅觉，善于察言观色，做一棵有思想的墙头草，见风使舵，顺时而动，顺势而为等，均是营销人应具备的职业性格。

8. 意志能力

意志能力是指不惧困难和干扰坚持实现既定目标的定力，是一种高贵的心理特质。越是身处逆境，越要坚定意志，意志是让你走出人生低谷的强大支柱。意志能力强的人，有坚定的目标信念，自尊、自立、自强、自信、自省，不为诱惑、质疑、流言蜚语而动摇，能忍受寂寞孤独和痛苦，知难而上，百折不挠。意志能力强不是指一根筋，认死理儿，钻牛角尖，也不是撞了南墙还要继续撞。世上没有过不去的火焰山，如果有，那就绕着走，“明知山有虎，偏向虎山行”可以，但“明知有陷阱，偏向火坑跳”就是傻帽儿。意志坚定首先要求目标正确，然后咬定青山不放松，至于如何登顶，则要讲究方法和科学，不必认准一条路一直走到天黑。客户拒绝了 99 次，但在第 100 次就可能成功；渠道拒绝进货，常过去拉拉家常就可能打开市场；只要客户还没有购买同类产品，对你来说就存在机会，只要有一丝丝机会，就不要轻言放弃。强大的意志力，在于学会自我调节、自我解压和自我释放，拍掉身上的灰尘，轻装上阵，无论多难多苦多累，都要坚信“太阳第二天照常从东方升起”！正如马云所言：“今天很残酷，明天更残酷，但后天很美好，绝大部分人死在明天晚上。”所以在最困难的时候，一定要鼓励自己坚持再坚持！

这八种能力既是营销人的基本素质，也是营销人混迹职场的必备武功，营销高手均是将这些武功练到了炉火纯青的地步。暂时达不到这种境界也不要紧，因为没有人生下来就会跑，重要的是在平时要有意识地加强训练和培养，训练的过程就是修心的过程，日积月累，总有一天你会发出自己的光芒。

二、平衡工作与生活

“世界那么大，我想去看看”，这是 2015 年 4 月河南省实验中学一名女教师的辞职信，被誉为“史上最具情怀的辞职信，没有之一”。短短十个字，戳中了许多人的泪点，引发了网络热评。许多人看到后，是泪流满面，内心波涛汹涌，据说还在社会上带动了一小段辞职潮。之所以引发职场人的强烈共鸣，是因为这十个字说出了许多人的心声，道出了许多人的梦想，但只有这名女教师有勇气和有魄力迈出了这一步。

的确，世界那么大，都想去看看，都想抛下工作，背起行囊，来一场说走就走的旅行。可现实却不允许多数人如此洒脱，如此任性。如果你还年轻，一人吃饭全家饱，有一颗“驿动的心”，时间又充裕，你就可以“仗剑走天涯，去看看世界的繁华”，哪怕是穷游，也会自得其乐。如果你已成家立业拖家带口，天天接送孩子上下学，那这样的旅行就是一种奢望。年轻时有体力，却没时间没能力；退休了有时间有能力，却没了体力和精力，这就是人生悖论。

对于多数人来说，生活不是只有诗与远方，更有眼前的苟且。想去一览世界，得有充足的物质基础做后盾，如果能力不足以承担梦想，短暂的快乐更会加重现实的压力。不要去羡慕别人的远方，你不知道他们为了去远方曾付出的艰辛和努力，如果你没有一点点儿的事业，诗和远方都会与你无关。现实不是童话，童话里的世界都是骗人的，现实就是要求你在柴米油盐酱醋茶中不忘初心，坚守梦想，脚踏实地，努力奋斗。在实现财务自由之前，不要幻想着周游世界，风筝飞得再高，也会被拽回地面。

当现实照进梦想的时候，你才会明白，人生不会按照自己编制的剧本向前推演，你不努力，生活不只有眼前的苟且，还有明天和后天的苟且。职场人每天都在单位与家两点一线间奔波，单调且枯燥，所以许多人才想去外边看一看，转一转，然后再回归现实，天天看、天天转的只能是导游。单位即工作，家即生活，工作和生活构成人生的主旋律，构成平凡的每一天。工作是生产，是基础，是保障；生活是消费，是表演，是享受。二者匹配，才会身心愉悦，活得有滋有味，才会活出自己的精彩；二者失调，你就会顾此失彼，徒生烦恼。

寻找工作与生活的平衡支点是一门哲学。这个平衡不是指时间上的平均分配，而是一种心理上的均衡。只知工作不懂生活，你会索然无味，也会透支生命，即便是工作狂，也要学会适度调节；只享受生活不去工作，除非你有雄厚的经济基础（比如富二代），或者有其他收入来源（比如家庭主妇），否则总有一天你会坐吃山空。工作做不好，生活也会是一片浮云。忙碌了一天，晚上回家可以看场电影，或听会儿音乐，或看会儿闲书；紧张了一周，周末就可以睡个懒觉，或出去郊游，或喝个小酒，或打个小牌，或陪父母和孩子唠个闲嗑。每个人都有各自的生活方式，不必千篇一律，适合自己就好。

找到平衡点，还要努力提高支点的高度。这个高度，主要取决于工作收入，因为收入决定了生活层次和生活质量。收入低，恩格尔系数就高，当收入主要用于食品支出时，不要去谈什么远方，因为你支付不起远程车票。钱不一定是幸福之源，但没钱一定是痛苦之源。收入高，也只表明你具备良好的物质基础，能否过上有品质的生活，还要取决你的心态和认知。不要只做挣钱的机器，而不懂得享受生活，有命挣钱没命花很可悲；也不要只懂享受，万一哪天断了收入来源，你就会感觉从天堂掉入了地狱。快乐地工作，快乐地赚钱，用有限的收入舒心地过力所能及有品位的生活，这才是人生的赢家。

（一）快乐工作

人生是一场没有回程的旅行，从出生的那一刻，你就手握单程车票踏上了漫长又短暂的人生之旅。有的人出生时嘴含金钥匙，有的人出生如蝼蚁般卑微，既然决定不了旅行的起点，那就好好把握旅途的行程。步行、自行车、汽车、绿皮车、高铁，平坦也好，坎坷也罢，不一样的出行，会有不一样的风景。与其羡慕别人的世界，不如好好规划、经营自己的出行。不要急于奔跑，要适时按下暂停键，拍拍心灵上的灰尘，等等自己的灵魂，静静地欣赏自己的风景。直到下车的那一天，你才能感叹“不憾此生”。

胡适先生曾说：“生命本没有意义，你要能给它什么意义，它就有什么意义。与其终日冥想人生有何意义，不如试用此生做点有意义的事。”这个“做点有意义的事”不是指建丰功伟业，也不是指建商业帝国，而是做好自己的本职工作，体现自己“活着”的价值。不是只有名人才可以探讨生命的意义，每个平凡的人都应该认真思索“我这一生该如何度过?”即使像只蚂蚁，也要努力爬向远方。

工作不是生命的全部，不是活着的唯一目的，但却是人生不可或缺的重要组成部分，是一个人在社会上的立足之基、生存之本。只有主动为社会创造价值（特殊病人除外），你才有索取报酬的资本和权利，才会为你的人生之旅保驾护航。人无高低贵贱之分，但工作却有好坏之别，虽说都是革命的螺丝钉，但航空母舰上的螺丝钉与脚踏船上的肯定截然不同，昔日的司机、厨师、国企职工等被“丈母娘”首选的热门工作现已不再成为香饽饽。家长之所以逼孩子使劲读书，就是为了将来能有更多的选择，有个好工作，奔个好前程，能为社会做出更多贡献。

选择喜欢的职业，从事喜欢的工作，与所爱的人结婚，那你的人生就相对完美；选一个好行业，在一个好单位，跟一个好领导，有一个好团队，那你一定是得到了上天的眷顾和恩赐。人生的选择常常是迫不得已，身不由己，即使当时是最优选择，在将来也未必觉得正确，所以世上才有“后悔”二字，才有“如果再回到从前”的感慨。人越年轻，可选择的余地越大，随着年龄的增长，可选择的余地越来越小，虽说事业无穷年，但到了五十岁你再去创业或跳槽，成功的概率真的会很小，一辈子把一件事做好就很不容易，所以趁着年轻尽可能地选择自己感兴趣的工作，然后再深耕下去，终有一天你会品尝到成功的喜悦。

不是每个人都能从事理想的工作，如果受条件限制，你无可选择，那就尽可能在工作中寻找乐趣，干一行，就要爱一行，实在爱不起来，又不想坚持和忍受煎熬，那就抓紧时间换工作。无论从事的工作是否如意，都要努力追求快乐，毕竟人两眼一闭一睁，一天过去了，一闭不睁，一辈子过去了，哭哭闹闹是过，嘻嘻哈哈也是过，何不让自己开开心心地面对一切?！人只有回不去的从前，没有过不去的现在，活好当下，才能憧憬未来。

钱多事少离家近，睡觉睡到自然醒，数钱数到手抽筋，这是多数人梦寐以求的日子，享受物质财富带来的快乐本身没有错，可世上能有几人实现这一愿望？一入职场深似海，从此任性成路人，谁不是在为理想而奋斗？谁不是在为生计而奔波？既然不可能逃避工作，何不在工作中寻找属于自己的那份快乐？追求快乐营销，主要是处理好四种关系：与职业的关系、与单位的关系、与领导的关系、与同事的关系，快乐与否实质上是自己与四种外部因素交互作用的结果。

1. 与职业的关系

对营销职业的传统理解是指销售工作，事实上，营销由许多工作岗位组成，你只要从事其中的任何一种，均可被称为营销人，不是只有销售员（或称业务员）才叫营销人。许多人之所以从事营销工作，不外乎有三种原因。第一种，对营销非常感兴趣，喜欢接受挑战，愿意享受那种攻城略地的成就感，这类人往往工作满意度高，有较少的抱怨，即使暂时业绩不佳也不会气馁，更会激发斗志，因为从事的是自己喜欢的工作。第二种，冲着待遇而来，因为营销职能的重要性和挑战性，相较于其他工种，营销人的奖金系数和收入普遍较高，因为不是发自内心的喜欢，所以当收入稍有下降，立即会引发不满。第三种，由组织安排而定，属于被动接受，有些人会很快适应营销的快节奏，有些人则倍感不适，而不适是郁闷和痛苦的根源，如果觉得自己的个性和能力不适合营销，兴趣和志向也不在营销，那就最好想办法换岗位。第一类人最适合做营销，因为兴趣是第一老师，所有营销人均应静心思考一下自己归属哪一类，如果你是第一类，那真的要恭喜你。营销的确可以锻炼人，磨炼人的意志，营销人可以认输，但不能屈服，只要认真投入，的确能带来丰厚的回报，最好能常年浸淫一个行业，拓展人脉，积累经验，如果哪天被猎头相中，也会增加自己谈判的筹码。搏一搏，单车真的会变成摩托。

2. 与单位的关系

单位是你与社会联系的纽带，是你立足社会的收入保障和组织保障，有个单位（或其他组织，比如行业协会、老乡会等），你才会有归属感，才会感觉没有被社会遗忘。如果你是一只雄鹰，单位就是你翱翔的天空；如果你是一条小鱼，单位就是你畅游的大海；如果你是一匹骏马，单位就是你驰骋的草原；如果你是一位演员，单位就是你展现才华的舞台。无论多么令人羡慕的单位，都会听到骂娘的声音，都会有人产生不满。单位是社会的缩影，是社会的集成，是个小江湖，不要幻想一切都公平，绝对的公平在世界上根本不存在，所以不要端起碗来吃肉，放下碗就骂娘，要知道皮之不存，毛将焉附，把单位咒黄了、破产了、解散了，自己还得重新找工作。在单位受点委屈是正常的，要多从自身找原因，言多必失、祸从口出是亘古不变的真理，少议论单位的人和事，少发牢骚，少抱怨，少对单位指指点点，也没必要把自己的不满全世界张扬。职场有自己的运行规则，你不能肆无忌惮，任性而为，除非你是单位的老大，可以让单位随你的节拍而舞，如果当了老大但能力不足，则会导致单位群魔乱舞。在单位，讲究一个“熬”字，熬得住，出彩；熬不住，出局。不要想着坐着火箭提职，得需要岁月的沉淀和各种机缘的巧合，燃料不足，飞得越高，摔得越重，火山爆发需要积聚很多能量，蝉为了一个夏天的歌唱，需要在地下待上几年甚至十几年。把工作做好是本分，提升自己则是本事，可以把单位视为永久的家园，也可以视为职业生涯的驿站，无论是何种目的，都要感谢单位给你饭碗。出了业绩，单位给你丰厚的报酬，要感谢单位的慷慨；单位不兑现承诺，很抠门，也要感谢给予你的教训，让你长了见识，在条件合适时，可以一走了之，没必要再委屈自己。

3. 与领导的关系

领导给你分配任务，监督你的工作，是左右你上班心情的重要因素。服从命令，听从指挥，尊重领导，是职场规则，是组织正常运转的前提和基础。要珍惜善意批评点拨你的领导，他是你生命中的贵人。跟对人、站对岗、做对事，你才会士为知己者死，才会充满工作激情，享受工作乐趣，千里马一定要有伯乐赏识才会脱颖而出，才能驰骋疆场。在与领导交往中，要知道如何不露声色、正大光明地拍马屁，因为没有不喜欢拍马屁的领导，关键是你会不会拍，拍得是否到位，是否巧妙，是否让领导觉得舒服，但要注意分寸，可以站着低头弯腰（不是哈腰），不能奴颜婢膝地跪着谄媚讨好。拍马屁是门艺术，如果不会，那就多在私下练习，多表扬自己的爱人和孩子，多夸夸朋友和同事，嘴甜不仅可以哄女人，还可以哄领导。领导一句话，可以让你累死，也可以让你闲死，尽可能地不要去得罪领导，不要公开与领导对抗或唱反调，鸡蛋碰石头，虽会把石头弄脏，但一定是鸡蛋最受伤。最好不要给领导提意见，不要想着去当魏征，因为不是每个领导都是唐太宗。屁股决定脑袋、决定话语权、决定影响力，屁股更决定收入，所以体制内的人都在努力地"抬高屁股"。昔日的同事突然有一天当了你的领导，也不要有挫折感，他或她一定有自己的门道，有你身上不具备的某种能量，此时更应注意自己的仪态，维护他或她的尊严，会让自己工作得更加顺畅。

4. 与同事的关系

同事是指在单位与你共同做事的一群人，是你朝夕相处的工作伙伴，特别是一个团队中的同事，会对你的工作心情产生重要影响。同事之间关系融洽，互帮互助，亲如一家，会让你心情愉快，提升工作效率；关系紧张，摩擦不断，会让你处处设防，心情郁闷，一刻都不想待在一起。与同事相处，讲究以和为贵，懂得换位思考，严以律己，宽以待人，将心比心，以心换心，嘴巴要紧，肚量要大，多些宽容和理解，不议论别人的私生活，不去搬弄是非，也尽量不要去开玩笑，因为玩笑不当，会让对方记恨在心。每个人都有每个人的烦心事，不要像祥林嫂那样对同事诉说自己的不幸，悲伤可以自己料理，要把内心的阳光洒到别人的心田里，用你的快乐去感染周围的同事。上牙还有碰下牙的时候，天天在一起，难免会有磕磕碰碰，退一步，忍一忍，事也就过去了。你可以高调做事，但一定要低调做人。无论你的才华多么横溢，相貌多么英俊，后台多么强硬，在同事面前都不要表现得很强势，不要孤芳自赏、清高自傲，不要走自己的路，让别人无路可走，将自己的快乐建立在别人的痛苦之上，要知道别人的善良不是软弱，否则你在单位会很孤立。同事之间，关系再好也要保持适当的距离，知道什么该说，什么不该说，因为二人之间难免有利益瓜葛，在重大利益面前人性经不起考验。知己可以是发小、同学和战友，但与同事掏心窝子的交流则很难。珍惜那些经常叫你一起吃饭的同事，因为他们同样在珍惜你。

追求快乐是一种能力、一种智慧，也是一种人生哲学。无论是营销人还是其他岗位的职场人，要想快乐工作，就必须正确认识、处理和均衡这四种关系。说起来简单，做起来实际上很难。你可能喜欢你的职业，但不喜欢你的领导；也可能喜欢你的领导，但不喜欢你的单位，等等，所以你要从中有所权衡，有所取舍，抓住自己最看重的，不必追求每样都称心如意。如果这四种关系都处理不好，那你真的很可怜，也很可悲，估计走到哪儿均会面临同一个局面，你得认真反思，深刻检讨。处理好了，你就会看淡、看轻工作中的得与失，既把工作视为谋生的手段，又把工作视为自我价值实现的阶梯，会在奋斗中享受工作乐趣。你只需快乐地努力，剩下的交给天意！

（二）认真生活

“生活”就是生存与活着，体现一个人生命延续的方式。“有的人活着，他已经死了；有的人死了，他还活着。”前者是指有些人虽有生命体征，但活得毫无价值，多是贬义，形容那些道德败坏或混吃等死之人；后者是指有些人虽然生命消失，但精神永存，多是褒义，形容那些影响社会进程或社会发展的历史人物。对于芸芸众生来说，多是人类发展史中的“路人甲”，百年之后能在史书上记载的是寥寥无几，尽管如此，也不要活得像个“死人”，要活出一定的高度，活出生命的意义，活出生命的精彩，即使是一朵小花，也要吐露应有的芬芳。

因为你不是在为自己一人而活，更多的是为家庭、为子女、为社会而活，所以不要活得太自私、活得太自我。人过留名，雁过留声，你的“名”可以不千古流芳，但会被你的亲人记住，即使不载入史册，也能记在家谱；你的“声”可以不响彻神州，但会被身边人熟知，即使不被世人传诵，也能流传于朋友圈。挑起肩上重担，你就能忍受生活的艰难；放大人生格局，你就能品味生活的美好。悲观厌世只是逃避现实的借口，是极端自私不负责任的表现。世上本无事，庸人自扰之，不要说什么看破红尘，天堂也有等级、制度和规则，天堂和人间均没有所谓的“伊甸园”。

生易，活易，生活不易！正是这种“不易”，才能助推你的修行，让你体会到人生的乐趣。人生有百味，不是只有糖和蜜，一定会有苦与痛相伴。痛苦的根源不外乎有三种：一是突然降临了意想不到的坏事，二是结果未达预期，三是欲望迟迟不能实现。对于前两种，你只需坦然接受现实，尽人事，知天命，要知道许多事不为个人意志所转移；对于第三种，要么降低欲望，要么提升自己的能力，要么更加努力，要么静待时机。如果说身体上的疼还可以忍受，或者通过医疗减轻，那么精神上的痛则只有自己本人才能根治。

天天看着别人很开心、很快乐，那是你未看到他的伤，不知道他的难。

子非鱼，安知鱼之乐？子非鱼，又安知鱼之苦？不要去羡慕和攀比别人的生活，别人过得再好与你没有半点关系；不要这山望着那山高，每座山都有独特的风景。保时捷与“叫花车”，龙虾与小河虾，豪宅与茅草屋，茅台与二锅头，各有各的好，各有各的乐，坐在宝马车里笑，坐在自行车后也要笑。不要太在意别人的眼光和世俗评判，要量力而为，适宜自己的就是最好，要有“别人笑我太疯癫，我笑他人看不穿”的洒脱心态。抛弃那些斗富心和虚荣心，走好自己的路，念好自己的经，这才是生活的真谛。

单位和家庭是社会的两个基本结构，单位是工作单元，家庭是生活单元。在单位，你只是一棵草，可以混日子；在家，则是一片天，你不能混生活。铁打的单位，流水的员工，不要高估自己在单位的重要性，单位离了谁都能转。而家则不一样，有你在，家是完整的；你若不在，家就残缺不全。家是日升而起、日落而息的小窝，是你疲惫时的精神栖息地。夫妻恩爱，即使蜗居，也会感觉宽敞明亮，温馨舒适，幸福甜蜜，激情永不褪色；夫妻不和，即使住宅面子再大，也会感到窒息，家就是角斗场，要么煎熬，要么重生。所以说结婚一定要慎之又慎，不要为一时的冲动埋下一辈子的遗憾，如果不是发自内心的爱，就千万不要凑合着去结婚，那个红本本真的是挂着电网的围墙。

生活是指在工作之余如何活着，是人生修行的主道场，是紧张工作的调节器。吃饱喝足睡懒觉，闲逛发呆追韩剧，追求感官刺激和享受，追求奢侈和虚荣，胡吃海喝，纵情欢娱，这都是“猪栏的理想”，不是生活的本质。金钱虽有助于提升生活质量，但不是决定幸福的唯一因素，活得是否幸福快乐，关键还在于夫妻二人的共同经营。生活不求波澜壮阔，精彩纷呈，但求平平安安，从从容容，在平淡的日子里寻找“燃”，把生活过得像诗一样，活得精致，有情调，不庸俗，要“风物长宜放眼量”。正如法国思想家帕斯卡尔所言：“人是一株有思想的芦苇。”尽管脆弱，也要带着思想认真地活着，要给点阳光就灿烂。

生活不能懒散，不能盲目，生活需要认真的态度。认真生活不是指斤斤计较、小心翼翼地算计着过日子，也不是认死理、较真儿式地活着，而是指活得有目标、有计划、有意义、有高度，是用一种健康积极向上的态度去经营自己的生活。人生一世，草木一秋，人活着，总要让自己活出点儿人样来。营销人本来工作压力就大，更需要认真规划设计自己的生活。孝敬父母，关爱亲情，珍惜友谊，平常心，等等，均是认真生活的内容，也是做人的基本要求。除此之外，还需要从以下四个方面提升自己的生活修为。

1. 培养一门爱好

爱好是兴趣所在，可以与工作相关，也可以无关，达到骨灰级，你就会成为这门爱好的专家。人无爱好，犹如菜之无盐，清汤寡水，索然无味。培养一门健康高雅的爱好，可以让你的生活更加充盈和圆润。书法、音响、养花、烘焙、下棋、垂钓、读书，等等，爱好可以让人自得其乐，自我陶醉。因为爱，所以才投入；因为好，所以才专注。要爱就爱出一定的响动来，爱出一定的高度来。爱好可以广泛，但只能对一两门发烧，因为人的时间毕竟是有限的，专情于一两门足矣，博爱等于无爱。麻将作为一种娱乐活动和交际手段，可以偶尔为之，但不要上瘾，小赌可怡情，大赌则伤神。爱好不仅可以陶冶情操，也可以成为连接社会各阶层的通道，兴趣圈子扩大交际范围，让你找到社会存在感。爱好也有助于营销人开展工作，与客户的爱好相同时，能增强信任感，迅速拉近二人的距离，签单就会顺利。但要注意，爱好只是生活的调味品，是助燃剂，不是生活的全部，不要因为爱好而影响正常的工作和生活，也不要因为爱好就急忙辞职去创业。事业可以当作爱好，爱好而不能当作事业——就像“抽烟时可以念佛，念佛时不能抽烟”一样。爱好的初衷是让自己活得充实快乐，一定是发自内心的喜欢才行，不要发展以功利为目的伪兴趣。

2. 享受美食

吃是生存的第一要务，是生活的重要组成部分，不仅要吃饱，更要吃好。这个“吃好”不是指天天下馆子，天天山珍海味，不是暴殄天物、大快朵颐、灯红酒绿、花天酒地，而是要熟悉食材，营养均衡，精通厨艺，善于 DIY，一个土豆，你也可以做出多种花样来。无论是位高权重，还是街巷百姓，也无论是身份显赫，还是一介草民，唯有美食不可辜负。一部《舌尖上的中国》唯美地记录了源远流长的中华食文化，欣赏完后你会感叹：真的是一方水土养一方人；没有不好的木头，只有不好的木匠；天下还有这么多的美食没有品尝过！但一个人不能为了吃去游遍神州大地，到老你也游不完，吃不全，还是要立足“一方”去享受“四方”之美食。对于职场人来说，忙时可以凑合一口，闲时要精心准备。家里的厨房设备要尽可能地购全，佐料辅材等要备好，周末在家做顿美食，一家人坐在一起边吃边聊，其乐融融，尽享天伦之乐，可以洗涤一周的身心疲惫。好吃又勤做之人，一定热爱生活，懂得生活情趣，知道如何吃出健康、吃出文化、吃出艺术。享受美食，不要贪吃，贪吃容易让你长胖，你还要花时间和精力去刻意减肥，而会吃之人往往不容易长肉。其实，胖瘦多由遗传基因决定，不必太在意，只要体检各项生理指标正常，身体健康就好。不要说自己不会做饭，没有人生下来就是大厨，你也不用去新东方或蓝翔厨师学校培训学习，下载个“下厨房”App，每天晚上回家比画着练习就可以。

3. 学会理财

理财就是理生活，是让财富最大化地升值，你不理财，财不理你。理财讲究的是安全第一，开源节流，精打细算，科学规划。安全是理财的前提，不要贪图高额回报去做高风险的投资，事出反常必有妖，所谓的“高风险，高收益”是真实的谎言，高风险常常意味着零收益，那些打着高利率的非法集资，让多少寻常百姓倾家荡产。2018 年 6 月，时任中国人民银行党委书记郭树清曾说：“收益率超过 6%的就要打问号，超过 8%的就很危险，10%以上就要准备损失全部本金。”这句话虽然遭到了一定误读，但的确给人理性投资提了个醒。财富就像蓄水池，不引入活水，池水就会变成一潭死水，如注水的速度赶不上流出的速度，终有一天会入不敷出。人无外财不富，马无夜草不肥，理财就是想方设法引得多路活水来，是合理合法、正大光明地谋求外财，财富只有流动起来才能创造价值。“不要把鸡蛋放在一个篮子里”是熟知的投资原则，在这个投资多元化的时代，有许多的投资途径可供大家选择。把钱存到银行是最常见最古老的理财方式，放在银行特别是国有银行，会让人觉得安全踏实，虽收益率相对较低，但仍不失为首选，可以将适量的钱存入银行，以备急用，或购买国债，获得稳定预期收益；在“房子只住不炒”的大背景下，投资房产这条快速发财之路已被逐渐堵死，房产税会刺破那个虚假的大泡泡，让房产回归理性；古董、玉石等也已过了捡漏的年代，打一次眼可能就让你血本无归；把钱借给其他人做事业，你要做好反目成仇的心理准备；黄金白银等贵金属多受国际市场影响，起伏不定，不认真学习几年，最好不要学大妈们去抄底。思前想后，似乎只有银行、证券、保险等大型金融机构的理财产品稍为靠谱，这些理财产品的共性就是周期短，收益率稍高于银行同期产品。在移动互联网时代，一个 App 可以为你省去许多时间，在碎片化的时间里，多看看各机构或支付宝中的理财产品，比看一些八卦新闻要好许多。淘宝的商业模式可以为阿里集团提供充足的备用金，BAT 的头部效应可以让企业在可预见的时间内保持领先优势，这些公司的理财产品也可以考虑。至于股票，是让人爱恨交加，当敢死队总舵主徐翔跌下神坛的一刹那，一夜暴富的神话就已终结，如果你心态好有定力——不因涨停而狂喜，不因跌停而懊悔，不眼红那只你未持有却连板的股票，又有眼光——熟知国家相关经济政策，对一个行业前景充满信心，对一家企业深度了解，那就用价值投资理念去坚定地持有这只潜力股，相信也会有不错的收益回报。理财就是不追求一夜暴富，科学搭配理财品种，追求合理利润。善理财，可以让你交到许多朋友，助力营销工作。

4. 锻炼身体

人生是场马拉松，不在于你跑多快，而在于你跑多远。人这一生，唯有身体是自己的，功名利禄等均是身外之物，有权没权六十岁都一样，有钱没钱八十岁都一样，不要因为年轻就去透支自己的生命。一个健康的身体，可以让你精力充沛，精神饱满，富有朝气，工作更有激情，生活更有乐趣。没有一个好身体，其余的都是零，你可能随时都要提前下车，远方再美的风景也与你无关，你要做的就是尽可能地让人生的列车向前行驶。打造一个好身体，可从三方面着手。一是睡眠充足。睡眠是最好的休息，一个人可以不吃不喝，但不能不睡，尽可能不要熬夜，要顺从自然规律，《黄帝内经》讲述了十二个时辰的生物钟作用，读一读，听一听，会有助于你的养生。睡不着，不要躺在床上数羊，也不要形成药物依赖，最好是去锻炼，把自己折腾累了，睡觉自然会香。二是营养均衡。享受美食的同时，不要贪食，不要偏食，要合理搭配，荤素均沾。三是加强锻炼。通过运动提升体力、增加机能，这是最好的健康方式。运动可以延长生命的长度，读书可以拓展生命的宽度，思考可以增高生命的厚度，没有长度，宽度再宽、厚度再厚也无多大意义。不要为自己的懒惰找借口，你肯定没有马云、马化腾、任正非等人忙，奥巴马、李嘉诚等都能天天坚持跑步，你肯定更有时间。运动不一定非得追求仪式感，也不用非得去健身房、体育场或游泳馆，有路有空间的地方就是运动场，快走、慢跑、跳绳、开合跳、俯卧撑、跳舞等均是较好的平民化运动，只要保护好膝盖，选择喜欢的一种，自律地坚持下去，你会看到时间的奇迹。锻炼身体还可以增加人的酒量，让你在外应酬时显得更加灵活自如。

如果你已拥有优越的生活，请不要收敛自己的斗志，因为比你更优越的人依然在奋斗；如果你正在举步维艰，更不要磨灭自我信心和奋斗勇气，因为比你更艰难的人依然在负重前行。快乐工作、认真生活是人生的真经，对包括营销人在内的所有职场人来说均适用。工作体现人的社会价值，讲究责任和付出，在该工作的年龄你不奋斗，就只能蜕变为社会或家庭的寄生虫，年轻人不要只想着去啃老，因为你也有老的时候。生活体现人的生命价值，讲究量力而行平淡地享受，讲究“心中若有桃花源，何处不是彩云间”，要活得有滋有味，兴致勃勃。工作与生活常融为一体，相辅相成，相得益彰，平衡好二者的关系，你就能在尘世中完美修行，活出自己的精彩。

三、营销辅材

辅材即辅助性材料，虽常被忽视，但对主料功效的发挥却有重要影响。营销辅材不是指营销所需的办公材料或设备，而是指助力营销的一些通用常识。这些常识虽不被营销专业书籍所提及，但对于营销从业者的个人素质和业务表现却非常重要，在某些时候、某些场合，甚至会成为营销成败的决定性因素。营销辅材与个人爱好有一定的区别。个人爱好属于自我概念范畴，如果与客户的个人爱好相同，此时爱好就会变身为营销辅材，如果不同，爱好就是一种个人偏好，比如你喜欢聊足球，客户却喜欢乒乓球，你喜欢养花，客户却喜欢遛狗，两个人在一起没有共同的谈资，就很难深入交流，而营销辅材则起沟通桥梁作用。

营销高手的知识结构讲究博而专。博是指涉猎广泛，学识渊博，见多识广，有丰富的社会经验，精通人情世故，能与不同层面的人相谈甚欢；专是指精通业务，熟悉产品，透彻理解人性，精准把握市场脉搏，如果身处领导岗位，还要通晓管理知识，知道如何带领队伍。营销人不一定要满腹经纶、学富五车、才高八斗或有很高的学历，但一定要尽可能地构建适合工作岗位需要的知识体系，然后再学以致用，知行合一。

营销辅材不属于营销专业理论，你在任何一本营销教科书上找不到这些，但它却真实地影响甚至左右企业的营销业绩。专业理论体现了营销的基本原理，是营销科学性的体现，可以规划和预测营销的总体趋势，保证营销工作有序开展。而营销辅材则是通用的社会性常识，更多体现营销的艺术性，对于需要人际接触的营销特别是个人推销尤为重要，离开它，你就在社会上吃不开，玩不转，一些人常说的“营销理论没用，都是纸上谈兵”的症结也在于此。不是营销理论没用，只是理论与辅材发挥的作用不同：离开理论指导，企业的营销走不长远；离开辅材的相助，企业的营销走不平稳。

通用的营销辅材可以分为两类：一是营销礼仪，二是社会交际必备的烟酒茶。至于化妆品、服装、子女教育等，只能算作“话题”，这类话题有一定的私密性，适宜朋友或闺蜜之间的讨论，如果一位男性熟知各类化妆品，但职业或工作却与此不相干，会被冠以“伪娘”的美名。营销礼仪是营销人在社会交往活动中约定俗成的行为规范，体现一个人的修养、素质和道德水准，不懂礼仪，言谈举止粗鲁，会被人鄙视，被人避而远之，营销表现会大打折扣。在这个提倡男女平等的多元化社会里，烟酒茶已不再是男性的专利，男女均需要了解这三大社交介质的一些相关知识。如果把烟酒茶作为一门爱好，最好是读一些相关的专业书籍；如果作为社交应酬，读本节内容就足够应付多数场合。知书尚礼，会让你的营销工作如鱼得水，如虎添翼。

（一）熟悉礼仪规范

中国素有“礼义之邦”之美称，自三千多年前的殷周始，礼仪就深深融入中华民族的血液中，成为儒家文化的精髓和根基，华夏儿女共同遵循的行为准则。人、事、单位和国家等均要讲“礼”，“不学礼，无以立”“克己复礼为仁”“人无礼则不生，事无礼则不成，国无礼则不宁”“往而不来，非礼也；来而不往，亦非礼也”，等等，这些关于“礼”的古训被世人所熟知，就连最残酷的战争也要讲究先下战书，讲究师出有名。随着时代的发展，许多礼仪中的繁文缛节已被取消或简化，但对礼仪的重视程度以及礼仪的基本准则却是代代相传，并衍生了许多具有典型时代特征的新礼仪，比如手机礼仪、微信礼仪、行车礼仪等。

礼仪即礼节和仪式，前者多指不需要借助其他物品即可完成的个人行为，后者多指需要借助某些形式来完成的集体行为。新产品发布会、重大合同签约仪式、战略结盟签字仪式、周年庆典、岁末大型晚会等，均是一种仪式。通过仪式既可以昭告天下，又可以表达喜庆和期盼之意。生活要有仪式感，营销也需要有仪式感，“仪式感营销”就是要带给用户与众不同的体验感知，旅游目的地营销就常用这种方式。苹果公司每年秋季的新品发布会颇具仪式感，当天，苹果公司会吸引全世界的目光，以前是乔布斯，现在是库克，其在发布会上的一言一行均会被热读，许多公司也会连夜炮制蹭热度的广告，以“污王”著称的杜蕾斯尤甚，发布会已经成为苹果公司乃至整个商界一道靓丽的营销风景线。

礼生敬，敬生情，敬情生神明。礼仪有多种，比如商务礼仪、职场礼仪、社交礼义、生活礼仪、节日礼仪、饮食礼仪、赠送礼仪、婚庆礼仪、外交礼仪、会展礼仪、政务礼仪、民俗风情等。每种礼仪均有不同的讲究，几本厚厚的书也不一定把这些礼仪写完。中国人民大学国际关系学院的金正昆老师是礼仪和公共关系方面的知名专家，其对于礼仪研究有很深的造诣，市面上相关的书籍和视频也有许多，可以找来系统研读。在这儿，主要讲营销人在个人、商务、社交、卖场、职场等方面的一些礼仪小细节，属于礼仪大全缩编版的补充。

1. 个人礼仪

个人礼仪是一个人的工作行为规范和为人处事准则，体现一个人的教养、修为和道德水准，是一个人“混社会”的名片，主要包括仪表、仪容、仪姿和仪态等。仪表主要指着装服饰，讲究得体、干净、整洁、无异味、皮鞋无泥土灰尘等，要考虑时间、地点、目的三大要素。人靠衣服马靠鞍，好衣服不仅可以让别人赏心悦目，更能增加自信，男士应至少配备两套正装，出席重要会议、拜访或接待重要客户时宜穿正装。工作时间不宜穿运动鞋或布鞋，穿得过于休闲，有不尊重他人之嫌，除非你是马云。至于男士着装中的“三色”原则、女士着装中的“不露膝、不露胸、不奇装异服”等是基本常识，不再言表。仪容里最需注意的是头发和指甲，头发要常打理，指甲要常修剪，宜淡妆，头发和指甲最好不要染成五颜六色，除非你是推销染发剂的，至于相貌肤色、五官搭配等，那是父母所赠，不必太放在心上。仪姿主要包括行姿、坐姿、蹲姿、站姿、手姿等，在家可以“葛优”躺，在外就要注意形象，虽不必“坐如钟、站如松、行如风、卧如弓”，但不能给人傲慢、懒散、无力、不稳当的感觉，与人交流的时候忌讳摆弄笔、压手指、摆弄衣服、跷二郎腿等小动作。仪态主要涉及言谈举止，包括谈话时的目光，面部表情，肢体动作，说话的语气、口气、语速、称谓等，讲究语速要适中，语调要平缓，不卑不亢，如果是促销现场，则要高调、快速、有激情，以制造紧张欢快的氛围，但禁止张牙舞爪、唾沫星子乱飞、目光游离、面部肌肉僵硬。与人交谈时，多用“您”，少用“你”，不要用“您们”（这种表述是错误的，可以用“您俩”“您二位”，但后边不能跟“们”，可以说“你们”）。

2. 商务礼仪

对于营销人来说，商务礼仪是指参加一些营销活动时的礼仪，包括预约礼仪、见面礼仪、沟通礼仪、接待礼仪、宴请礼仪、展销礼仪等。预约包括电话预约、邮件预约、微信预约等，预约的目的是见面，能面对面交流，就意味着成功了一半，预约时一定要体现出真诚、自信和谦恭，让对方不反感。预约礼仪讲究时间和频率，在工作日的10点以后较为适宜，第一次联系最好不要直接打手机，如果一次没有约成功，最好是问："您看什么时候再与您联系比较合适？""我下周X与您联系可以吗？"等，以显示自己的诚意，绝对不要在午休时间和晚上打电话做推销，除非你们非常熟悉。见面礼仪主要涉及介绍、握手、交换名片、互留微信、引领、乘电梯、安排座位等，有两个基本原则就是"准时和尊者优先"，与上司一起拜访用户时，注意不要越位，要处处体现上司的C位；在加对方微信时，不要盯着对方通过验证，以免尴尬；在约定的时间准时到达，迟到和早到均不合适。沟通礼仪主要涉及发言顺序、发言时的言谈举止、氛围营造等，注意不要抢话，不要随意打断别人的谈话，不要随意接听电话，保持安静地聆听或做笔记，没有领导授意，不要随意发表自己的观点，主人要感谢客人的到访，客人要感谢主人百忙中的接待。接待礼仪主要涉及接待的规格、场地、人物等，一般遵循对等原则，社会地位越高，接待规格也就越高，重量级人物出场，说明受到密切关注，签单的概率也就越大。宴请礼仪最有"学问"，"八项规定"出台后，大吃大喝风好了许多，但宴请时的礼节还是要牢记，比如敬酒的顺序、酒杯位置、西餐餐具的摆放、喝红酒的禁忌、夹菜的注意事项等，如果没有领导暗示，不要随意代领导喝酒。商务宴请不是以吃为主，而是以"表演"为主，讲究的是欢快、高兴和气氛。展销礼仪是指参加展销会、商品推介会时的礼节，要遵循"来的都是客"原则，礼貌对待每一位访客，着装要统一，提前调好设备，必要时，还要准备充足的饮用水、零食或小礼品。

3. 社交礼仪

社交礼仪是指日常社会交往中的礼仪，以相互尊重、礼尚往来为基本原则，主要包括电话礼仪、微信礼仪、节日礼仪、婚丧嫁娶礼仪、聚会礼仪等。电话礼仪中需要强调的是，无论是谁给你打电话，如果当时不方便接听，事后一定要有解释或回信，哪怕迟一两天也可以。微信已成为常用的交流工具，不要轻易给人发链接，也不要把自己的大小事情都广而告之，尤其是做微商的最好不要频繁给人推送商品信息，点赞要有自己的做人原则，不要把点赞累成一种心理负担，也不要太在意别人是否点赞，爱你的人会一直在你身边，不爱的，点赞得再多也不会真心实意对你。在节假日，如果有人给你发祝福，一定要及时回礼，不要觉得回不回无所谓，之所以给你发信息，是因为他们心中还有你，不要让人家觉得浪费感情，否则，你即便是昆仑山上的雪莲花，对方也会把你视为野草。以国人的传统习惯，婚丧嫁娶均是大事，如果知道消息，一定要积极参与，在不违背国家相关规定的前提下，应适当表示心意。同处一域，要适当参与聚餐、聚会或其他群体活动，聚餐可以轮流坐庄或AA制，不要当铁公鸡，聚会要讲究准时守信。在社交中，虽有阶层等级之分，但一定要体现人格上的平等，要“伸手不打笑脸人”，即便对方有求于你，也不要摆出高高在上的架子。

4. 卖场礼仪

卖场礼仪是指在销售场所接待客户的基本礼仪，适用于商场、超市、零售店、汽车4S店、体验馆等场景。在卖场，由于与客户是近距离接触，营销员的一举一动、一言一行均会左右营销效果，如果不懂或不讲究礼仪，嘴甜也会被人视为虚情假意。卖场的环境要求整洁舒适，货物堆放整齐有序，这是对客户最起码的尊重。营销人员要统一着装，至于衣服款式、颜色、质地等并无太多要求，只要统一即可。从客户入门到离开，均要彬彬有礼，百问而不厌，对于任何提问或质疑均应耐心解答，解释不清的，需要及时寻求同事帮助，如果客户流露出不买之意，也应问清原因，不要表现出不屑或不满之情。在接待过程中，尽可能地不接打电话，不要有抖腿、耸肩等小动作。在提供一对一服务时，当客户离开，应送至门口，做到善始善终，如有客户留下联系方式，应及时回访。卖场礼仪不仅影响销售业绩，而且代表企业或品牌形象，在营销员上岗前，应接受专业培训。卖场礼仪要延续到客户关系管理全过程，像汽车、保险之类的销售，要在逢年过节给客户发祝福语，不要“临到用时方恨少”，多学习汽车营销之神乔·吉拉德的销售礼仪之术。

5. 职场礼仪

职场礼仪是指与同事的相处和交往之道，主要包括办公室礼仪、交往礼仪等。在办公室，拨打或接听电话应不干扰他人，特别是私人电话，最好去走廊或无人的地方处理，手机最好设为震动无铃声；自己的工位要保持干净整齐，文件摆放有序，及时清理垃圾；公共设备使用完后要注意归位；与工作无关之物，尽可能不要往办公室里带；不能光脚丫，不能穿拖鞋；在多人的办公室，不可抽烟，不可嗑瓜子；不要随便往办公桌上坐，或“瘫”在椅子上；客人来访，要轻声交谈，或者去会议室交流。同事交往，要以礼相待，以诚相处，懂得换位思考，背后不议人非，不公开讨论薪资，关系好的可以走近些，关系一般的也要有点头之交；微信中的工作群是重要的工作交流场所，只要涉及工作内容，均要在第一时间积极回应，不要只回复领导的安排，无视同事的信息；不要在工作群中发一些心灵鸡汤，更不要在里边发泄自己的不满，说一些消极负面言论；与人面对面交流时，不要频繁看手机，如确实有急事处理，需要向对方略做解释；经常把“谢谢”“对不起”或“抱歉”挂在嘴边。

礼多人不怪，油多菜不坏。讲究礼仪之人，脚下的路会越走越宽。商务礼仪侧重于营销推广活动，社交礼仪侧重于日常生活中的社会交往，卖场礼仪侧重于销售现场，职场礼义侧重于与同事相处的办公室哲学，而个人礼仪则涉及工作和生活的方方面面。礼仪应作为大学生的基本素质之一纳入大学课堂的通识课，熟悉礼仪会让自己在社会上少碰壁。初入职场的群体也需要补充礼仪知识，在入职培训时，礼仪应作为一项重要的培训内容。熟悉礼仪不仅有助于构建和谐社会，更会有助于提升组织和团队的工作效率。

（二）用好烟酒茶

烟酒茶是传统的待客工具，是社会交际的“三兄弟”，只不过在这三兄弟中，烟和酒的名声不太好，而茶则是高雅的代名词，比如常说烟鬼、酒鬼，但没人说茶鬼。客人来访，要先泡上一杯茶，边喝茶边聊，不能只让客人喝白开水；如果客人吸烟，即使你不吸，对烟味很反感，也要备上两包好烟；留客人在家吃饭，要上酒，无论喝不喝都要摆上，如果客人不喝，还要劝上一句：“只喝两杯。”这些均是待客之道，缺少一项，会被人视为礼数不周或不受欢迎。酒和茶要坐下来慢慢喝，而烟则坐、站、卧、躺均可。以前出门办事需要身上带包好烟，甚至几包不同档次的烟，现在随着人们健康意识的增加，公众场合禁烟令的普及，不吸烟之人也是越来越多，烟已不再是跑业务时公文包里或裤兜里的必需品。

烟和酒被视为“败家”之物，如果有人送，会有受贿之嫌，如果纯是个人消费，一年累计下来也是一笔不小的开支，特别是中国人爱面子，许多人不喜欢抽低价烟，不喜欢喝低档酒。对于烟，能不吸最好不要去吸，有瘾者，最好能尽早戒掉，这对于个人的身体健康、对于全家的“财政开支”均有益。对于酒，能少喝就尽量少喝，不要嗜酒成性，不要一人独自喝闷酒，可以有酒量，最好不要有酒胆，尤其是开车时一定要保持对酒的“免疫”定力，一定要谨记“开车不喝酒，喝酒不开车”，不要有侥幸心理，警察叔叔很辛苦，可能二十四小时在候着你，严打酒驾利国利民，值得称颂。对于茶，只要不去购买特高档的好茶，一般也花不了多少钱，至于喝什么样的茶，则依季节和个人口味而定，家里最好备上一两套像样的茶具，家里来客人，最好不要用一次性纸杯，而在办公室会客则不同，矿泉水和纸杯最好都备全。

对于营销人来说，一定要懂这三大社交工具。烟的社交性功能正在逐渐被弱化，在公开场合“吞云吐雾”很是让人反感，不是所有人都喜欢你身上“淡淡的烟草味”。如果客人吸烟而你不吸，也不要表现出厌恶之表情，以免让人尴尬；如果你去做客，最好不要吸烟。酒的社交性地位目前还无法撼动，而茶的社交功能正被逐渐放大，且不论南方“可以食无肉，不能食无茶”的地域，在北方，喝茶之风也是日渐浓厚。所谓“懂”不是要做到专家级，而是要尽可能地多了解一些相关知识，特别是在饭桌上，酒的礼数很多，会喝酒（不是酒量大）能给人留下深刻印象。关于烟酒茶的知识有很多，从种植、原料、选材、生产到存放、销售、使用、消费等每个环节均可独立成册。在这里，仅介绍三者的历史、分类以及常见场景的一些使用禁忌。如果你从事的工作与这三者相关，那最好是熟悉其每一个环节，如果不相关，只了解如何使用、如何消费即可。

1. 香烟

香烟是舶来品，大约于明朝万历年间（1573—1620）由三种途径传入中国（还有一说是在明嘉靖年间由葡萄牙传入），开始引入的是晒晾烟，明崇祯皇帝（1628—1644）还下令严禁种植烟草和吸烟，然而在崇祯末年，“三尺童子莫不吃烟矣”，可见当时吸烟之盛行。1843 年，法国、古巴创办了卷烟厂，开始大量生产纸烟。1840 年，鸦片战争爆发，据史料记载，鸦片传入中国约在唐代，比烟草要早近千年，起初是作为止痛药用之物，在《本草纲目》（撰于明嘉靖三十一年（1552）至万历六年（1578））中有鸦片而无烟草记载。鸦片俗称“大烟”，是清末时列强掠取中国真金白银的主要商品之一，雍正七年（1729）颁布了世界上第一个鸦片禁令。1897 年，美国人菲利克带来了在中国出现的第一支香烟，品牌有“品海”“老车”两种，售价每支 3 文。1902 年（光绪二十八年），由清朝直隶政府和天津、北京商人集资于天津小站创办北洋烟草公司（1906 年破产），生产作为贡品之用的“龙球”牌香烟，这也是中国第一个本土的香烟品牌。1905 年，由日本华侨简照南在香港创办“南洋烟草公司”，开始生产“双喜”“飞鹤”等品牌香烟，并以“中国人吸中国烟”作为宣传口号，开始与美国杜克家族把持的英美烟草公司相抗衡。

在民国时期（1912—1949），五大知名香烟品牌为：仙女牌、哈德门、大前门、老刀和三炮台。仙女牌为女士专用香烟，民国时期深受名媛、明星、富太太们的青睐，女性抽烟在当时非常盛行；哈德门和三炮台均为英美烟草公司生产，哈德门的广告语“吸来吸取，还是他好”、三炮台的广告语“三炮台，今之名烟；刘关张，古之英雄”，到现在来看也是经典，哈德门喜欢在烟盒上画一些知名的历史人物，当时就打情怀牌，三炮台则深受军人的喜爱，在多部军事题材的电视剧中可见其身影；大前门，即为正阳门，从面世一直生产到现在，其当时的广告语为“大人物吸‘大前门’，落落大方”；老刀，则是民国以及抗日战争时期名人的最爱，像鲁迅、沈从文、毛泽东等均是铁杆粉丝，周恩来总理与马歇尔谈判时抽的也是老刀牌香烟，另外，老刀牌香烟还常被间谍用作联络暗号。1942 年，国民党政府颁布《战时烟类专卖暂行条例》，这是中国对烟类实行专卖的第一部正式法规。

1950 年，中华烟草公司受命“研制中国最好的香烟”这一政治任务。1951 年，“中华”香烟品牌诞生，此后一直被视为“国烟”稳居高档香烟第一品牌，“抽中华烟”在许多人眼里是功成名就的象征。1952 年，中华烟草公司并入上海烟草公司。1963 年，“中国烟草工业公司”正式成立，并对烟草实行高度集中统一管理，全国卷烟厂从 104 个整顿到 61 个。1979 年，政府颁布了《关于宣传吸烟有害与控制吸烟的通知》，从政府层面开始引导控烟。1981 年，国务院决定实行烟草专营。1982 年，中国烟草总公司正式挂牌。1983 年，国务院发布《烟草专卖条例》，正式确立了国家烟草专卖制度。1984 年，国家烟草专卖局成立，与中国烟草公司实行一套机构两个牌子，同年，开始禁止香烟销售做广告。1991 年，全国人大常委会通过了《中华人民共和国烟草专卖法》。1993 年后，随着国务院的几次机构改革，国家烟草专卖局先后由国家经贸委、国家发改委、工业和信息化部管理。

截至 2018 年底，全国烟草行业职工总数约 55 万人，有 520 多万户卷烟零售户，100 多万户种烟农户，烟草产业涉及 2000 多万人的就业与生计。2018 年，烟草行业全年实现工商税利总额 1.16 万亿元，上缴国家财政总额一万亿元，帮助 4.1 万户贫困烟农实现脱贫（以上数字均来源于国家烟草专卖局官网）。看到这些数字，你就会明白为什么国家不会像禁毒一样禁烟了。其实，从清末开始，烟草就一直是利税大户，是国家财政收入的重要来源，多少烟民以自己的身体健康为代价为国家默默地做着“贡献”。相较于电信、电力、石油等行业，烟草由于专卖性才是真正的垄断行业。

在我国，主要流行烤烟型、混合型、雪茄型和外香型四大类香烟，按价格、包装、包装数量、烟支等划分，香烟的种类可谓是“百烟齐放”，去中国香烟网上看看，你就会发出感叹：“原来还有这么多的地域烟。”每个品牌的产品线均非常丰富，覆盖高、中、低三档，可将烟民“一网打尽”。香烟的“香”字是心理暗示，是厂家的一种营销手段，对于有烟瘾的人来说，烟草味才叫香，对于多数人来说，烟味只会让人觉得不适。香烟之所以流行，名人的示范效应“功不可没”，比如：卡斯特罗和丘吉尔喜欢抽雪茄，斯大林喜欢用烟斗，纪晓岚的烟袋锅，毛泽东和邓小平都喜欢抽烟，一些知名作家更是烟不离手，名人与烟的逸事更是广为传播。

“吸烟有害健康”众所周知，这句话也是烟盒上的标配。香烟中的有害成分达几千种，其中钋—210、镭—226、铅—210等放射性同位素是罹患肺癌的主要诱因，砷、铅、镉等重金属对内脏均有损伤，由于香烟的毒害是“润物细无声”，对身体造成的伤害不是立刻显现，所以许多人会选择当“骆驼”，把头埋进“烟”里。香烟中的尼古丁是让人上瘾的元凶，上瘾不仅体现在生理上的依赖，更多的是心理上的依赖。“香烟”真的不香，给人带来的只是短暂的欢娱，造成的却是永久的伤害。其实，戒烟本身并不难，关键是自己从主观心理上想不想戒。当香烟已不再作为交际工具的时候，能不吸最好不要去尝试，能戒掉最好早戒。

2. 美酒

先有酒，后有文字，所以酒的真实起源也就无从考证。人们普遍认同的酿酒起源——猿猴造酒、仪狄造酒或杜康造酒——无论哪种为真，均可体现其源远流长的历史，用于酿酒的酒曲甚至被誉为中国古代的“第五大发明”，北朝北魏末年贾思勰写的《齐民要术》（成书于533—544年）是第一部全面记载酿酒技术的学术著作。作为粮食的“精华”，在古代，酒常用于祭祀神灵和祖先，后来作为一种普通饮料飞入“寻常百姓家”，从出土的各种青铜和陶瓷酒器可见酒之盛行之端倪。在我国，历来有“无酒不成宴”之说，无论是亲朋好友相聚，还是各种公务社交，也无论是弹冠相庆，还是“如丧考妣”，酒均在其中扮演着重要角色，酒文化已成为中华文明的重要组成部分。

酒由酵母菌中的酶将粮食或水果中的糖分转化成乙醇（即酒精）而成，好处是可以通经活络，杀菌消毒，祛风湿，炒菜时还可以用来去腥味，坏处是过量饮酒易让人不能自控，做出一些非理智行为，并且酒中的杂醇油、醛类和甲醇等有害物质也会对身体造成伤害，不正规小酒厂酿出的酒的有害物质含量更高。酒进入人体之后，10 分钟左右即可被吸收进入血液，60~90 分钟达到高峰。酒精有 20%被胃吸收，80%被小肠吸收。酒精进入血液后，被输送至肝脏、肾脏以及肺部，肾脏和肺部排出 2%~10%，其余的均由肝脏分解。肝脏分解酒精的步骤有三步：首先，乙醇先转化为乙醛，此过程由乙醇脱氢酶参与，人体内的乙醇脱氢酶含量相差不大；然后，乙醛转化为乙酸，此过程由乙醛脱氢酶参与，人体内的乙醛脱氢酶含量差别很大，所以有的人千杯不醉，有的人喝一口啤酒就脸红；最后，乙酸再被肝药酶彻底转化为二氧化碳和水排泄出体外，此代谢过程会产生大量热量，让人感觉浑身发热。乙醛是造成脸部发红、头痛、恶心等症状的元凶，超过肝脏分解负荷，会造成乙醛在肝脏的沉积，这也是喝酒伤肝的主要原因所在。

血液中的乙醇浓度达到 0.05%时，酒精的作用开始显现，人开始兴奋，感到心情舒畅；达到 0.1%时，人就会举止轻浮，情绪不稳；达到 0.2%时，会借题发挥，行为粗暴；达到 0.3%时，会烂醉如泥；达到 0.4%时，就可能失去知觉，昏迷不醒；达到 0.5%以上时，可直接致死，可见“酒壮英雄胆”有一定的科学依据。当然人与人的代谢能力不一样，有的人稍快，有的人稍慢，代谢速度与人的体质有关，也会随着环境、温度、心情等因素不同而发生变化。醉酒的医学术语叫酒精中毒，小酌怡情，大醉则只能伤身。

白酒的度数为酒中含乙醇的体积百分比，通常是以常温 20℃时的体积比表示；而啤酒的度数则为麦汁的浓度，酒精含量一般为 3.5%~4%，德国啤酒中的酒精含量一般为 5%~9%；黄酒的酒精含量一般为 12%~15%；葡萄酒的酒精含量一般为 10%~15%。各类酒的产地、品牌、储藏等不同，酒精的含量也会略有差异，波兰精馏伏特加，被西方人称之为“生命之水”，度数竟然达 96%。酒的分类方法有多种：按酿造法分为蒸馏酒、酿造酒和配制酒；按酒精度分为高度酒（≥40 度）、中度酒（20~40 度）和低度酒（≤20 度）；按商品特性分为白酒、啤酒、果酒、黄酒和药酒。

白酒是世界著名的六大蒸馏酒之一（其余为白兰地、威士忌、伏特加、金酒、朗姆酒），中国白酒分为十二种香型：酱香型、浓香型、清香型、米香型、凤香型、豉香型、特香型、芝麻香型、药香型（董香型）、浓酱兼香型、馥郁香型和老白干香型。十二种香型分别执行不同的标准：酱香型白酒 GB/T 26760（茅台酒、郎酒等）、浓香型白酒 GB/T 10781.1（五粮液、剑南春等）、清香型白酒 GB/T 10781.2（宝丰酒、汾酒等）、米香型白酒 GB/T 10781.3（三花酒、湘山酒等）、凤香型白酒 GB/T 14867（西凤酒等）、豉香型白酒 GB/T 16289（玉冰烧酒等）、特香型白酒 GB/T 20823（四特酒等）、芝麻香型白酒 GB/T 20824（景芝酒等）、老白干香型白酒 GB/T 20825（老白干、十八酒坊等）、浓酱兼香型白酒 GB/T 23547（白云边酒等）、药香型白酒 DB52/T 550（董酒）、馥郁香型白酒执行的是企业标准（酒鬼酒）。GB 是指国家强制执行标准，GB/T 是指国家推荐执行标准，DB 是指地方标准，QB 是指企业标准。再买酒或再喝酒，你要看清了。

从 1952 年至 1989 年，我国共进行了五次名酒评比，其中茅台、汾酒连续五次榜上有名，五粮液、古井贡酒、董酒、西凤酒、全兴大曲酒、泸州老窖特曲则四次荣登名酒榜。这些名酒均有自己独特的口味，均有一大批忠实的粉丝。网上流行一个酒段子，可见各种名酒的特点：茅台卖“贵”，五粮液卖“尊”，剑南春卖“喜”，国窖 1573 卖“历史”，郎酒卖“红”，水井坊卖“高尚”，洋河卖“情怀”，金六福卖“福”，董酒卖“密”，古井贡酒卖“年份”，泸州老窖卖“老”，酒鬼酒卖“醉”，汾酒卖“馆藏”。二锅头则是走亲民路线的“名酒”，这几年异军突起的江小白，与农夫山泉的“故宫”“长白山”系列矿泉水类似，均打情怀牌，也圈了不少“江粉”。除了这些享誉全国的名酒之外，还有众多难以计数的地域酒、散装酒等。名酒之所以长盛不衰，依靠的是酒的质量和口碑，是酒的历史沉淀，如果酒的口感一般，即使通过密集广告暂时打下一片江山，也会很快被市场所淘汰，典型的如当年的秦池酒、孔府宴酒、孔府家酒等。

酒里乾坤大，壶中岁月长。历史上既有鸿门宴、青梅煮酒论英雄、杯酒释兵权、火烧庆功楼等著名酒局，也有周瑜佯醉骗取蒋干盗书、张飞醉酒丢性命、李白借酒让高力士脱鞋、汉高祖刘邦酒酣而做《大风歌》等名人典故。特别是古代那些知名的文学家或诗人，如李白、欧阳修、白居易、陶渊明、苏东坡等，均留下许多与酒相关的传世佳作，诗人之所以称美酒为“琼浆玉液”，其原因可能是人在微醺状态下容易兴奋，从而导致文思泉涌、妙笔生花吧。曹操的“对酒当歌，人生几何”“何以解忧，唯有杜康”道出了喝酒的两大场景：高兴感慨时，喝酒；忧愁悲伤时，喝酒。鬼谷子、诸葛亮等名家的识人术、观人术中均强调“醉之以酒而观其性（态）”，酒后才能吐“真言”，才能流露真性情。

酒场也叫“饭局”，喝的不是酒，吃的不是饭，而是“场”和“局”，是“醉翁之意不在酒”，是“一切都在酒里”。对于一个男人来说，饭局多少往往代表一个人的社交活动能力——饭局越多，说明要么位高权重，要么人缘好，要么在饭局中会说话，能充分调动大家喝酒的积极性。酒场里既有公认的宴请礼仪，又有许多潜规则，不懂这些规则会被视为无礼，比如：领导互敬完之后，下属才可以端杯敬酒；别人夹菜时不要去转动餐盘；“打圈儿”时不要遗漏；碰杯时比别人低一点儿；等等。除此之外，不同的地方均有不同的喝酒规矩，跑业务时，最好提前做些功课，了解当地的喝酒风俗。酒场中有主角和配角之分，主角可以“夸夸其谈”，配角不能喧宾夺主，每场酒都要清楚自己扮演何种角色，不要错位。酒局中，素质越高，越不劝酒，而是讲究随意而为、随兴而为，能喝多少喝多少，不勉强；素质越低，越要拼酒，只有喝醉喝吐才叫到位。现在喝多了一出事，参与之人均有责任，让这种拼酒之风好转了许多。

3. 茶

茶、咖啡和可可（巧克力的主要原料）并列为世界三大饮料，均不含酒精，分别含有让人上瘾的成分——茶碱、咖啡因和可可碱。咖啡和可可的消费主要集中在美国和西欧等西方发达国家，而茶则深受东方人特别是中国人和日本人的喜爱。咖啡和可可的特点是奔放兴奋、浪漫浓郁，茶的特点则是自然清新、淡雅含蓄，三种饮料也体现了东西方文化和民族性格的差异。尽管有越来越多的国人开始喜欢冲饮咖啡，但茶在饮料中的“老大”地位未受丝毫冲击，依旧是国人心目中的“开门七件事（柴米油盐酱醋茶）”之一，是待客、养生的必需品。在古代，茶叶作为中国南方的特产，一直是中国出口贸易的一种重要战略物资，是叩开许多国家大门的烫金名片，茶香飘满丝绸之路，这片“神奇的东方叶子”征服了全世界，为中国换回了大量的真金白银（在清末也换回来大量的鸦片）。

作为茶文化的发源地和茶叶的主产区，中国一直被视为茶叶的故乡，上至达官贵族，下至黎民百姓，莫不是忠实的茶叶信徒。茶叶诞生的准确历史已无从考证，最普遍的说法是由神农氏（即炎帝）在尝百草时偶然发现，佐证于茶圣陆羽（唐朝人，733—804）所著《茶经》（世界第一部茶叶专著）中的“茶之为饮，发乎神农氏，闻于鲁周公”。在《神农本草经》曾有记载：

"神农尝百草，日遇七十二毒，得茶解之，"茶叶作为解毒之物在当时已经被发现，可见茶叶在中国最少有四千多年的历史。其实，在中国的文化发展史上，凡是与植物、农业相关的事物，起源多数归结于作为中华始祖的神农氏。茶叶开始作为饮料是摘鲜叶煮饮；到南北朝时开始把鲜叶加工成茶饼；到唐代又创制了蒸青团茶；宋代创制了蒸青散茶；明代创制了炒青绿茶、黄茶、黑茶、红茶、花茶等；清代创制了白茶、乌龙茶等。现在茶叶的产品形态更是花样翻新，举不胜举。

茶与禅是一对孪生兄弟，相传达摩祖师修行时因为犯困而割下自己的眼睑，眼睑成长为一株茶树，祖师摘取茶叶用热水冲饮后再无睡意，从而面壁十年终成正果，创立禅宗。茶叶不含酒精，不犯戒律，还提神醒脑，一直是僧侣们和修行者的绝佳饮料，很早就有"名寺出名茶"之说。边喝茶，边诵经，边悟道，让茶中那种淡淡清香的苦味渗透到对人生的思索。赵州老和尚的"吃茶去"度化了无数迷津之人，体现了"禅茶一味"之道——禅意与茶道在思想内涵上有相同的意境。喝酒讲究的是热闹欢快、嚷嚷喧哗，而品茶则要求心静身闲、轻声细语，特别是在生活节奏飞快的今天，更需要人们停下脚步等等自己的灵魂，意蕴深厚的茶道开始重返人们的视野，越来越多的人在交际时开始喜欢用品茶代替喝酒。

茶之所以受欢迎，除了那种略带苦味的内敛清香之外，茶叶本身含有 300 多种有益于人体的营养成分和药效成分。营养成分主要包括蛋白质和氨基酸、糖类、维生素、脂类、矿物质（约 27 种）等，药效成分主要包括茶多酚、茶氨酸、生物碱、茶皂素、色素、茶多糖、芳香物质等，越是好茶，其所含的化学成分越多，营销价值和保健作用越大。茶叶一直被视为一种天然的健康饮料，常饮茶有助于降低三高、减肥、减少心脑血管发病和死亡风险、抗氧化、抗癌、防止动脉硬化、提升自身免疫力、抵抗焦虑、延缓大脑老化、提升记忆力、防止老年性痴呆等。看到茶这么多的益处，是不是有马上泡一杯的冲动？喝茶是一个好习惯，但也不是在任何时候都适合喝。空腹、失眠、孕期、冠心病、贫血、尿结石、神经衰弱、发烧、肝脏病患者等最好远离茶叶；醉酒后不要用喝茶来解酒，这样容易刺激心脏，且伤及肾脏。另外，茶叶中常有农药残留，制作过程中难免会渗进一些杂质，形成"茶脏"，所以喝茶时最好先用水冲茶洗茶，不喝头遍茶，也不要用茶杯泡着浓茶喝一天。

茶叶的分类方法有多种，新品种还在不断涌现。最常见也最易记识的是依据焙火程度和产品特性将茶味分为绿茶、红茶等七大类。绿茶，共有四类：

烘青绿茶（分为两小类：普通烘青，代表有闽洪青、浙烘青、微烘青、苏烘青等；细嫩烘青，代表有黄山毛峰、太平猴魁、华顶云雾等）、炒青绿茶（分为三小类：眉茶，代表有炒青、特珍、珍眉、凤眉、秀眉、贡熙等；珠茶，代表有珠茶、雨茶等；细嫩炒青，代表有龙井、大方、碧螺春、雨花茶、松针等）、蒸青绿茶（代表有煎茶、玉露等）和晒青绿茶（代表有滇青、川青、陕青等）。白茶，共有两类：白芽茶（代表有白毫银针等）和白叶茶（代表有白牡丹和贡眉等）。黄茶，共有三类：黄芽茶（代表有君山银针、蒙顶黄芽等）、黄小茶（代表有北港毛尖、沩山毛类、温州黄汤等）、黄大茶（代表有霍山黄大茶、广东大叶青等）。乌龙茶，即青茶，共有四类：闽北乌龙（代表有武夷岩茶、水仙、大红袍、肉桂等）、闽南乌龙（代表有铁观音、奇兰、黄金桂等）、广东乌龙（代表有凤凰单枞、凤凰水仙、岭头单枞等）和台湾乌龙（代表有包种、阿里山高山茶等）。红茶，共有三类：小种红茶（代表有正山小钟、烟小钟等）、工夫红茶（代表有滇红、祁红、川红、闽红等）和红碎茶（代表有叶茶、碎茶、片茶、末茶）。黑茶，共有四类：湖南黑茶（代表有安化黑茶等）、湖北老青茶（代表有蒲圻老青茶等）、四川边茶（代表有南路边茶、西路边茶等）和滇桂黑茶（代表有普洱茶、六堡茶等）。再加工茶，共有六类：花茶（代表有茉莉花茶、珠兰花茶、玫瑰花茶、桂花茶等）、紧压茶（代表有黑砖、茯砖、沱茶等）、萃取茶（代表有速溶茶、浓缩茶、罐装茶水等）、果味茶（代表有荔枝红茶、柠檬红茶、猕猴桃茶等）、药用保健茶（代表有减肥茶、杜仲茶、降脂茶等）和含茶饮料（代表有茶可乐、茶汽水等）。七类茶的特性和功效差异很大，适宜在不同的季节品饮，一般讲究“春喝花茶，夏喝绿茶，秋喝青茶，冬喝红茶”。花茶性温，春天喝能驱除人体内寒气；绿茶性略寒，夏天喝能清暑止渴、清心明目；青茶为半发酵茶，温和适中，秋天喝能清除体内积热；红茶茶性甘温，冬天喝能增加抗寒能力，助消化，去油腻。

好茶泡出水来后色泽清澈明亮，不混浊，品尝时有较少苦味（苦丁茶除外），且有甘醇沁心感觉，喝后口中茶香弥久不散。挑选茶叶时，主要从五个方面来看：嫩度、条索、色泽、整碎和净度。嫩度主要看芽头多少、叶质老嫩和条索的光润度，还要看峰苗（用嫩叶制成的细而有尖峰的条索）的比例。一般红茶以芽头多、有峰苗、叶质细嫩为好；绿茶的炒青以峰苗多、叶质细嫩、重实为好；烘青则以芽毫多、叶质细嫩为好。条索是各类茶具有的一定外形规格，如炒青条形、珠茶圆形、龙井扁形、红碎茶颗粒形等。一般长条形茶，看松紧、弯直、壮瘦、圆扁、轻重；圆形茶看颗粒的松紧、匀正、轻重、空实；扁形茶看平整光滑程度。一般来说，条索紧、身骨重、圆（扁形茶除外）而挺直，说明原料嫩，做工好，品质优。色泽即茶叶的颜色和光泽，色泽一致、光泽明亮、油润鲜活为好茶。红茶的色泽有乌润、褐润和灰枯几种，乌润为好；绿茶的色泽有嫩绿或翠绿、洋绿、青绿、青黄，以嫩绿、光润为好。整碎就是茶叶的外形和断碎程度，以匀整为好，断碎为次。净度主要看茶叶中是否含梗、末或者其他非茶类的杂质，且无烟焦味、霉味或其他异味。茶味并非越贵越好，关键是看性价比，在平时喝茶、买茶时，多比较、多品味、多留心，就会慢慢熟知选茶的技巧。

水为茶之母，器为茶之父，就像“好马配好鞍”一样，好茶要用好水及适合之器。水一般用矿泉水或纯净水为佳，自来水因为含杂质较多会影响口感。绿茶、黄茶、白茶的冲泡水温要略低，80~85℃最好，而乌龙茶、红茶、黑茶的水温要高，特别是黑茶，用滚开的水闷泡味道会更好。绿茶、黄茶、红茶适宜用玻璃杯来饮用，可以透过玻璃看到清澈透亮的茶水，极具观赏性；白茶中的白毫银针（有纯芽头制成）适宜用玻璃杯，白牡丹（一芽一叶）适宜用白瓷盖碗，贡眉（一芽两叶或三叶）和寿眉（被抽芯之后的大叶片）适宜用陶瓷杯；乌龙茶适宜用白瓷盖碗；红茶、黑茶最好用陶瓷杯，紫砂杯最佳。“养壶”最简单的理解就是一种茶只用一把壶，时间久了，该种茶叶的香味会浸透到茶壶里。当然，如果不太讲究，也可以只用一个玻璃杯去泡各类茶。茶叶浸泡4~6分钟后饮用最佳，因此时80%的咖啡因和60%的其他可溶性物质已经浸泡出来。绿茶最为“娇气”，对于水温、冲泡时间要求较高，几秒钟之差香味可能就相差许多；陈年黑茶最为“皮实”，只要用高温闷泡就好。

会客时，讲究“酒满茶浅”。酒满的本意是想让客人“多喝点”，这种礼数源于古人将酒视为粮食的精华，现在却是演变成了让人“喝多点”的小伎俩，如果在酒场上给自己的领导倒酒，最好不要杯杯都满，要学会照顾领导。自己敬别人酒时一定要倒满，如果酒杯不满，会被视为无礼或轻视对方。至于茶，要倒七分满，源于茶水较烫，便于客人能迅速饮用或品尝。去见客人时，还有“端茶送客”之说，如果对方端起茶杯而不饮，就是暗示谈话可以到此结束，要主动提出告别，显得自己知趣懂礼。酒和茶常常被人用来养生，但一定要知道各自养生的原理和方法，要适可而止，不要上瘾，并且喝错了可能就变成慢性毒药。比如胃寒或虚寒体质的人，适宜喝红茶或黑茶，而燥热体质的人，适宜喝点绿茶。其实，最好的养生是锻炼身体和修心，锻炼身体是让自己有一个健康的体格，修心是让自己内心平静，有一个健康的心理，有意志去拒绝一些不良嗜好。

在本章，主要介绍营销中的普通员工如何有效地开展工作。工作不仅仅是养家糊口的谋生手段，更是一种历久弥坚的职业修行。心态反映了为人处世的态度，能力反映了做事的水平和高度，二者共同决定能否将工作修成“正果”。作为一名营销人，无论从事何种岗位，均应有五种积极的心态，修炼八种素质能力，努力提升自己的职业素养——这才是成功的唯一“秘笈”。

除了工作之外，营销人还要追求高质量的生活，工作与生活不是跷跷板的两端，而是人生的两个“翅膀”，只有平衡好，才能飞得更高、飞得更远。快乐工作，就要注意协调好与外界的四种关系；认真生活，需要提升四种生活修为。工作与生活，是一对孪生兄弟，不能顾此失彼，也不能厚此薄彼。

知书尚礼，是营销人的处世之道、立世之本。“礼多人不怪”中的“礼”字，不是指钱财等礼物，而是指礼貌和礼节。熟悉五大类营销礼数，可以让脚下的路越走越宽。烟酒茶是社交的“通行证”，自己可以无嗜好，但要知其发展历史，懂其基本禁忌，作为营销的辅材或“佐料”，精于此道，才能在营销社交中得心应手，才能烹饪出美味的“营销大餐”。

第六章

品牌是营销的归宿

这是本书的重点。营销的目的是创建强势品牌，而不是追求短暂的“繁荣”。为新品牌命名，应遵循七个基本原则，可采用六种命名方法。领导者不仅要熟知企业各品牌“静态的”架构体系，还要精通“动态的”品牌创建体系，只有这样，才能真正做到对品牌“心中有数”。质量是品牌的生命，是品牌的能量基础；品牌 IP 化可采用“四化”方法；讲故事要遵循三个步骤；创新可从四个方面着手——这些均是赋予品牌能量、增强品牌活力的重要措施。老字号的复兴之路有六条，遵循这些方法，老字号才会迸发“第二春”。

在日常生活中，“品牌”一词可谓耳熟能详，常常是“名牌”的代名词。人们常说“购买的 XX 是个品牌”意思就是“所购之物是个名牌，上档次、有保证”。事实上，任何在市场上销售的商品均有品牌，只不过有些品牌是名扬四海，妇孺皆知，而有些品牌犹如山中野花，默默绽放，自生自灭。联合国经发组织的统计显示，在全球所有品牌中，著名品牌占比不到 3%，却拥有世界 40%以上的市场份额，名牌产品的销售额占了全球销售额的 50%，知名品牌的数量已经成为企业乃至国家或地区综合实力的体现。

品牌是企业珍贵的无形金融资产，是重要的战略财富，常被评估为“商誉价值”，越是全球性品牌，其商誉价值往往越高。国际上公认的专业品牌价值评估机构有世界品牌实验室（美国）、Interbrand 评估公司（英国）、BrandZ 评估公司（英国）和 Brand Finance 评估公司（英国），国内有品牌联盟。除此之外，还有《福布斯》《财富》《商业周刊》《金融时报》四本商业杂志。

这些机构每年会制作全球知名企业品牌价值排行榜，因为考评的指标和维度不同，品牌价值数据也相差较大，比如，在2019年品牌价值排行榜中，Interbrand、BrandZ和世界品牌实验室分别将华为品牌价值评估为69亿美元、269亿美元和3487亿元人民币，而国内的品牌联盟对华为的品牌评估值为7347亿元人民币。无论是哪一个排行榜，美国企业一直都独领风骚数十年，中国企业的排名及上榜数量正在逐年上升。这些评估机构还为中国企业量身定做品牌排行榜，甚至细化到各个行业，各企业可以通过对标找到自己在行业中的位置。

在这些排行榜中，美国《财富》杂志每年评估的“全球500强”影响最为广泛（“进入全球500强”是国内许多企业的目标），常被视为一个国家或地区经济状况的晴雨表，其局限性是仅将营业收入作为评估指标，严格来讲，这不是500“强”，而是500“大”。《福布斯》每年会发布《全球企业2000强榜单》，其评估指标包括营业收入、利润、资产和市值，因四个维度权重相同也饱受争议。《商业周刊》以当年5月最后一个交易日全球各大股票交易市场的股票收市价为基准，计算出全球发达国家市场市值最高的1000家上市公司，对于中国则另有新兴市场排名。英国《金融时报》选取每年截至3月31日的企业市值进行排名，并且要求入围的企业至少15%的股份在市面上流通，未上市的股份则没有计入。

在《财富》杂志2019年世界500强名单中，中国企业的总体数量达129家（含台湾地区10家企业），首次超过美国，但中国企业的平均赢利能力低于500强企业的平均水平，与美国企业相比差距更加明显。在Interbrand评估公司和《福布斯》杂志2019年的排行榜中，中国仅有华为品牌进入前100名。在Interbrand排行榜，华为位居第74位，苹果排名第一，其品牌价值是华为的34倍；在《福布斯》排行榜，华为位居第97位，苹果品牌价值是华为的29倍。这些数据表明，仅仅将企业做大还不行，既大又强才是目的。做强的途径是跨出国门，成为全球性公司，提升赢利能力；做强的标志是提升品牌的含金量，获得国际社会的认可。

翻开任何一个榜单，排名靠前的均是那些被国内消费者所熟知的跨国大企业。像苹果、谷歌、亚马逊、微软、可口可乐、三星、奔驰、迪士尼、丰田、麦当劳、脸书、思科、LV、香奈尔、百威啤酒、宝马、大众、花旗银行、高盛、百事可乐、肯德基、高露洁、吉列、Gucci、惠普、宜家、英特尔、家乐氏、雀巢咖啡、耐克、阿迪达斯、松下、飞利浦、壳牌石油、索尼、星巴克，等等。你每一次的购买、消费或传播，对这些品牌均是一种贡献。这些会跳舞的大象在全球获取超额利润，它们是中国企业学习的榜样、赶超的对象。

随着中国经济的崛起，国内供给结构和需求结构在不断优化升级，在未来，一定会有越来越多的中国自主品牌被世界所认可，从“中国制造”转身到“中国创造”，从“贴牌生产”升级到“品牌输出”。2017 年，国务院将每年 5 月 10 日定为“中国品牌日”，旨在引导企业扩大中国自主品牌在全世界的知名度和影响力。强势品牌具有强大的扩张力和生命力，创建代代相传、举世闻名的强势品牌既是每家企业孜孜不倦追求的目标，也是每位企业家和创业者的梦想，更是时代赋予这代人的责任和历史使命，这就要求企业必须全方位地、科学地、精准地了解品牌的“生长命理”。

品牌不仅仅是一个名称、一组标识或一个 logo，更是一种象征性符号，是企业及产品的缩影和灵魂展现，是企业立足社会的“名声”和“脸面”，具有排他性、唯一性、独特性和自我保护性。在生活中，提到某人的名字，首先想到的是这个人的相貌、身材、声音、品质、行为、能力、工作、关系等；提到某个地方，想到的是其特产、地貌、位置、天气、人物等。品牌也一样，提到某个品牌，就会联想到与该品牌相关的一系列事物，这种“浮想联翩”被称为“品牌联想”，可见品牌不是一个冷冰冰的抽象物，而是有鲜活生命力的标本。

在消费者心目中，品牌不仅反映了企业的主营业务、经营理念、生产地、企业掌门人、社会形象、口碑，还反映了产品的质量、形态、口味、档次、包装、价格、服务、流程、环境、装饰，以及以前的购买经历、使用体验、使用群体、社会地位，等等。除此之外，消费者还可能联想到许多抽象或真实的利益，比如产品的好坏、美丑、贵贱、强弱、面子、身份、企业的责任心等。品牌是联结消费者与企业的桥梁和纽带，其最大的作用就在于标识产品的出处和归属，让消费者减少购买风险感知（包括财务风险、身体风险、心理认知失调风险等），缩短购买评估时间，根据自己的腰包和喜好迅速做出购买决策。

对于大多数中小企业来说，注定不能成长为全球性大品牌，那就力争成为行业的翘楚。即使不能成为参天大树，那就做棵千年不老松——在悬崖峭壁上顽强生长，活出自己的精彩。要知道，品牌塑造之路不会一蹴而就，不会一帆风顺，成长之路总会充满各种坎坷，品牌创建需要资本的积累和时间的检验，需要用工匠精神去精雕细琢。“路遥知马力，日久见人心”，饭要一口一口地吃，路要一步一步地走，依靠狂轰滥炸的广告打造的名气并不能带来终身的富贵，当繁花落尽时可能变成满目疮痍，像爱多、秦池、三株等公司均是很好的例证。

品牌创建需要从内部和外部两个视角同时发力。在内部，企业要苦练内功，狠抓生产经营，高效地向市场提供能满足甚至引领市场需求的高质量产品。在外部，企业要懂“吆喝”，讲策略，能在激烈的市场竞争中赢得一席之地，将高质量产品销售给目标客户，并不断扩大市场份额，将品牌深深地植入消费者心中。发力于外部，要求企业应有强大的营销能力。事实上，营销的过程就是品牌创建的过程，营销的目的不单纯是为了销售产品，更是为了塑造富有竞争力的强势品牌，抢占消费者的心智份额，品牌是营销的最终归宿。

在创建品牌的道路上，产品、价格、渠道、定位、促销、广告等传统营销策略只是“动”的品牌策略，而品牌命名和品牌架构则是相对“静”的品牌策略，“静”是指一旦向市场公布，在较长时间内难以变更。这两类策略犹如品牌创建的两个“轮子”，只有完美地结合，才能让品牌创建跑得更远、更稳，才能给品牌赋能。营销策略在教科书上比比皆是，在这儿，仅探讨两种相对“静”的品牌创建策略，以及如何给品牌赋能，这三点是创建强势品牌的必经之路，但极易被营销者所忽视，因为企业经营的一个普遍误区就是以销售业绩为导向，而不是以品牌创建为导向。

老字号是一种品牌记忆，一直是民族的骄傲，特别是在自媒体、新技术蓬勃发展的新时代，老字号的振兴是机遇与挑战并存，更加充满变数，充满不确性。老字号既要懂得“倚老卖老”，更要知道如何赋能实现“逆生长”。民族的就是世界的，在本章，还将专门探讨老字号如何重现昔日的辉煌。

一、品牌命名

品牌首先要有一个名字，这个名字就是品牌的“有声”符号，有些品牌还会设计图形标识，这个图形标识是品牌的视觉符号。名字和图形标识是品牌与商标的两个主要组成部分，其作用一是表明产品归属，二是便于产品在市场中的识记和传播，三是接受法律监督和保护。商标与品牌是两个不同的概念，商标是法律范畴中的术语，是一种知识产权，常在工商局注册或在涉及侵权打官司时用到，而“品牌”一词多用于经营管理场景，其内涵更为丰富。

名字是品牌的核心要素，是其在社会上的身份证和通行证。由于历史原因，有些品牌可以被不同的公司共享，比如中华（中华香烟、中华牙膏、中华铅笔、中华汽车，而中华啤酒因其外表与中华香烟相像就惹出了官司）、长城（长城汽车、长城润滑油、长城葡萄酒）、熊猫（熊猫电视、熊猫香烟）、稻香村（北京稻香村和苏州稻香村），等等。1982 年第五届全国人民代表大会常务委员会通过了《中华人民共和国商标法》，这是国内第一部规范商标使用的法律，标志着品牌的使用和产权归属从此有了明确的法律规定（截至 2019 年，该法律共修正了四次）。自从有了商标法之后，新产品的品牌命名再也不能像以前那样“随性而为”，而是要考虑：一不侵权，二要自我保护。

当然，品牌也可以不注册，如果不注册，就不会受到排他性法律保护，也意味着谁都可以使用这个品牌。在商品上的“TM”（Trademark 的缩写）表明该标志是作为商标使用（在法律上不具备任何效力，其他人也可以使用，没有专用权），“R”（Tegister 的缩写）表明该标志已经是注册商标（具有专用权），如果是出口商品，需要提前在该国注册商标，否则不能加注“R”标志。在这儿之所以强调注册商标的重要性，就是提醒大家在市场经营中，首先要知法懂法，知道如何用法律知识保护自己。否则，没准等你的品牌做大了，忽然有一天你才发现为别人做了嫁衣。以前，商标注册归工商行政管理局负责，随着国务院机构改革，现在归国家知识产权局商标局统一负责管理。如果给品牌起了名字，第一件事应是赶紧去商标局查查能否使用，然后再考虑其他市场行为，比如蒙牛公司在 2017 年和 2018 年两次申请“新鲜工厂”和“新鲜工厂 GREENHOUSE”商标因不符合商标法相关规定被拒。

品牌名字可以由汉字、英文字母和数字任意组合而成，用纯汉字组合的最多。取个好名字可以博个好彩头，所以取名字不能随意而为拍脑门决策，更不能“想当然”，而是要讲究科学方法论，要精挑细选，审慎而为。1990 年出版的《辞海》有 14872 个汉字，1716 年编撰的《康熙字典》有 47035 个汉字，1988 年出版的《现代汉语常用字表》内收 3500 字，分为常用字（2500 字）和次常用字（1000 字）两部分，这些工具均为常用的取名参考书籍。诗经、楚辞、唐诗、宋词、童话、神话等古代经典文学名著也是取名的重要来源。近些年，那些比较流行的网络语也可以作为新品牌命名的参考，但产品一定要新颖、新奇、有创意。如果比较“讲究”，还可以结合周易、生辰八字、五行八卦等测一测欲取之名能否带来好运。

取名字时，常常是对一个自认为很好的名字念念不忘，越看越喜欢，此时极易陷入思维死胡同，与其一个人冥思苦想，不如与几个人一起用头脑风暴法展开讨论，或多征求周围人的意见，还可以付费咨询第三方专业起名机构，并有律师或公司法务部门参与。在最终确定品牌名称之前，一定要做街头测试或市场调研，多思量，多考虑。如果产品还要外销，就必须注意在目标市场上的翻译是否存在歧义。马云给网站取名“阿里巴巴”时，就是在美国旧金山的咖啡店和街头来的灵感，并随机做了几十人的快速调研，从而让“芝麻开门”为阿里集团打开了财富之门。曾宪梓给金利来取名时曾叫“金狮”（GOLDLION），该名首先被一亲戚拒绝，因在香港话中“狮”与“输”读音相近，且香港人对“输”字很忌讳，最后采用音译法取名为“金利来”，金与利一起来，让人顿生好感。

品牌命名要讲究科学，偶尔可能会有灵感或神来之笔，但总体上要遵循命名的基本原则，采用科学的命名方法。这些原则主要包括简单、易识记、易传播、易联想、无歧义、受法律保护等，同时新品牌的名字要有时代感，有时代气息。命名方法主要包括构词法、引经据典法、创始人法、具象法、拟物法、流行词法等。无论采用什么样的方法，命名时一定要集思广益，慎之又慎，品牌名称就像“刻在牛身上的烙印”，即使哪天牛不在了，但烙印还会留在消费者的记忆里。一个好名字的判断标准就是易识、易读、易记、易懂、易传，能带来积极的正面联想，能让人耳目一新，能在品牌丛林中脱颖而出。

（一）命名原则

命名原则即为品牌取名字时应遵循和奉行的基本准则，这些准则界定了一个好名字的基本判断标准，无论名字起得多么怪异，只要符合这些准则就是一个成功的好名字。起名字貌似简单，实际上很难，原因就在于许多符合这些准则的名字已经被注册过了，在互联网上有许多以商标为商品的转售网站，如中华商标超市、好听商标网等，这些以抢注商标为生的公司更是挤压了其他企业品牌命名的空间。

好名字不是你说好就是好，而是大家说好才叫好。比如中国十大文化名酒之一的酒鬼酒，其名字就很难让人恭维。在湘西文化中“鬼”有特定的含义——代表一种超越自然、超越自我的神秘力量，反映一种至善至美、质朴天然的审美情趣；楚国大诗人屈原也将迷失于山林之中的寻恋少女比喻成“山鬼”，但这毕竟只代表一种地域文化。厂家的解释为：“‘酒鬼’与‘鬼才’一样，代表超脱自由、胸怀才智、不甘平庸，代表非同寻常、不居庙堂、特立独行。‘酒鬼’之鬼，鬼在馥郁香型独特、鬼在酿制技艺独特、鬼在民族文化独特、鬼在包装独特、鬼在地理环境独特。”这种解释有点自弹自唱、自我欣赏之嫌，多数老百姓真不知道这是个什么“鬼”。在中国传统文化里，绝大多数人视“鬼”为不祥之物，常将其与“魔”联系在一起，而酒鬼酒的销售范围是全国，而不是仅仅局限于湘西。将浓香、清香、酱香融为一体自成独特馥郁香型的酒鬼酒真的有些可惜——其“鬼”名字将一些“酒鬼”排斥在了消费之外。

尽管“天下没有不开张的油盐店”，名字再不好，也会有人消费，但企业的目标是尽可能地把市场做大，多抢占市场份额，而一个“坏”名字会给企业带来许多隐性损失。从语言学角度讲，形、音、义是汉字的三个构成要素，品牌命名时也必须考虑这三个要素。品牌命名的基本原则主要包括以下几类：

1. 易识记原则

易识记是品牌命名第一原则，主要涉及汉字的形和音。识记是指识别和记忆，识别是前提，记忆是重点。易识别不难，只要取的名字没有生僻字，就会很容易让人读出来，关键是能否给人留下深刻印象，让人记忆深刻。一个人有一个好听的名字，在社交中就容易被人记住，享受因名字带来的“社交溢价”，就连上学时也容易被老师提问问题。品牌也一样，一个成功的名字首先会给消费者留下好的第一印象，然后才能诱使消费者去尝试消费体验。如果用怪字、生僻字或繁体字，会增加消费者的记忆成本和传播成本，增加消费者的排斥和抵触心理，毕竟在大庭广众之下念错字显得没文化，是件很尴尬的事。在生活中，经常会见到用骧、犇、燊、氽等生僻字命名的公司或产品，或者为了不重名或好注册，也会从《康熙字典》里挑选名字，殊不知这些显得“有文化”的名字会让人“望字生畏”。同时，还要注意名字的“形”，有些服务业会找“书法家”为门匾题字，楷书还容易辨认，如果是草书，那就难倒了许多消费者，毕竟龙飞凤舞的书法让人不敢读，更是记不住。

2. 易传播原则

传播不仅指企业向消费者的单向宣传，更重要的是消费者之间的口口相传，即俗称的“口碑”宣传，主要涉及品牌名字的发音。易传播就是要做到名字通俗易懂，读起来朗朗上口，不要饶舌拗口，具备被人高频率提及的流行元素。在品牌的传播过程中，“品牌”是传播对象，由品牌带来的利益属性是传播内容，比如在交谈过程中，人们经常会说“某某品牌不错，某某饭店的某某菜不错，等等”，“不错”是对该品牌的积极评价，会影响受听者的信息判断，如果许多人对该品牌评价好，基于从众心理，别的消费者会将该品牌与“不错”紧密联系在一起，在将来有机会消费时会优先考虑。有些名字可以直接体现品牌是做什么的，这类品牌就自带传播功能，比如你好鸭、饿了么、中国电信等，在自媒体时代，这类品牌越来越多，许多流行的互联网语言就被人抢注成商标，但一定要注意名称与产品属性强关联才可以称得上好名字，不能牵强附会。

3. 简单原则

品牌名字要显得简单易懂，读起来顺口，不要拖泥带水。按照中国人名字习惯，品牌名称以两个字或三个字为主，最长不要超过四个字，否则会增加消费者的记忆成本，让消费者很难记住，或记不准确，不利于传播，像“美特斯邦威”的名字就有问题，许多人会记成“美斯特邦威”。四个字的品牌常见于翻译过来的洋品牌，比如可口可乐、百事可乐、花花公子、阿迪达斯、玛莎拉蒂、无印良品等。四个字的品牌显得洋气、时尚，比较适于时装、香水等品类，像水调歌头、海澜之家、斯波帝卡等会让人觉得有些“巴黎味道”；也可以用常见的习语，比如阿里巴巴、三只松鼠等。在这四个字当中，字的顺序也很重要，最好不要用易混淆的组合，比如“无印良品”很容易让人记成“无良印品”。单字虽然简单，但消费者却很难记住，比如“后”“沃”“蒲”“雕”等，单纯看到这几个字，很难让人产生品牌共鸣。

4. 易联想原则

品牌名字要给人充分的想象空间，用一些“褒义词”控制人们想象的翅膀。品牌名字带来的联想主要有三类：一是让人能想到美好、吉祥、好运、健康、快乐等积极的事物，常用的字有宝、利、喜、福、贵、吉、乐、财、康、丽、美、益、盛、红等；二是名字显得洋气、时尚，像是舶来品，常见于服装、香水、鞋帽、家具等产品，像名优创品、乔丹、华伦天奴等；三是体现产品的类别与属性，让人看到名字就知道这个品牌是做什么的，比如鲜橙多、六个核桃、太太口服液等。无论是哪一类，均不要显得呆板，也不要生拼硬凑，还要注意两三个字连在一起时的发音，像斯巴鲁、斯巴奴、立帆等名字就不太好，容易让人联想到负面的词汇，比如“立帆”很容易让人想到“立翻”，开车都怕翻车，开车之人喝酒时忌讳说“碰一杯”，也忌讳把鱼翻过来吃，叫这个名字会阻碍一部分人选择该汽车。

5. 无歧义原则

品牌名字最好不要用同音字或谐音字，不宜用有约定俗称含义的词汇，否则会增加消费者的理解成本，不利于品牌的准确传播；也不要刻意“傍大款”去模仿某个知名品牌，否则你永远长不大，还容易被消费者视为“假冒伪劣”。至于语境，如果能做到“放之四海而皆准”最好，做不到，就要知道如何变通，比如：“联想”品牌的英文名为 lenovo，这个名字在两种语境中均非常贴切，而“小肥羊”去开发英国市场、“白象”去开发美国市场等就要注意，因为“羊”在英国、“象”在美国均为贬义；新加坡的创新科技有限公司尽管在美国已经上市，但在中国可能多数人不知道这个公司是做什么的，或者不认为“创新科技”是公司名字，因为“创新”一词太通俗了；深圳机场起初叫黄田国际机场，因在闽南语中“黄田”与“黄泉”非常接近，导致许多乘客特别是台湾乘客宁可舍近求远去选择香港机场或广州白云山机场，后来更名为“深圳宝安国际机场”才使境外乘客数量明显提升；锤子手机败北，在一定程度上与其名字有相当大的关系。

6. 时代感原则

品牌名称像人名一样，具有时代感。在 20 世纪 80 年代以前，许多人取名为“建国、国庆、建军、援朝、红卫、跃进、东方、洪涛等”；在八九十年代，流行单字名字，叫“静、雪、红、刚、健、杰等”的人很多，据说当时全国叫“张伟”的人最多；而现在，不仅要有好寓意，还要有个性，比如某位陕西人士给女婴取名“王者荣耀”，重庆一萌妹子取名“黄蒲军校”。在名称 1.0 时代（20 世纪 90 年代以前），品牌名称多以中国传统文化属性为主，显得中规中矩，富有寓意，比如华为、福耀、光大、恒大、海尔、长虹等；在 2.0 时代（20 世纪 90 年代至 21 世纪初），中国加大了改革开放力度，中外合资企业盛行，取个洋名字就显得很洋气，比如蒙娜丽莎、诺贝尔、米莎贝尔、洛杉奇、蒙特娇等；在 3.0 时代（21 世纪初），人们的思想进一步解放，此时的名字出现多元化趋势，只要能直接体现产品或服务属性就为好，比如世纪佳缘、大众点评、美团、百度、新浪、搜狐、好太太等；在 4.0 时代（移动互联网时代），突出个性、新颖、好奇，名称自带社交和传播属性，比如小爱、小艺、小度、飞猪、三只松鼠、小熊、饿了么、你好鸭、叮咚买菜等。如果你现在给品牌取名，最好能与时代并轨，还用20世纪六七十年代的老思维会让消费者觉得老气横秋，土里土气。

7. 受法律保护原则

名字再好听、再有寓意也要首先得到法律的认可，否则这个名字就不是你的“菜”。这就要求企业在为品牌命名的过程中，不仅要有营销意识，更要有法律意识，要做到：一不侵权别人，二防止他人侵权。初步拟定名字后的第一件事，就是先去国家知识产权局商标局官网“中国商标网”上查一查这个名字是否能用，是否已经在该品类被注册。驰名商标的好处就在于不仅名气大，而且可以享受跨行业保护，即使不注册其他商品类或服务类，你也在该品类拥有商标权。如果想把企业做大，把品牌做强，发展到一定程度后，一定要想办法去申请驰名商标，否则一不留神就有可能为别人做了嫁衣，为企业发展埋下隐患，现实生活中争夺商标使用权的官司屡见不鲜。

（二）命名方法

品牌命名要讲究科学方法论，不要闭门造车，也不要一拍脑袋就决定，更不要幻想着在梦里寻求神助。方法犹如工具，熟练掌握会让你在起名字时得心应手，不至于陷入思维死胡同。命名原则用来衡量一个品牌名称是否算得上合格或成功，命名方法则是起名时的具体路径，或者说从哪些角度寻找名字。无论是公司自己起名字，还是外聘专家团队起名字，都可以借鉴这些基本方法。如果一种方法走不通，那就换另一种试试，总有一款适合你。

方法只是告诉你“解题”的思路，是教你如何“渔”，而非直接给你“鱼”。常见的命名方法主要有构词法、引经据典法、创始人法、具象法、拟物法和流行语法。实际上，这些方法没有好坏优劣之分，各有各的特点和适用条件，各有各的使用逻辑。在起名字时，可以并行采用多种方法，也可以只采用其中的一种，或者采用不同的方法各取一个名字，然后再从中择优，只要起的名字符合命名原则即可。

1. 构词法

在语言学中，构词法研究的是词形变化的规则，学英语时常见到的名词转动词、副词转形容词、前缀、后缀等均是构词法。而在品牌命名时，构词法则指创造一个全新的名字，略有“生拼硬凑”之嫌。构词法还可以分为两种：并列法和核心词法。并列法是指每个单字在名称中的地位相同，均有美好寓意，连在一起寓意进一步得到提升，比如“华为”寓指“中华有为”，“好利来”寓指“美好和利益一起到来”，小米取自于“Mobile Internet”两个词的首字母。在汉语中，单字的褒义词有很多，比如：好、俊、美、优、利、宝、雅、勤、俏、忠、良、强、智、乐、贤、康、健、慧、帅、酷、兴、来，等等，按照数学排列组合，可以取 N 多个好听的名字。核心词法是以某个字为关键词，这个字常反映企业的经营内容，然后再用其他字作为点缀，马化腾为公司起名时首选为“网讯、捷讯、飞讯、腾讯等”，因前三个名字均已被注册不得已叫了“腾讯”，其中“讯”字为核心词，取自于美国朗讯科技有限公司，既代表通信、信息，也代表公司的未来发展方向，并且“腾”字既有腾飞之意，又可以理解为“马化腾”。搜狗的核心词为“搜”，取自于电影《大腕》中的经典台词：“他们搜狐，我们搜狗，各搜各的！”并且“狗”也有灵敏的嗅觉，这个品牌名字也很容易让人记住，现在搜狗以输入法作为流量入口，已经在音乐、图片、新闻等垂直领域搜索服务上猎获大量用户。伊利的“伊”字既反映了品牌的历史——前身为一家伊斯兰回民食品厂，又代表“你我他”的意思，“伊利”组在一起指“大家的利益”。

2. 引经据典法

这是一种中外品牌常见的取名方法，因取自于古代的经典名著，所以名字往往有较强的文化气息，有丰富的内涵和寓意。中华民族的传统文化源远流长，博大精深，经典著作有《史记》《论语》《诗经》《大学》《中庸》《墨子》《孙子》《劝学》《天论》《九歌》《九章》《天问》《离骚》《国风》《战国策》《楚辞》《诗经》《书经》《礼》《周礼》《仪礼》《礼记》《易经》《春秋》《大学》《中庸》《孟子》《左传》《国语》《吕氏春秋》《山海经》《乐府诗集》等，还有《西游记》《三国演义》《红楼梦》和《水浒传》四大名著，以及数不清的唐诗宋词元曲，这些均是名字来源的宝库。像百度品牌就取自于“众里寻他千百度，蓦然回首，那人却在灯火阑珊处”这一经典名句。因中美贸易战而成名的华为“鸿蒙”系统源自《山海经》，并且该书中的“朱雀、鸿鹄、腾蛇、青牛、金刚、海蓝善、青玄、当康、玄机、白虎、灵豸、饕餮、金刚”等均已被华为公司注册，以至于有人惊呼：“华为将《山海经》全注册了！”中国航天事业中的“嫦娥、玉兔、天宫”，以及因新冠肺炎疫情而成立的“火神山”“雷神山”两家专科医院均取自于中国民俗文化传说。国外那些享誉全球的品牌也有许多与古希腊神话有关，比如耐克品牌“Nike”

在希腊神话中叫“尼娅”，是胜利女神；星巴克标识上的“星女郎”就是希腊神话中的塞王；范思哲标识上的“范女郎”是希腊神话中的蛇发女妖美杜莎（Medusa）；爱马仕（Hermès）源自希腊神话中的赫尔墨斯（Hermes），他是宙斯最忠实的信使，也是行路者和商人的保护神。《山海经》《西游记》《封神演义》是中国三大神话名著，可以作为品牌命名的重要参考，至于《聊斋志异》还是谨慎为好，毕竟会让人想到“鬼怪”等不吉祥之物。引经据典法要求有深厚的文化底蕴，但不能孤芳自赏，不能牵强附会，名字的出处最好是人们常见的经典传说或经典语句。

3. 创始人法

该方法就是用创始人的名字或姓氏来为公司或产品命名，可以取全名，也可以只取其中的一个字，常见于食品、餐饮、中药等品类，在老字号中最为常见，比如王致和、王麻子、张小泉、王守义、王老吉等，“京东”就由刘强东与其前女友的名字中各取一字组成，“志邦”厨柜由创始人孙志通和许帮顺各取一字组成。创始人法在国外也非常流行，比如福特、凯迪拉克、肯德基、松下、三井、奥迪、宝洁、保时捷、奔驰、本田、博朗、戴尔、邓禄普、迪奥、迪士尼、杜邦、法拉利、范思哲、飞利浦、丰田、高露洁、古驰、固特异、赫莲娜、惠普、吉百利、吉列、嘉士伯、金佰利、卡地亚、克莱斯勒、兰博基尼、雷诺、立顿、联合利华等。可见该方法贯穿古今中外，原因一是增加创始人的斗志，激励其为家族或后代创建“千秋大业”；二是彰显个性，展现自信。如果姓氏比较孤僻，或者名字非常有韵味，可以用姓氏或名字来命名，这样容易被人记住；如果为“张王李赵”等大姓，或者名字没有特色，那还是慎重一些为好，毕竟太普通的姓氏或名字很难让人记住。

4. 具象法

具象是指具体的形象，听到品牌名字时能马上联想到品牌的形象。具象法还可以分为两类：产品具象和定位具象。产品具象是指品牌名字能体现公司或产品的归属，即公司经营什么业务，产品归于哪个品类，比如：“蒙牛”既可以让人联想到内蒙古大草原，又可以与“猛”字关联，体现勇猛健康之意，“牛”字容易让人想到“牛奶、牛肉”等；“优衣库”可以让人想到是做优质服装的，“库”字也可以让人想到“裤子（衣服的一种）”，还可以想到“仓库、大卖场、便宜、实惠”等词汇；“足力健”能让人联想到鞋和袜子。定位具象是指品牌名字体现产品的目标群体属性，常见于儿童用品、保健品、医药连锁店等，比如：听到“娃哈哈、好孩子、嗒嘀嗒、小猪班纳”等名字就能想到是小孩用的；“太太口服液、护舒宝、婷美、黛安芬等”一定是女士专利；“同仁堂、乐仁堂、养生堂”等带“堂”字的多与药店、药品关联。具象法的最大缺陷是不利于品牌延伸，一旦消费者对具体形象形成思维定式，再向其他品类延伸会干扰消费者的记忆。国内许多企业的通病是总想什么都做，所谓的“多元化发展”让许多企业家迷失了方向，对已有品牌造成严重损害——消费者搞不懂这个品牌到底是做什么的。

5. 拟物法

这种方法就是用动物和植物为品牌命名，属于非常流行的一种命名方法，常见于公司品牌、互联网品牌、服装品牌和快消品品牌，比如苹果、小米、豆瓣、豌豆荚、菊花、红玫瑰、土豆网、果壳、三只松鼠、金刚、搜狗、七匹狼、海马，等等。大千世界中的动植物数不胜数，无论是真实的还是神话中的，直接使用动植物的名字不是上策——一是可能注册审核通不过，二是你想到的可能已经被人使用了。拟物法最好的方式是以动植物的名字作为核心词，然后再搭配其他词汇，这些词汇最好为形容词、动词和数词等，比如天猫、飞猪、菜鸟、神马、闲鱼、宝马、野马、小熊、三棵树、百雀灵等，采用这就种方式起的名字，让人感觉很新颖，从而产生好奇心——原来动植物还可以这么叫，打开消费者想象的空间，让人记忆深刻。

6. 流行语法

流行语是指在日常生活中新出现的经常被提及的高频词汇，具有时间性、阶段性、地域性、高频性、新颖性等特征，因其传播力大、时尚感强、接受度高，越来越多的企业喜欢用流行语为新产品命名，流行语的产生多源于网络语言、名人名言、春晚中的小品、热播影视等。2015 年，电视剧《芈月传》热播，郑州小伙就抢先注册了“芈月”商标，后被一些商家出价 60 万、100 万收购，还有一些公司申请注册“芈月轩”或“芈月传”等商标。每年春晚都会创造一些流行词，比如“千手观音”“不差钱”等，虽然这些名字均不符合商标法规定而被驳回，但仍能给人以启发。通过抢注商标作为谋生之道需要注意，如果已注册的商标在三年内没有真正被使用，就可能会被任何人提出撤销申请，国家也在着力打击恶意注册商标，想通过倒卖或转让商标实现赢利越来越难了。用流行语为品牌命名，一定要注意产品与流行语的关联性，如果关联度不高，就不要牵强附会，一定要记住“强扭的瓜不甜”，宁可错过，不要选错。另外，流行语就像“大浪淘沙”，经典的也只能流行几年，随后会被其他流行语“拍在沙滩上”，所以选择流行语时一定要慎之又慎。

除了这几种命名方法之外，还有用英文字母组合、汉字加英文字母组合等方法，给人洋气、时尚、高科技的感觉。只是用这种组合方式，需要加大广告投入，否则消费者会摸不着头脑，想象不到这种品牌是做什么的，比如A1（爱逸，食品业）、A1A2（净水器），一旦消费者知道这种品牌代表的业务范围，也可能会记忆深刻，并且随着国人外语水平的提升，越来越多的消费者也不再排斥这类品牌。

品牌是企业的宝贵财富，优秀的名字可以让消费者迅速记住并记忆深刻，从而为企业节约大量的传播成本。精挑细选新产品名字是营销人的必备功课之一，从品牌名称也可以判断该企业的营销水平。如果企业有雄厚的资金实力，可以通过周而复始的大量广告宣传硬性地将产品与品牌关联；如果实力不足，还是起一个与产品关联度高的品牌为好，要知道一个好名字意味着营销成本的节约。

起好名字的同时，也要有一个清醒的认识——名字只是进入市场的敲门砖，不要以为有个好名字就可以高枕无忧，企业能否在激烈的市场竞争中脱颖而出、能否持续发展，产品能否得到市场的认可，品牌能否得到消费者的青睐，还需要在产品、宣传、价格、推广、质量、摆放、体验等方方面面上下功夫，比如：乐视品牌，从品牌命名的角度讲很成功，只可惜由于经营不善让该品牌成为过街老鼠；曾经的“儿童奶粉一哥”三鹿奶粉，由于三聚氰胺事件让消费者一提“三鹿”就想到毒品。

二、品牌架构

品牌架构（Brand Architecture）是指企业所有品牌的排列组合及其表现形式，体现企业的品牌结构，反映企业的品牌策略。企业拥有的品牌主要表现为公司名称、产品品牌、服务品牌（不是服务业品牌）和业务品牌四大类，这四类品牌共同组成一个完整的品牌体系，各类品牌在经营中的作用也不相同，比如“中国联通”是公司品牌，“10010”是服务品牌，“沃”是业务品牌。品牌架构的常见误区有两个：一是没有完整的体系架构，不知道各类品牌在经营中的地位和作用，从而导致宣传策略不当；二是产品品牌过多过细，品牌混乱，只要有新产品就立马起一个新名字，致使消费者也不知道品牌究竟是做什么的。

浏览知名企业的网站，可以看出许多企业的品牌架构并不清晰，甚至根本没有架构。比如：有些企业将产品与品牌混为一谈，在一个栏目里一起展示；有些企业只介绍公司品牌而无产品品牌介绍，对于公司品牌也只是介绍其发展历史以及获得的各类荣誉；有些企业则根本无品牌介绍，或者将品牌介绍放到一个很难找到的“角落”；有些企业会限制下载其品牌宣传广告，或者无下载链接。门户网站是企业的脸面，从网站众生相上可以看出，许多企业需要在细微之处加强品牌建设的意识，需要构建科学的品牌管理体系。

对于各企业的品牌运营管理者来说，要清晰地知道企业的品牌架构体系，要时刻把创建强势品牌放在首位，可以说品牌建设比短期的销售量更为重要。企业不要贪图一时的销量而毁掉品牌信誉，那些曾经叱咤风云的标王，哪一个不是在短期之内爆红然后又快速湮灭？营销的目的短期看是为了抢占更多的市场份额，长期看更是为了塑造品牌，这就要求企业不仅讲营销策略，更要讲品牌策略，品牌策略与营销策略是两个不同的概念，企业应当用品牌策略引领各类营销活动。

（一）三种品牌架构

公司品牌和产品品牌是常见的两种品牌形态，服务品牌和业务品牌在一些企业中可有可无，企业也不必纠结是否增加这两类品牌，具体要视自己的经营业务和经营种类来定。对于生产型企业来说，产品品牌可能有多个，对于纯服务型企业来说，可能只有一个公司品牌就足够。实际上，企业的品牌形态并非越全越好，有些业务品牌可能就是鸡肋，比如中国联通的“沃”品牌、中国移动的“和”品牌，用户只知道“联通”和“移动”，不会去管到底是“沃”还是“和”。与其人为增加一些不必要的品牌，不如节省资金打造消费者认可的核心品牌。

总体上看，各企业的品牌架构可以分为三种形式：单一品牌架构、多品牌架构和复合品牌架构。这三种架构各有千秋，各有利弊，没有最好，只有适合不适合。采取什么样的架构，更多取决于行业，然后取决于企业管理者的品牌意识。至于一般营销书所写的“背书品牌”架构，可归结于多品牌架构，最常用的是将公司名称作为其他品牌的背书或担保，或者用一种已经获得消费者高度认可的品牌作为母品牌，然后再进行品牌延伸，从而产生更多的子品牌。

1. 单一品牌架构

这种架构是指在企业经营过程中只使用同一个品牌，可分为两种形式：一是公司品牌和产品品牌相同，即公司名称就是产品品牌，这种方式比较常见；二是公司品牌和产品品牌不同，公司品牌（名称）只在工商局注册、签合同、开发票等经济或法律范畴内的使用，消费者认可的只是产品品牌，甚至消费者只知道产品品牌而不熟悉是哪家公司生产，或者误认为产品的品牌名称就是公司名称。在单一品牌架构中，公司可以有多条产品线，但所有的产品线均使用同一个产品品牌，有相同的产品标识。单一品牌架构的形式如图 6-1 所示。

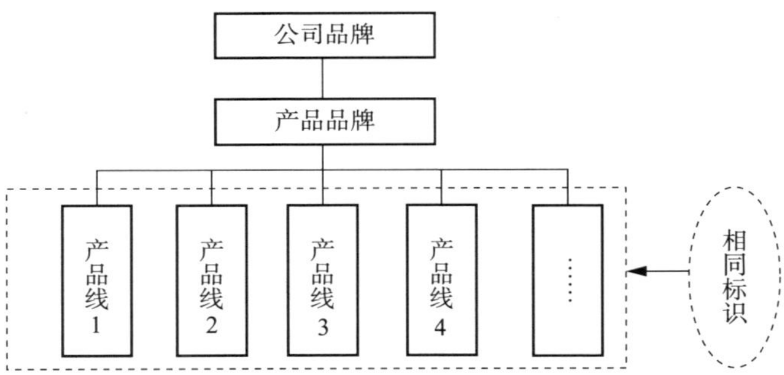

图 6-1　单一品牌架构

单一品牌架构的优点是便于消费者的识记，节约宣传成本，统一标识，统一公司形象和产品形象，消费者一旦认可某个品牌，会购买该品牌的多种产品。缺点是易受近因效应影响，一旦某款产品出现问题，其他产品很容易受到“株连”；受优先效应影响，不利于产品线的跨行业延伸，除非企业有大量的资金实力，可以投入大量的广告宣传对消费者进行“狂轰滥炸”，强行向消费者大脑中灌输品牌。主要采用单一品牌架构的知名企业有麦当劳、肯德基、永和豆浆、美的、苏泊尔、金利来、雅戈尔、七匹狼、飞利浦、佳能、雅马哈、苹果、小米等。

美的是消费家电领域的知名品牌，其采用单一品牌架构策略比较成功。从其官方网上商城可以看到，其家电产品品类很全，几乎是无所不能，可以说用“五花八门”来形容也不为过。其产品主要有空调、冰箱、洗衣机、厨房小电（电饭煲、电磁炉、微波炉、电烤箱、电炖锅、电压力锅、电蒸锅、豆浆机、果汁机、面条机、煎烤机、电饼铛、空气炸机、面包机、咖啡机）、厨房大电（吸油烟机、消毒柜、燃气灶、洗碗机、蒸汽炉、厨房垃圾处理机）、生活家电（电风扇、空调扇、电水壶、电热水壶、空气净化器、挂烫机、吸尘器、扫地机器人、加湿器、电暖器）、热水器/净水器（燃气热水器、电热水器、空气能热水器、净水机、饮水机）、配件（插座、智能门锁、智能音响、灯、浴霸、洗涤剂）、清洗服务等。

可以看出，在空调领域，美的与格力开展抗争；在洗衣机和冰箱领域，又与海尔抢夺市场；在厨房大电领域，又与帅康、老板、方太开展竞争；在厨房小电领域，竞争对手有苏泊尔和九阳；在热水器领域，与史密斯直接交锋。美的可谓是“多面出击”，并且在各领域的口碑还相当不错。美的的成功就在于其在消费者心目中树立的是一个消费家电品牌，这种品牌定位可以使其品牌向多个家电品类延伸。而苏泊尔和九阳最初树立的是厨房家电，如果这两个品牌向大家电品类延伸，估计很难得到消费者的认可。

2. 多品牌架构

多品牌架构是指在企业的经营过程中采用多个品牌，品牌结构呈现伞形或金字塔形。伞尖或塔顶是公司品牌，作为担保或背书之用，底部是各产品线品牌，各条产品线均有自己独立的品牌名称。在产品包装的展现上，有两种类型：一种是既突出公司的品牌标识（品牌的 logo），又突出各类产品的名称（如蒙牛、伊利）；另一种是主要突出产品名称，公司品牌标识不作为重点（如宝洁，宝洁产品只在较小的位置出现 *P&G* 标志）。两种品牌类型“双管齐下”，消费者既熟悉公司品牌，又熟悉产品品牌。多品牌策略的逻辑是市场可以有效细分，每个细分市场又可以有效定位。多品牌架构的形式如图 6-2 所示。

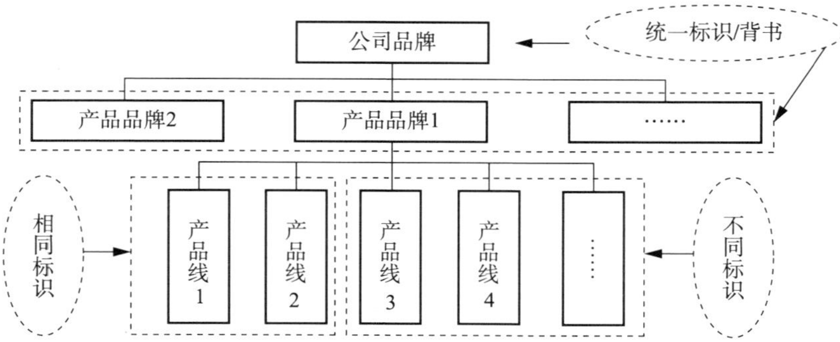

图 6-2　多品牌架构

在企业的发展初期，往往需要打造一两款经典的畅销产品，这一两款产品是企业精心打造的“宠儿”，不仅为公司源源不断地回收现金，而且让消费者熟知品牌名称和标识。随着企业规模不断扩大，品牌影响力不断增强，企业通常会选择扩延产品种类，甚至是多元化经营，为了有效隔离市场，明确新业务或新产品的市场定位，可以将已经形成一定知名度的品牌作为背书，对新业务或新产品另取新的品牌名称。此时，背书品牌为母品牌（一般为公司品牌或已经形成影响力的品牌），新品牌为子品牌（一般为各类产品线品牌）。母品牌与子品牌可以有相同品类的产品，此时，子品牌产品的角色是体现创新或升级换代，母品牌产品的角色则是维系老顾客，让保守型消费者持续购买，甚至会产生孙品牌（各类产品线品牌再延伸新的品牌，比如伊利妙趣冰激凌品牌还分舔一舔、嚼嚼乐和小雪生三个孙品牌）。

多品牌架构的优点是可以将公司产品有效触达各类细分市场，并且当某种产品出现问题时，一般不会涉及其他产品，从而在各品牌之间搭建一种无形的防火墙；如果各产品属于相同品类，各品牌之间也可能会形成内部竞争，有利于优化产品结构，但无论消费者购买哪种产品，资金都会流向公司而不是竞争对手。缺点是如果管理不善，各品牌之间可能会形成过度竞争，从而造成内耗，特别是在设置专职品牌管理岗位时，这种情况极易出现；分类过细、品牌过多可能会让消费者不知如何选择，消费者也会疑惑公司到底经营什么业务；多个品牌也会导致宣传成本的提升，分散公司的资金和精力。多品牌策略适于资金实力雄厚、经营规模比较大的企业，常见于日用快消品、化妆品和汽车。发展规模不太大的中小型企业，应尽量少采用这种策略，先集中力量做强做大一个品牌为上策。

国内乳制品巨头伊利和蒙牛均主要采用多品牌架构。从两家公司的官方网站查询各家公司的品牌，可以看出，两家公司在品牌展现上略有不同。伊利首先根据产品形态分类，在各产品系列里展现品牌，而蒙牛公司则将所有品牌一起展现。伊利液态奶类的品牌主要有安慕希、金典、植选、舒化、味可滋、谷粒多；奶粉类主要有金冠领、托菲尔、赋能星、沛能、欣活、培然；酸奶类主要有畅轻、每益添、Joy Day、帕瑞缇、益消、QQ 星；冷饮类主要有巧乐兹、冰工厂、妙趣、甄稀；奶烙类主要有妙芝。以“伊利”为品牌的产品有纯牛奶、核桃乳、学生奶、牛奶片、奶茶粉、酸奶等。蒙牛公司将 34 个主要品牌一起罗列展示，其品牌主要有：蒙牛、冠益乳、优益 C、纯甄、特仑苏、早餐谷粒、精选牧场、未来星、新养道、焕轻、真果粒、go 畅、奶特、蒂兰圣雪、绿色心情、冰+、随变、优牧之选、嗨 MILK、M-PLUS、Silk 美式豆奶、这只牛来、每日鲜活、新鲜工厂、慢燃、凝纯、益 show、蒙牛优牧、甄简、半餐生活、真谷粒、晚上好、轻衡，还有一个是蒙牛酸酸乳。蒙牛公司的网站更接近于电商，但其缺陷是消费者可能只认识品牌，却不知道到底是什么产品；伊利公司的网站对于品牌宣传相对较好，如果能增加网购链接会更加完美。

宝洁公司是多品牌架构的典型代表，其品牌战略曾作为经典教材被其他企业效仿和学习。由于其采用宣传各产品品牌的策略，导致“宝洁”品牌远不如其产品品牌有名气，消费者熟悉的是其产品品牌，“宝洁”的背书作用却不明显。宝洁公司在中国销售的品牌主要有欧莱雅、舒肤佳、海飞丝、潘婷、飘柔、沙宣、伊卡璐、威娜、帮宝适、护舒宝、朵朵、碧浪、汰渍、佳洁士、吉列、欧乐 B、博朗、SK-Ⅱ。在洗发水市场，宝洁公司“玩出了花样”，海飞丝、潘婷、飘柔和沙宣四大品牌均有不同的功效和不同的卖点：去屑、修复、营养、柔顺、滋润，但在产品创新和品牌宣传上显得有些老套，被年轻人视为“妈妈的品牌”，品牌老化现象比较突出。以蛋糕、面包出名的好利来公司，除了有好芙利这样的新名字以外，还有蒲公英、甜星、心岸和麦兹方四个名字，这些品牌分别在不同的城市运作。在汽车行业，多品牌策略应用的更为普遍，以通用汽车为例。通用汽车旗下品牌有别克、雪佛兰、凯迪拉克、GMC、宝骏、五菱和霍顿，别克旗下又有君越、君威、威朗、英朗、阅朗、凯越、昂科威、昂科旗、昂科拉、GL8、GL6、微蓝、Enspire 概念车等，这些品牌是别克的子品牌，是通用的孙品牌。当其中一款车型出现召回事件的时候，往往对其他车型的冲击并不很大，这就是采用多品牌策略的好处之一。

3. 复合品牌架构

这种架构是单一品牌架构或多品牌架构的变异或孪生兄弟，既包括自有品牌，又有联合品牌。在提倡共赢、场景消费、商业生态圈的今天，在万物即将互联的明天，复合品牌架构将成为企业未来重要的品牌表现形式。自有品牌的产权归属于企业独有，而联合品牌的产权则由两家或多家企业共享，品牌名字既可以体现这些企业名称，也可以是全新的名字。在产品包装上，既可以体现两家企业各自的标识，也可以有独立全新的标志。联合品牌的逻辑是通过强强联合，扩大或延伸消费场景，共享各自的粉丝，将一个个“粉丝孤岛”连成一片“粉丝桑田”，从而进一步增强粉丝的品牌黏性。相较于多品牌架构，复合品牌架构更为复杂多变，多样性更为明显。复合品牌架构的形式如图 6-3 所示。

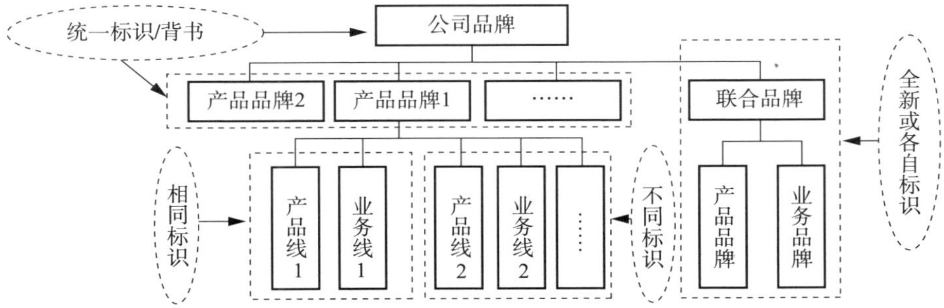

图 6-3　复合品牌架构

复合品牌架构可以分为“单一品牌+联合品牌”和“多品牌+联合品牌”两种模式。无论是哪种模式，首先要求自有品牌的强大，只有自有品牌强大了，才会有人主动上门“求婚联姻”，所以在联合之前，打造强大的自有品牌IP、提升自有品牌被认可和被利用的价值是企业品牌建设的首要任务。联合讲究“门当户对”，双方在业务上高度契合、在知名度上并列旗鼓，新产品或新业务还要有广阔的市场空间。企业一方面精心培育自有品牌，另一方面也可以主动出击，利用品牌魅力“招蜂引蝶”，寻找“志同道合”的战略伙伴。

复合品牌的优势是让品牌各司其职，特别是联合品牌增强了品牌的应用场景，通过“品牌联盟”之间的资源互补，共同创造一个忠诚的消费场景，从而实现“众人拾柴火焰高”的共赢局面。缺点是如果公司本身有多个品牌，可能会对已有品牌形成干扰，模糊原有品牌的市场定位，当两个企业不太相关时，强行联合可能不会结出“甜蜜的果实”，也难以迸发出耀眼的火花，并且复杂的品牌结构还需要企业能理清各品牌之间的内部关系。选择合作对象非常重要，如果在业务上没有内部逻辑关系（即消费场景关联、业务契合或互补、能联想到一起等），两家企业最好不要硬性捆绑。有时候，两家直接竞争者也可以共同创建一个业务品牌，比如天猫与苏宁联合打造3C业务品牌。

在跨界、开放、共享、互融的时代，许多企业的营销已不仅仅局限于传统营销模式，而是“抱团取暖”，特别是借助互联网平台，企业之间的合作可以创造许多新生的业务品牌和产品品牌。网易云音乐是网易品牌旗下的业务品牌，其与农夫山泉联合推出的限量版“乐瓶”，就让人眼前一亮；与屈臣氏联合推出6款以音乐为灵感的妆容（复古爵士装、民谣诗意妆、流行风尚妆、轻音夏日妆、嘻哈迷幻妆、古风国色妆），让人看到化妆品还可以这样销售。网易与饿了么联合推出的“丧茶”，与茶饮新贵“喜茶”遥相呼应，利用年轻人的反叛心理，迅速让消费者熟知这一品牌。中国联通与腾讯公司联合推出的大王卡也是联合品牌的典范，让越来越被“管道化”的电信运营商找到了一条新的发展之路。需要注意的是，联合营销已不是新鲜事，但联合营销不一定产生联合品牌，是否共同创建全新的品牌取决于双方的业务合作需要。

海尔是世界白色家电的第一品牌，从一把大铁锤砸不合格冰箱开始，海尔品牌就深入人心，海尔产品得到千万消费者的认可和青睐。海尔的集团品牌主要有海尔、卡萨帝（Casarte，高端品牌）、统帅（Leader，轻时尚家电）、通用家电（GE Appliances，北美第一厨房电器）、斐雪派克（Fisher&Paykel，新西兰，奢华厨房电器）、AQUA（日本，三洋知名家电电器）、Candy（意大利，首个引入智能化洗护家电）、日日顺等。其中，日日顺是海尔倾力打造的综合服务品牌，力争“做有温度的触点网络，致力成为物联网时代社群最佳体验迭代生态圈，”日日顺品牌旗下还有日日顺物流、日日顺乐家、日日顺乐农三个平台品牌，以及乐家诚品高端农特产品生态品牌，2018 年日日顺被认定为国家驰名商标。除此之外，海尔公司还有盈康一生、卡奥斯（COSMOPlat）等服务品牌；海尔兄弟等文化创意品牌。海尔集团还曾与美国纽约人寿保险公司合资成立“海尔纽约人寿”品牌，随后更名为“海尔保险”，2012 年再度更名为“北大方正人寿”。从产品品牌到平台品牌再到生态品牌，海尔集团的品牌架构正在不断演绎迭代，随着物联网时代的到来，不断有“新物种”融入“生态丛林”，复合型生态品牌将成为大型企业品牌策略的首选。

在一些营销书上，将背书品牌作为一种品牌架构，这种划分不太合理。因为无论是单一品牌策略、多品牌策略还是复合型品牌策略，公司名称或主要产品的品牌起的就是背书和担保作用——消费者首先认可这一品牌，然后认为与该关联的其他品牌均是好产品，值得信赖和放心购买。起背书作用的常常被界定为母品牌，子品牌或孙品牌等均是其衍生品。

无论是哪一种架构，企业的品牌体系一定要清晰，经营者要做自己的品牌皇帝，对于“三宫六院七十二妃”品牌均要了然于胸，清楚每个品牌的定位和地位，知道每个品牌的目标在哪儿，处于生命周期的哪个阶段。虽说人不可以“喜新厌旧”，但在品牌经营中，对于一些时过境迁的老化产品品牌，如无“返老还童的可能”，就不要有恋恋不舍之情，该舍弃时别心软，该放手时别犹豫。

（二）品牌建设架构

品牌架构是一种静态的物理架构，反映各品牌在企业整个品牌体系中的作用和位置，体现各品牌之间的物理逻辑关系，一旦确定，在较长的时间内保持相对稳定。而品牌建设架构是一种动态的“化学”架构，反映创建品牌的各种动作及其内容，体现各类活动之间的“化学”逻辑关系。创建一个强势品牌，非一朝一夕之功，需要企业长年坚持不懈地积累和沉淀，并且还要讲究策略和方法，即不仅要找准方向，更要找到路子。

在品牌创建过程中，需要内外兼修，对外和对内同时发力，不仅要讲外部营销，更要讲内部营销。在消费者的眼里，企业内部员工是品牌的“知情者”，其说话和态度具有一定的权威性，如果连内部员工都不认可品牌，或在各种场合说“坏话”诋毁品牌，那么品牌要想获得外部市场的认可会很难，所以在做品牌推广的同时，更要向内部员工宣贯。品牌建设架构如图 6-4 所示。

图 6-4 品牌建设架构

此架构图显示，对内和对外的品牌创建动作各有侧重。对内，强调更多的是管理和宣贯。企业不要仅仅把员工视为工作或服务的操作者，更要把员工塑造成一个个鲜活有力的“传话筒”或“大喇叭”，在日常管理中，强化员工对品牌的理解和认知，提升其主人翁意识，培养其义务宣传的责任心，让每位员工均以企业为荣，以品牌为傲（前提是让员工觉得有前景和有“钱图”）。对外，强调更多的是营销和推广，品牌营销比市场营销的内容更为丰富，“小动作”更多。品牌营销旨在塑造强势品牌而非销售，因为强势品牌可以减少营销阻力，降低获客成本，直接或间接增加产品或服务销量和利润。

1. 品牌内部建设

品牌内部建设主要包括品牌设计以及对内宣传的内容、载体和形式。品牌设计是品牌建设的第一步。品牌名称、标识、视觉形象系统和品牌经营策略等要依据目标市场而定，不同的目标市场，可以用不同的产品（用不同的名称）去开发。品牌名称、标识等在确定之前，一定要先进行内部测试，即先让一部分员工评判；然后再去尝试倾听外部市场的反馈，可以有针对性地选择一些消费者、专家、渠道商、媒体等参与，不要大范围地试错；最后将方案和建议交由公司高层决策。如果为新增品牌，还要确定好在整个品牌体系中的位置，并在网站或宣传册（页）上及时更新。等品牌确定后，还要会同人力资源部做好品牌管理的岗位设置，可以不设专职人员，但一定要有专岗负责。

内部宣传时，要让每位员工牢记企业的使命、愿景和价值观，熟知企业各个品牌的内涵和定位。企业各层级和各部门员工，均需要了解企业每类产品的特色和性能，非一线生产人员可以不必知道详细的技术参数，但一定要知道相对于竞争对手的优势和劣势。同时，品牌的营销活动不要仅局限于营销部门知道，要让每位员工知道公司正在进行哪些营销活动。基于保密角度，在活动之前可以不宣贯，但对于正在进行的活动最好让每位员工都知晓。至于品牌的发展历程、获得的荣誉以及公司大事件等，也是内部宣传的重要内容。

微信群、QQ 群是许多企业的日常交流工具，关于品牌的一些消息、文件等可以通过这些渠道在内部传播。有条件的企业，还可以建设自己的博物馆或展览馆，用于展示企业和品牌的发展历史、经典产品等；精选各种照片装饰企业的文化墙，照片可以有品牌获奖证书、知名人士的参观访问或试用场景、公司领导的社交活动、公益活动、生产工艺等。在企业的办公用品（如笔记本、稿纸、包装袋等）、礼品等上边印上品牌 logo，员工出去开会办事可以体现统一形象。这些均是品牌的形象工程，不仅可以让员工产生自豪感，而且也可以对外展现公司实力和形象。

内部宣传的内容形式主要有视频、文案、照片、广告词、获奖情况等，只要与品牌相关的，均可以用来宣传。公司的一些广告视频，对外投放的同时应在内部流传，并鼓励员工散发到自己的朋友圈和微博。传播形式主要有通报、会议、讨论会、考试、竞赛、有奖转发等，形式多样的传播形式可以增加工作的“趣味性”，让员工在不知不觉中掌握相关知识。考试可能会流于形式，但在一定程度上也会倒逼员工去了解公司品牌现状。竞赛是一种有效的品牌内部宣传方式，不仅会提升团队的学习热情，增强团队凝聚力，也会让员工学习由被动变为主动。建立学习型组织的一种有效方法就是组团学习，团队成员可以互相监督、互相帮助，有一些物质性的奖励效果会更佳。

2. 品牌外部建设

品牌外部建设是创建强势品牌的主战场和主阵地，品牌建设能否算得上成功，可由品牌的外部市场影响力和消费者认可度两个指标来评判。营销一方面是为了销售货物，回笼资金，让企业实现良性循环，健康成长；另一方面也是为了塑造品牌，扩大品牌市场占有率和影响力。可以说，营销只是品牌建设的一种基本形式，品牌建设需要考虑的因素远远超过营销范畴。作为社会一个细胞单元，企业需要保持一颗“功利心”，有目的地与社会各界搞好关系，经常参与或举办一些社会活动，在市场中混“脸熟”，提升品牌曝光率，这些均是成熟企业建设品牌的常规动作。在内容、形式和载体上，品牌的对内传播和对外传播差异很大，因为受众目标完全不同。

对外传播的目的是展示企业正面形象，提升品牌知名度，促进产品销售。外宣的内容可以分为两大类：一是企业的产品和品牌，通常以最直接的方式——广告来开展，其作用是让消费者知晓该品牌，并且别遗忘该品牌；二是企业经营理念、领导社会活动和品牌故事等，通常用间接的方式——媒体新闻来开展，其作用是让消费者熟悉该品牌，拉近与品牌的距离，减少防备心理，增强品牌信任。这两类内容要结合起来一起使用，不能过分依赖其中的一种。如果只单纯依赖广告，消费者只会对品牌“知人知面不知心”，“广告一响，黄金万两”的年代已经一去不再复返；只通过新闻宣传企业，消费者难以将企业、品牌、产品三者联系在一起，会对品牌产生陌生感。

外宣的媒体选择也很有技巧性，选择什么样的媒体取决于企业的总体经营战略和阶段性经营策略。在传统媒体中，电视仍是树立品牌形象的不二选择，特别是央视，能在央视持续做广告均被视为实力展现，那些付不起高额广告费的企业可以另辟蹊径，充分利用自媒体做内容宣传。顾名思义，"自媒体"就是"自己家"的媒体，是"我的地盘我做主"，但企业也不能任性而为，要根据经营策略有序开展，把控宣传节奏，对于一些突发事件，企业的微博和微信要在第一时间回应，不要等到事件发酵到一定程度再发声，让企业陷入被动，比如滴滴对"杀人事件"的回应就过于迟钝。企业网站是品牌的脸面，需要用心经营，相关内容要及时更新，便于消费者的浏览和查阅。相较于企业网站，App 是自媒体新贵，不要只将 App 视为办理业务、销售产品的自有平台，更要将其打造成宣传的利器。自媒体的宣传效果取决于自身的活跃度和有效粉丝数量，内容丰富、更新及时、互动密切等可以让自媒体显得生机勃勃，提升粉丝黏性。引导消费者关注、安装、使用自媒体非常重要，随着粉丝量的增多，转化率也会水涨船高。如果企业没有精力或能力去经营自媒体，可以选择专业公司代为操作，企业只要做好监管工作即可。

在 4G 时代，新媒体对传统媒体形成了强烈冲击，让传统媒体的广告效果大打折扣，迫使传统媒体"改头换面"。在 5G 时代，这种冲击将更加迅猛，更加残酷。由通信计算机技术推动的数字化经济，将重新打造全新的传媒体系，手机对消费者的影响将更加深远，由移动客户端形成的动屏将成为广告投放和品牌宣传的主流。消费者对手机的依赖就像成年人吸食鸦片，让人成瘾，不仅在碎片化的时间看手机，而且只要条件允许，在整段时间也是紧盯手机屏幕，手机甚至成为痔疮患者人数增多的帮凶（许多人喜欢坐在马桶上看手机）。抖音、快手、火山、西瓜等以草根为主的短视频平台更加吸引眼球，5G 将促进短视频播放更加顺畅；以资讯、信息和娱乐为主的今日头条，以知识共享为主的知乎，各类垂直领域的平台 App，再加上略为"上年纪"的微信公众号和微博，以及行业 App、企业 App 等，依托于手机的新媒体影响力、传播力和互动力与日俱增，活跃用户不断创出新高。新媒体昌盛的原因是草根（消费者）话语权的增加，信息由单向传递（广告）转为双向互动（电子口碑），新媒体成就了一大批大 V、网红和播客，这些 KOL（Key Opinion Leader，关键意见领袖）成为自带光环的"民间传奇"，对品牌的影响力甚至超过大腕明星。5G 不仅仅是万物互联，更会产生眼花缭乱的信息和各类应用，无论你从事什么行业，均需要高度重视新媒体的建设和利用，你不顺应潮流，就会被时代所抛弃，真可谓是“顺势者昌，逆势者亡”。

围绕品牌开展的各类社会活动可以称之为“间接营销”，包括企业赞助、专家研讨、企业参观、工业旅游、企业沙龙、新品发布会、新闻发布会等，这些活动的目的是传播企业的社会责任、经营理念和经营动向。广告主要是面向大众消费者，而品牌活动的主要参与者往往与企业有较为紧密的关系或联系，并且有一定的社会地位和影响力，参与者均自带流量。企业不要将这些活动视为成本支出，可有可无，要将这些活动视为品牌建设的重要一环，由广告不能传播的，可以借由品牌活动来补充完善。在自媒体蓬勃发展的时代，这些活动可以为品牌带来大量的口碑宣传，借他人之口远比自弹自唱效果要好，比如邀请网红参加新品发布会，公益赞助、产品馈赠会收到无数个点赞，等等。

公共关系不是指与相关群体吃吃喝喝成为“酒肉朋友”，而是扩大企业的交际圈和影响力。与政府关系的重要性不必言表，只要及时纳税、吸纳就业、产品不损害国家利益和人民利益，遵守相关法规制度，政府会在各方面支持企业发展。在本行业内，要交几个“知心朋友”，以便在行业发生危机时，共渡难关，企业领导者或管理者应适度参与行业或协会组织的活动。媒体是社会舆论的引导者，与主流媒体搞好关系会夯实企业的宣传基础，不惧怕一些“流氓媒体”的敲诈勒索，在偶现负面消息时也不至于被落井下石，国家虽然着力打击信息“掮客”，但在自媒体时代，“黑公关”仍有存在的土壤，与主流媒体的关系就显得更为重要。在奔驰汽车“漏油事件”中，先是由自媒体发酵，然后是央视、新华网等主流媒体发声，最终迫使奔驰汽车低下高昂的头颅，但这些主流媒体迟迟而来的声音却颇耐人寻味。专家拥有更多的专业知识，在社会上有更多话语权，让专家主动为品牌站台可以增加消费者的信任，企业可以成立自己的专家智库，并定期召开专家研讨会。当然，专家是在用自己的声誉为品牌做担保，所以与专家交往更要注意技巧。

在宣传形式上，以广告为主，讲究软硬并举。硬广告虽然直接，但被排斥的可能性更大，特别是在品牌不太知名的时候，硬广告极易被选择性遗忘。软广告会让消费者在无声无息中接触到品牌信息，但在海量的信息中，软广告也极易被消费者忽视。流媒体是指在因特网上以数据流的方式实时发布音频、视频、Flash、Gif 动态图片等多媒体内容的媒体，5G 将使流媒体的生存空间更加宽广。相较于传统静态广告信息，流媒体广告可以承载和实时展现动态信息，指向更为明确、趣味性更强、覆盖密度更大、传播能力更强。借助于大数据分析，各类广告的投放将会更加精准，负面作用是容易形成互联网“回音壁”，让消费者在海量信息中陷入“信息孤岛”，这就要求企业的广告表现形式、展现内容等应当尽可能地丰富多彩。宣传册（页）、展板、说明书（含电子版）、礼品、展销会等均是常见的宣传方式，企业可量力而为。

在品牌的建设过程中，不是你说好就是好，得由外部市场来检验和评判，“你说好”有可能是孤芳自赏，大家说好才是真的好，因为“群众的眼睛是雪亮的”。在某种程度上讲，内部建设只是一种品牌“修炼”，目的是让品牌强筋健骨，增强御寒能力，让品牌由内向外散发青春活力。品牌的一些负面消息在内部还可以用盖子焐着，甚至烂在锅里，而在外部市场，一条负面消息就有可能把品牌推上风口浪尖。品牌的外部建设是真刀实枪的竞争，需要企业时刻保持一颗警惕之心，敬畏市场、敬畏消费者、敬畏对手、敬畏趋势，需要企业用创新精神去建设和维护品牌，让品牌茁壮成长。

三、品牌赋能

赋能（Empowerment）是一个非常时尚的热词，近几年被企业大咖、管理学家、学术界等频频提及。赋能一词源于心理学研究，是指赋予组织或个体某种力量和能量，旨在通过言行、态度、学习、环境、技术、管理等给予组织或人正能量。比如，经常用肯定性词汇表扬小学生，学生的成绩会越来越高，表现越来越好，这本身就是通过心理暗示给学生赋能。从其对应的英文单词来看，还有授权之意，是指授予组织、团队和员工个体自我管理、自我提升和自我激励的权力，最大限度发挥其才能和潜能，谷歌创始人拉里·佩奇提出：“未来组织最重要的功能不再是管理或激励，而是赋能。”

赋能是谷歌、京东、阿里巴巴、腾讯等知名互联网企业所倡导的一种新型企业文化，马云、马化腾等互联网大咖均对“赋能”做出了解释。马云在2017年给阿里巴巴的发展定位是：“未来20年，阿里巴巴不是一家电商公司，而是一家赋能公司，它的使命是通过新技术给中小企业赋能。”马化腾将赋能分为中心化赋能和去中心化赋能，腾讯公司执行的是“去中心化”赋能，是最大限度地保护“被赋能者的安全、命运和利润”。京东到家则提出“零售赋能”，通过“流量”“效率”“用户运营”三个方面帮助优质商家转型升级。

事实上，赋能不是平台型互联网企业的专利，任何组织、任何团队、任何个人均需要赋能。就像“万物生长靠太阳”一样，组织的发展、员工的成长均需要积聚强大的正能量作为支撑。对于组织（包括团队）来说，赋能就是顺应时代发展趋势，自我创新变革——在硬件上采用先进科学技术，在软件上变革管理模式、组织架构和运营模式，在思想上采用最先进的知识理论和理念，海尔的“人单合一”就是组织赋能的典范，央企进行的混改则是一种体制赋能。对于员工个人来说，赋能就是通过自我学习、企业培训、专业指导等增强业务能力和自我管理能力，通过科学授权提升工作灵活性和主动性，通过科学激励提高员工爱企精神和主人翁意识。大型国企和小型民企、互联网企业和传统型企业、规模化企业和个体户，均需要通过各种赋能来变革自我、提升自我，让组织看起来“血气充盈”，让一些衰退企业“满血复活”。

作为企业与市场联结代码的品牌同样需要赋能。品牌赋能就是赋予品牌正能量，点燃品牌的“能量小宇宙”，给品牌吃“长生不老药”，激活品牌的“能量因子”，让品牌永葆青春活力。对于老字号来说，品牌赋能是让品牌“返老还童”或“老当益壮”。年轻人阳气充足，精力旺盛，体能充沛，朝气蓬勃，活力四射，闯劲十足，每个人都渴望青春永驻，从内心拒绝衰老和死亡（在这一点，男人和女人都一样，只不过女人常用化妆品来弥补，而男人更多的是坦然面对和接受）。品牌也一样，品牌赋能就是让品牌 IP 化和年轻化，防止品牌过早老化或未老先衰，提升品牌在市场中的辨识度、知名度、美誉度、共鸣度和黏结度。

品牌赋能不是指用大量的广告打造或粉饰品牌，更不能用虚假信息获取短暂的繁荣，不讲科学的“狂轰乱炸”只是让品牌吃激素，只能让品牌变得虚胖，经不起市场的风吹雨打，遇到一点儿小波浪，品牌会立马消肿显原形。品牌赋能既要讲究策略和技巧，更要一步一个脚印踏实前行，先“修身正己”，再“治国平天下”，即先练内功，再去行走江湖。在成长规律上，品牌与人并无多大区别。

品牌“修身”是指采用多种创新方式塑造品牌与时俱进的形象，让品牌成为“创新、专业、内容、消费、责任、质量、友好”的符号或化身。无论新生品牌还是老字号，均要让消费者觉得有“当代”感。对于新生品牌，品牌名称可以略有体现，而对于老字号品牌，则应展现更多创新内涵，不能“倚老卖老”。品牌“正己”是指始终将质量放在首位，让品牌拥有“不腐金身”，经得起时间检验，“正己”不是刻板或古板，而是让消费者觉得“一身正气、负责任、有保障”。品牌“治国”是指打造品牌IP，让品牌成为满足消费者利益的符号，消费者只要有类似需求，就会在第一时间内想到该品牌。为了打造IP，企业要学会为品牌编撰动听的故事。“平天下”是品牌赋能后的结果，品牌即使不能“一统江湖”，也会在市场中（市场份额）和消费者心目中（心智份额和情感份额）占有一席之地。

（一）质量第一

质量是品牌的“命根子”，是品牌的立世之本、生存之基、成长之源，是组织和企业寻求发展的“真理”所在，任何企业均不能漠视质量的重要性。无论是制造业还是服务业，能够列入世界品牌排行榜的，无一不是高度重视质量管理。质量是营销的基础，不追求质量，再高超的营销技巧也不能保证企业基业长青，没有质量的营销只能获得短暂的繁荣，企业飞得越高，摔得往往越狠，产品可以骗得了一时，但蒙不了一世，那些曾经依靠巨额广告费一战成名的“标王”就是鲜活的例证。但只追求高质量也不行，还要有其他因素共同作用才能成就一个品牌的成功，可以说质量是第一，但质量不是唯一。

世界上共有三大质量管理奖项：日本的戴明质量奖、美国的波多里奇质量奖、欧洲质量奖，这三大奖项被称为企业界“奥斯卡奖”。爱德华·戴明被誉为世界“质量管理之父”，其提出的“戴明环”至今仍是质量管理的经典工具，戴明环是指PDCA（P-plan，计划；D-do，执行；C-check，检查；A-act，处理）四个步骤组成的循环，一个循环结束后，再进入下一个循环，周而复始，螺旋上升，从而严格控制质量。1951年，日本设立了主要面向制造业的“戴明国家质量奖”，被企业界誉为“企业诺贝尔奖”。受戴明、朱兰等质量管理学家的影响，追求高质量发展成就了第二次世界大战后日本经济的繁荣，让以丰田、本田、东芝、松下、日立、索尼、精工等为代表的日本品牌享誉全球。“现代管理之父”德鲁克给予戴明很高的评价：“戴明对日本和美国都产生了难以估量的影响。”

20世纪80年代，高质价廉的日本产品对美国本土企业产生了强烈冲击，美国于1987年开始颁发波多里奇国家质量奖（马尔科姆·波多里奇，Malcolm Baldrige，1981—1987年任美国商业部长，在促进美国国家质量管理上做出突出贡献），该奖项设置包括六大类：制造业、服务业、小企业、教育业、医疗保健业和非营利组织，该奖项的设立促使美国各类组织高度重视质量管理，从而让美国企业重新找回了竞争优势，促进了美国品牌的强盛。

受戴明质量奖和波多里奇质量奖的影响，欧洲企业也设立了欧洲质量奖，从1992年开始，每年评选一次，该奖项只针对在欧洲发生质量管理活动的营利性企业，企业的国籍不限，共设质量奖、单项奖、入围奖和提名奖四个奖项，旨在推动质量改进运动，提升企业质量管理意识，提升欧洲企业在世界一体化市场中的竞争力。2018年，湖北省的长飞光纤光缆股份有限公司（长飞公司）成为首位荣获欧洲质量奖的中国企业；2019年，山东临工工程机械有限公司（山东临工）再获此荣。

我国的两大质量奖项为中国质量奖和全国质量奖。中国质量奖于2013年设立，是中国质量领域的最高荣誉，现由国家市场监督管理总局负责，授予在中华人民共和国境内质量领先、技术创新、品牌优秀、效益突出的组织和对促进质量发展做出突出贡献的个人，共设质量奖和提名奖两类奖项，每两年评选一次，每次质量奖名额不超过10个组织和个人，提名奖不超过90个。全国质量奖（原名全国质量管理奖）于2001年设立，是对实施卓越绩效模式并取得显著质量、经济、社会效益的组织授予的在质量方面的最高荣誉，由中国质量协会负责，共设组织类、项目类和个人类三个奖项，每年评选一次，原则上每次评选组织类不超过10个，项目类不超过5个，个人类不超过10个。

除了这些质量奖项之外，对企业质量管理影响较大的还有国际标准化组织的质量管理ISO 9000族标准，从1994年开始，共进行了四次修订，截至2019年底实行的为2015年版标准。要想获得该标准的认证，必须请相关机构对其质量体系按流程和标准进行严格审核。在审核的过程中，可以促进企业增强质量意识，完善质量管理，降低次品和废品的生产，减少材料浪费，提升工作效能，实现良性发展。一旦获得认证，也就意味着企业的质量管理体系获得国际社会的认可，也意味着企业的产品质量、质量管理等上了一个新台阶，企业形象和品牌形象得到进一步提升。

20世纪80年代，受日本企业的冲击，生产第一代手机（大哥大）的摩托罗拉公司开始严控产品质量，于1986年提出了“六西格玛（6σ）”质量管理体系。6σ是一个管理目标，意味着每百万产品里只有3.4个残次品，该管理体系铸就了摩托罗拉几十年的辉煌，成为全面质量管理的里程碑之一。通用公司的杰克·韦尔奇将6σ管理体系演变到企业流程再造，该体系成为一种高度有效的企业流程设计、改造和优化的技术。6σ管理体系现已成为全球知名企业所推崇的一种管理哲学，这种哲学要求将顾客需求放在新产品设计的首位。

可惜的是，6σ 管理并未让摩托罗拉品牌永放光芒，摩托罗拉品牌正逐渐被人遗忘，许多年轻人已不知道当年的“手机一哥”。摩托罗拉品牌的落败不在于产品质量，而是在战略上犯了两个错误：一是“铱星计划”耗费了企业大量的精力和财力，超出市场承受能力的高投入并未得到预想中的回报（可见企业发展太超前也不一定是好事）；二是创新能力不足，手机性能未与通信技术保持同步发展，在苹果公司“硬件+软件（应用）”新商业模式的夹击下节节败退，前有诺基亚的阻击，后有苹果、三星的追击，昔日“一哥”终于走了麦城，先后被谷歌和中国联想收购，多年积累的专利被谷歌公司捡了便宜。由此可见，高质量不一定能保证品牌能够永生，但一个强势品牌一定要有高品质，即质量是品牌的必要非充分条件。

从摩托罗拉、诺基亚身上也可以看到中国凤凰、飞鸽、永久自行车的身影，这些企业的共同特征就是产品质量均没有问题，但又均被市场所淘汰，淘汰的主要原因之一就是创新能力不足，创新意识不强，没有居安思危，对消费者的需求变化反应迟钝，其实从骨子里奉行的仍然是生产观念或产品观念。这就引出了另一个命题——企业是否应追求高质量？因为高质量就意味着高成本，面对激烈的市场竞争，质量不好会被首先淘汰，质量过高就意味着必须用高价格对冲高成本，长期看也不利于竞争，特别是在品牌没有什么知名度的时候，即使产品质量再高，高价格也会阻碍许多人购买，这就是著名的“质量悖论”。

那么企业应如何追求“适度”高质量呢？另一位美国著名的质量管理大师约瑟夫·朱兰的质量观念似乎可以回答这一问题。与戴明一样，朱兰也常被日本政府邀请过去讲课，其思想观念颇受日本企业界欢迎。朱兰创新性地将帕累托原理引入质量管理，并将人力资源与质量管理结合在一起，其质量观念——质量是一种合用性（Fitness for use），即产品在使用期间能满足使用者的需求，产品不是质量越高越好，只要在生命周期（使用期）内满足使用即可，这也就不难解释为何日系汽车一到时限就问题不断，足见朱兰质量观对日本企业的影响有多深。另外，“质量计划、质量控制和质量改进”还被称为“朱兰三部曲”，其中，质量改进还分持续改进和突破改进两种。

质量可以分为产品质量、服务质量和管理质量三类。管理质量属于企业的“内控”，适于所有行业或组织，高的管理质量有两个来源：一是领导特别是一把手（老板）的眼界、能力和管理方式，二是严格又合理的制度和规范。管理质量高，企业战斗力就强，凝聚力就高，领导与员工各司其职，团结一心，互相信任，员工责任感和归属感强，企业经营有序，生产有方，这种企业不优秀也很难。对于耐用品制造企业或者生产型服务业来说，服务质量与产品质量同样重要。消费者购买耐用品，往往要使用较长时间，因此消费者不仅会看重产品质量，更会考虑服务质量，即使在整个生命周期内，消费者可能不会再与企业产生任何交互，但消费者绝不想因为可能的售后服务问题与企业打口水仗，如果品牌的服务口碑很差，会让消费者敬而远之。对于餐馆，消费者不仅要求菜肴的色香味要好，而且对服务也有对等的要求，口味再好，服务员态度极差，也不会有太多的回头客。对于快消品来说，服务需求相对较少，因此消费者更加重视产品质量，比如火腿、面包、方便面、饮料的味道是否正常、有没有过期，等等。对于纯服务型组织来说，比如律师事务所、咨询公司等，服务的过程质量（比如员工态度、服务环境等）与结果质量（问题是否得到有效解决、解决的程度等）同样重要，比如病人去医院看病，医生或护士的工作态度会影响患者的就医感知，病情是否得到缓解或根除会成为评价医院水平的重要标准。

美国营销学者帕拉休拉曼（A. Parasuraman）、赞瑟姆（Valarie A. Zeithamal）和贝里（Leonard L. Berry）依据全面质量管理思想，提出一种基于顾客期望与感知的服务质量评价体系，三位学者将服务质量分为有形性、可靠性、响应性、可信性和移情性（共情性，同理心）五个维度，并开发了一个SERVQUAL评价模型（服务质量差距模型，或5Gaps模型）以及测量量表，该模型和服务质量理论被广泛应用于零售、航空、宾馆、餐饮等企业。这个模型可能过于理论化，企业在实践过程中，可以借鉴其内涵和维度，全方位做服务质量管理。对于相同的服务体验，不同的顾客会有不同的感知，顾客期望更是因人而异，因此，为了缩小感知与期望之差，企业应尽可能地做到服务标准化，即制定具体、明确、统一、可行的质量管理细则，比如餐馆里的上菜时长、服务员的回应速度、礼貌用语使用等，这些标准要经常让员工“温故而知新”，时刻牢记于心。

企业所处行业不同，产品质量和服务质量的具体内涵、具体标准也不相同，要视企业的实际情况而定。产品质量和服务质量均属于一把手工程，企业领导要常年紧抓不懈。按照朱兰的“合用性”质量理论，产品应在合理的期限内实现其应用的功能，只要在此期限内不出问题，产品质量就没问题，这也许是许多人感慨现在许多产品不如以前的质量好的理论根源所在。但这与“凑合型”质量理论是两个概念，产品质量不能是得过且过，勉勉强强维持到使用期限，而是在成本及合理利润允许的前提下，尽可能地对质量精益求精。

对质量的追求在本质上体现的是企业的责任心、良心和工匠精神，反映的是企业的价值观和行为准则。在现实生活中，无论男女，都喜欢有责任心的人，因为有责任心的人让人放心，有安全感，与其相处不觉得心累，与其共事不用设防。消费者同样喜欢有责任心的企业，因为这些企业不会使用伪劣变质原材料，不会在生产过程中偷工减料，也不会为攫取高额利润而不择手段，更不会拿消费者的健康和生命当儿戏（隐性的图财害命）；这些企业会用工匠精神狠抓生产质量，认真打造每一件产品，向市场提供优质的产品和服务。消费者常将知名品牌视为高质量的代名词，在消费者无判断能力或专业知识的时候，品牌的名气就会起决定性作用，但依靠广告堆砌的名气是脆弱的，依靠“真才实学”形成的名气才能经得起时间和市场的双重检验。

追求高质量本身无错，但认为“只要做到高质量就可以畅行天下”的观点是错误的，这是典型的“好酒不怕巷子深”经营理念。“酒好”是基础，而让人知晓并认可“酒好”更为关键，所以在追求质量固企、兴企时，企业不仅要会做，更要会唱，且要唱得动听悦耳吸引人，让人有“余犹未尽”的感觉。“如何唱、唱什么、给谁唱”则是营销范畴，“唱”的目的就是想方设法让目标市场上的消费者知道并尝试消费产品和服务，只要试用，消费者就会留下深刻印象，并把品牌作为自己未来“消费集”中的一员。可以说，质量与营销是企业的两条腿，缺一企业就会行走不便，也走不长远。企业一定要切记：质量是第一，但不是唯一。

（二）品牌 IP 化

IP 代表两种意思：一是指互联网协议（Internet Protocol），二是指知识产权（Intellectual Property）。前者只有在电脑连不上网时才被人想起，后者则是近几年的网络热词。互联网协议是 TCP/IP 协议簇中的网络层（协议簇共分四层：链路层、网络层、传输层和应用层）协议，是整个互联网络的核心协议之一，起承上启下作用。IP 的最大作用就是分配网络地址，在 IP 地址中，前面部分代表网络地址，后面部分表示该主机在局域网中的地址，网络中每台设备和终端（包括电脑和手机）的 IP 地址具有唯一性，所以在网络中所有的言行均可以“按迹循踪”，独立IP也常作为互联网企业的一个用户数指标。

知识产权本是法律范畴的术语，主要包括著作权、专利权和商标权三种类型，不仅有唯一性，而且还有专属性、独享性和延展性。因商业资本的介入，知识产权的商业价值正被大力挖掘。迪士尼是玩转IP的高手，IP贯穿迪士尼文娱全产业链，包括影视制作和发行、休闲娱乐、产品研发、互动媒体等，给迪士尼带来源源不断的利润。在国内，迪士尼的商业模式正被国人效仿并超越。2011年，腾讯公司提出“泛娱乐”概念，其核心就是明星IP，即通过IP吸引大量粉丝和注意力，构建一个打通游戏、文学、动漫、影视、戏剧等多种文化创意业务领域的互动娱乐新生态，传统条格型或栅栏型的各种文化形态被IP贯穿连在一起，“泛娱乐”概念也被国家相关部委重点提及，并作为文化产业未来重点发展方向之一。

泛娱乐概念引发了一场新的“文化革命”，在国内，真正让“IP”一词商业化和符号化的是2015年热播的《花千骨》《琅琊榜》《何以笙箫默》三部连续剧，这三部剧均改编自七八年前的热门网络小说，借助互联网的力量，由文学延伸到影视、游戏和商品，让“自娱自乐”或“修身养性”或“歌以咏志”之用的文学打开了财富大门，也让更多的人看到了IP潜在的巨大商业价值，IP也成为当年最具热度的网络热词，由此，2015年也被誉为“IP元年”。传统的IP运作大致按照“小说—编剧—电影—电视—音像出版物—游戏—动漫—玩偶—周边—明星—粉丝—社群”流程进行。因“逻辑思维”而爆红的罗振宇在其2018年跨年演讲中对IP做了丰富的解释，让IP再次成为商界关注的焦点。在新商业形态中，IP的含义已经不仅仅局限于互联网小说、影视、游戏等领域，而呈“泛IP”化趋势——音乐、动漫、娱乐节目、晚会、著作、诗歌、民谣、绘画、歌曲、设计等文化创意以及与之相关联的商品均被视为IP，或者说凡是可以持续吸引眼球的名人、事物、产品、品牌、地方、特产等均可被视为一种IP，且无论其存在的目的是营利还是公益。

从本质上讲，IP热是一种粉丝经济或眼球经济，折射出的是“文化+商业+娱乐+技术+连接+消费+个性”高度融合的多元社会现象，有其生存与发展的时代基础，是信息技术赋能全社会的必然结果。在宏观层面，以互联网为代表的信息技术提升了社会的运行效率，降低了社会的运行成本，模糊了产业之间的界限，催生了许多新的商业形态，重构了媒体的生存秩序，丰富了信息的内容和表现形式，促进了草根文化的崛起；在微观层面，从认知、思维、思想到行为，从工作、学习、生活、购物、消费、休闲、娱乐到运动，互联网给人带来全方位的影响，不仅改变了人与外界的连接方式，丰富了知识和信息的获取途径，而且让每个人都可以发出自己的声音，给每棵“默默而生的小草”带来更多的存在感、参与感、满足感和幸福感。可以说，正是由于互联网的深度影响，致使IP已超越文化属性，增加了更多的商业元素，增强了IP的价值变现能力。

互联网产生的海量信息分散了人们的注意力，而IP可以使碎片化的信息聚焦到一起，并以波浪的方式持续不断地呈现给消费者。从文字和图片到视频和直播，再到融入电商；从桌面互联网到移动互联网；从网络小说和微博、微信公众号，再到抖音、快手短视频；从虚拟到现实，从内容到实体，IP可以成为固定不变的价值闪光点。价值由点及面，再到立体发展，这个IP则是整个价值链的主线，是整个价值生态圈的中心。IP的主要作用就是吸引流量和圈粉，而流量即价值，流量即利益，流量即财富，通过丰富IP形态，横向和纵向扩展IP的适用空间，将粉丝铸造成铁磁，从而与众多粉丝在产品、情感、利益、消费、品牌等方面建立起跨越时空的强黏结关系。IP形态越丰富，内容越精致，IP与消费者的黏结度就越高。随着IP影响力的增大和影响面的扩延，IP带给企业的现实利益和潜在收益也就越来越丰厚，成为企业真正的吸金利器。

按照表现和内容，IP可分为四类。第一类，文艺型IP，这是IP的最初形态，网络文学、影视、游戏、综艺节目、创意产品（比如大黄蜂、变形金刚、小猪佩奇、唐老鸭等）及衍生品是典型代表，这类IP的内容丰富，可扩延性比较强。第二类，人物型IP，这类IP是社会公众人物，自带流量，其一言一行均对社会产生一定的影响，还可分为明星型、草根网红型和知识网红型三种。明星型主要包括影视（范冰冰、葛优、陈道明等）、体育（姚明、孙杨、刘翔等）、主持（撒贝宁、崔永元、董卿等）、唱歌（汪峰、周杰伦、那英等）、科学（钱学森、袁隆平、杨振宁等）、文学（莫言、余光中、余秋雨等）。草根网红是生于民间，扎根于社交平台，第一代网红是文字版，代表人物有网络小说写手安妮宝贝、桐华等；第二代是图片版，从贴吧和论坛中产生，以个人秀为主，代表人物有芙蓉姐姐、凤姐等；第三代网红是视频+直播版，代表人物有papi酱、密子君等；第四代网红是视频+直播+电商版，代表人物有张大奕、李佳琪等。草根网红是网红经济的受益者和引领者，是社交平台中的大IP，他们的成长经历及财富积聚速度刺激一大批网民跟随和模仿。知识网红是知识付费时代的产物，他们在某一垂直领域知识渊博，善于表达和包装，代表人物有张召忠（军事）、吴晓波（经营）、罗振宇（思维）、胡锡进（政事）、郑强（教育）、张雪峰（教育）、易中天（历史）等。第三类，“企业家+产品”型IP，典型代表有乔布斯、张瑞敏、董明珠、马云、马化腾、李彦宏、任正非、刘强东、雷军等，这类IP的特征是企业家与产品品牌融为一体，企业家的能力、见识不仅对本企业产生影响，而且对整个社会产生重要影响。第四类，地理标志型IP，为了发展经济，许多地方开始围绕全域旅游大做文章，深度挖掘当地的自然风景资源、人文景观资源、历史文化资源和物产资源，打造区域综合型IP，比如桂林、丽江、西双版纳、布达拉宫等，这些IP不仅可以吸引游客，而且可以带动以旅游为主的全产业链发展。

作为企业价值体现的品牌，同样需要IP化提升品牌的表现力和扩张力。品牌IP化是指通过赋予品牌更多的内容、文化和知识属性而让品牌自带流量和符号化的过程。品牌本身就是一种符号，通过IP化，将使这种符号涵盖更多的产品和内容且不被消费者所排斥，打开品牌的定位空间，减少品牌跨品类延伸的模糊感，让消费者与品牌建立起情感联结，并且可以扩展品牌的私域流量，提升流量转换率和变现率。消费者忠诚于某品牌，不再是单纯的功能性消费，而是融入更多的情感因素，品牌成为一种情感依恋、寄托和记忆，成为值得信赖的好朋友，成为人们生命（不仅仅是生活）中的一部分。IP是品牌价值提升的孵化器，IP化是品牌赋能的时代需要。随着人们的注意力向第三屏（手机、平板等）转移，在传统媒体上投入巨额广告费已不再是品牌的最优选择，第三屏上海量的信息也会使品牌信息转瞬即逝，而IP化可以让品牌自带话题，让消费者源源不断地接触到品牌信息，有利于品牌在圈层内的传播和分享。

品牌IP化需要经历物化、内化、活化和羽化四个阶段。物化是指品牌的物理载体或“肉体”，是品牌的有形表现方式，是品牌IP化的根基和支撑点，因品牌一定要依附于实体或服务才有意义。对于有形产品来说，物化表现为质量、材质、型号、颜色、重量等；对于无形的服务来说，物化表现为质量、态度、环境、卫生、装饰、流程、时长等。内化是指挖掘品牌基因、提炼品牌内涵、编撰品牌故事、统一品牌价值表现的过程，属于内部储能和蓄能阶段。内化关键点是顺应时代需要，统一思想意识，构建以知识、内容、价值、利益为核心的新型传播体系，为品牌赋予“灵魂”，为品牌IP化提供素材和机制上的保障。活化是指对外展现、传播、分享、扩散、监控及调整与品牌相关的知识、故事等“活”元素，让品牌变得有生机和活力，属于外部传能和散能阶段。通过“内容+周边、实物+故事、产品+人物、爆款+衍生品”等组合，在市场上持续创造品牌热点话题，持续吸引消费者自主参与，持续与用户开展隔空对话，为品牌IP化提供具体的实现路径和方法。羽化是指增加品牌的人性感知，打造品牌鲜明的个性和人格，让品牌变成一个“活生生的人”，成为用户生活中不可替代的“知己”，实现羽化成蝶，在市场上翩跹起舞。羽化是品牌IP化的最终结果，旨在让品牌与消费者产生共鸣，让品牌自带流量和话题，消费者主动留意、关注、跟随品牌的一举一动，并乐意与品牌持久地保持关系。

在消费者心目中，每个品牌均有独特的个性，品牌个性是品牌差异化的重要来源。品牌的IP化要始终围绕品牌个性开展，始终以一个模样示人，不能经常变脸，飘忽不定、左右摇摆会动摇消费者对品牌的认知和忠诚。品牌个性（Brand Personality）是品牌表现出的一种持久稳定人格化的品牌形象，消费者常会把自我形象投射到品牌上。犹如“物以类聚，人以群分”，消费者喜欢接近两种个性的人：一是与自己的个性相近（自我投射，脾气相投），二是某种个性自己很欣赏。美国品牌专家大卫·艾克（Davi Aaker）借鉴人格特质理论中的“大五”模型，基于美国文化背景，采用词汇归纳法将品牌个性分为5个维度、15个次级维度和42个品牌个性特征，分别为真诚（Sincerity）、兴奋（Excitement）、能力（Competence）、教养（Sophistication）和强壮（Ruggedness），真诚包括务实（接地气、顾家、小镇气息）、诚实（诚实、直率、真实）、健康（健康、原生态）、快乐（快乐、感性、友好），兴奋包括胆大（胆大、时尚、激动）、活泼（活力、酷、年轻）、想象（富有想象力、独特）、现代感（最新、独立、当代），能力包括可靠（靠得住、勤奋、安全）、智能（智能、技术、共同的）、成功（成功、领导、自信），教养包括高贵（高贵、魅力、漂亮）、迷人（迷人、女性化、柔滑），强壮包括户外（户外、男性化、欧美）和强壮（强壮、粗犷）。中国学者黄胜兵和卢泰宏基于儒家文化背景，采用相同的研究方法，对中国品牌也做了类似分析，指出中国品牌也同样包含5个维度——仁、智、勇、乐、雅，分别与艾克模型中的真诚、能力、强壮、兴奋和教养一一对应。品牌个性的形成非一日之功，也不是做几次广告或者喊几句口号就能自发形成，而是基于消费者对企业行为常年累积的体验感知。IP化可以将企业的品牌个性通过艺术化的方式展现出来，更有利于消费者的直观感受。

品牌IP化的手段有多种，玩法有许多，投资影视、动漫、游戏、小说等只是常见的几种类型，但这也不一定适合所有的企业。“海尔兄弟”是海尔集团的文化品牌，曾是一代人的记忆，很可惜海尔公司并未好好演绎这本剧情，也不知道这哥俩现在长大没有，可以说海尔并未用好这张文化牌，张瑞敏的风光也被BATJ等大佬所湮没。三只松鼠也有《三只松鼠》剧本，虽然比不上《米老鼠和唐老鸭》《三只小猪》这样经典的动画片，但毕竟企业在做这方面的尝试，最好也能好好打造可爱的小松鼠形象。企业可以通过拍摄系列视频、讲故事、视频大赛、最美的人、好公民等一系列传递正能量的活动来打造品牌的文化属性，这类活动要坚持常年做才会有效果，文化表现的内容和情节应当与品牌个性相匹配。比如与抖音、快手、微博等视频平台合作，选择某个主题，做年度最佳评比，由企业官方赞助、支持或命名，常年坚持，消费者会将该主题传递的思想移植到品牌上。企业还可以与一些文艺型IP开展跨界合作，但要注意在合作中打造自身的IP，避免只做嫁衣，最终把自己P没了，比如许多企业使用小猪佩奇的道具来吸引流量，结果只让佩奇站在了风口，并不能给企业带来长远的收益。在IP化的过程中，要做自己最专长的，不要尝试什么都做，不擅长的可以寻求借力合作。

品牌IP化的一个捷径就是首先实现领导者的个人IP化，因为在公众眼里，领导者往往就是品牌的化身，领导者的个性会嫁接到品牌上。无论是中小微企业的创业者，还是有一定规模的企业领导者，都要学会在公众场所“抛头露面”，在一定范围内成为社会公众人物，并且要传递正能量，不能有负面新闻。在这方面，马云、董明珠绝对是典范和样板。马云随口一句话就有可能成为励志的名言警句，比如：“今天很残酷，明天更残酷，后天很美好，但是大多数人死在明天晚上，看不到后天的太阳!”“你穷，是因为你没有野心。”“寒冷的时候，学会用自己的左手温暖右手。”“梦想还是要有的，万一实现了呢?”这些话犹如鸡汤带给人正能量，在网络里广泛传播，是阿里巴巴无形的广告，依靠个人IP化，“长相与才华成反比”的马云让消费者认可并记住了淘宝、天猫和双十一等阿里系列品牌。董明珠因其鲜明的个性，让人记住并认可“好空调，格力造”，在2019年双十一购物节，“董明珠的店”因一天3.63亿的交易额蹿红网络，IP化的“董小姐”成为格力最闪耀的网红名片。乐视品牌的创始人贾跃亭则因债务风波导致人设崩塌，殃及乐视品牌，可惜了创“一代天骄”的乐视生态链模式。如果创业者的性格内敛，不乐意成为舆论焦点，那一定要在可控范围内培养一位形象代言人，让他

（她）在前台起舞，自己坐在幕后策划指挥。领导者个人 IP 化的一个劣势是只能“独领风骚”几十年，因此需要注意领导个人 IP 的传承和延续，不要因为领导者的更替而表现出迥异的风格。

打造强势品牌、让品牌代代相传、让企业成为百年老店是每位企业家的追求和梦想，这就要求企业必须与时俱进，不能有点儿成绩就沾沾自喜，不思进取，或幻想用旧知识创造新奇迹。在传统媒体上投放巨额广告打造品牌的时代已经过去了，在二次元文化盛行、新媒体影响力增大、社群和圈层普及的今天，依靠互联网技术和内容的 IP 化将成为品牌长久生存的重要手段和途径。随着时间的推移，融入更多文化和知识元素的 IP 化，将使品牌散发历久弥新的魅力。

（三）会讲故事

听故事、传故事是人类从小养成的喜好之一，小时候在睡前听父母讲“狼来了”的故事，长大后才知道“童话里的世界都是骗人的”，然后再把“骗人的童话”讲给自己的孩子听，“故事”对人的影响就这样代代相传，绵绵不绝。社会、企业、单位、家庭、个人每时每刻都在发生着故事，历史也正是由各式各样的故事连在一起组合而成。小故事常常藏着大智慧，可以折射出许多人生大道理，书市上有许多编撰或臆想出来的励志小故事，这类鸡汤书之所以畅销正是因为它们不是古板的说教，而是通过故事情节让人开悟。名人传记也是畅销故事书，记述的是名人一生的事迹，既让世人知道其心路历程，又可以满足人们的“偷窥欲”。人们喜欢故事的“基因”和本性正好可以为打造品牌所用。

把故事讲好就是故事营销，这是品牌赋能的一种重要手段，也是品牌 IP 化的一条重要途径。故事天然具备话题和“喇叭”功能，其动态性、结构性和时序性传播特征特别适于新媒体环境。相较于“自弹自唱”冷冰冰的广告，故事在传播效率、效果、广度、深度、覆盖面上更胜一筹，并且在消费者眼里，由故事传递出的信息远比企业的官方新闻更加可靠，这就像国人喜欢小道消息一样，让人“迷之而信”。通过讲故事，企业可以把经营理念和经营思想、价值观、产品功能、品牌定位等各种信息源源不断地传递给消费者，并且消费者还非常乐意接受、散播、分享这类形式的信息。一系列内部关联的故事又可以组成品牌 IP 化的“故事集”或连续剧，勾勒出一个鲜活立体的品牌形象。

据一些史书记载或民间传言，古代帝王出生或将离世时天必出异相，比如，汉高祖刘邦出生时蛟龙绕屋、明太祖朱元璋出生时天空变得异常火红、宋太祖赵匡胤出生时满屋赤红色且身有奇香、刘备家里的桑树篱笆长得像车盖、慈禧太后出生时府邸上空乌鸦惨叫三日不停息、秦始皇去世时“荧惑守心、天降陨石、沉壁再现”，等等，这些故事或为树立权威巩固皇权，或为苍天冥冥注定的宿命论，且不论真假，其天马行空的想象力和神话色彩就足以勾起人的好奇心和传播欲。

品牌的诞生不必天降祥瑞，但可以借鉴这些故事的编纂手法，让品牌的出世显得流光溢彩，犹如神示，与众不同。特别是那些老字号，哪一个不是经过岁月的洗礼，哪一个不是自带光环，品牌越是久远，沉淀下来的历史故事就越丰富，可挖掘的故事素材也就越多，可惜的是这些品牌往往不会宣传或传播力不足，而国外的“老字号”在这方面则显得游刃有余。比如，可口可乐在 1886 年诞生时就充满喜剧色彩——其前世是错配的治头痛药水，后来改良配方再加上营销技巧才让这种“神奇的药水”风靡全世界；矿泉水高端品牌“依云”出自法国阿尔卑斯山脉脚下的依云镇，因某位贵族喝了泉水意外治好了自己的肾结石而“一治成名”，拿破仑三世及皇后更是对依云水情有独钟；亨利·福特在 12 岁时就梦想着制造在路上行走的机器，33 岁时发明第一辆“装有发动机的四轮马车”，其创造的流水线生产方式可以让汽车大批量生产，没有福特，汽车的普及可能不知道要推后多少年。在品牌成长史中，那些趣事或典型事件均是理想的宣传素材。

可以用作宣传的故事有许多，故事不同，营销的手法、重点、操作流程也就不同。从发起人角度，故事可分为企业主动发起的故事和企业被动接受的故事。前者由企业引导和控制宣传节奏，是故事营销的主要形式；后者则指经由舆论发酵后企业不得不正面回应的故事，企业可能只是故事的配角，但常被推向舆论漩涡的中心，比如在 2020 年 1 月“奔驰开进故宫”事件中，国航就是躺着中枪。从内容角度，故事可分为企业故事、品牌故事、企业家故事和员工故事，这些故事最后均会涉及品牌。企业故事是指由企业集体行为产生的故事，这类故事也可以作为企业文化建设的一部分，企业成长越是坎坷，故事往往越精彩，翻看任何一位企业家的传记，里边均会记载“那年、那月、那些事”。品牌故事可以是品牌名字的由来，也可以是品牌成长中的某件事，比如 1985 年张瑞敏的砸冰箱故事、德芙巧克力凄美的爱情故事、小米的饥饿营销故事、加多宝与王老吉品牌之争的故事，等等。企业家往往与品牌融为一体，特别是创始人的故事最为吸引人，创业者一定要好好珍惜自己身上发生的故事，没准哪天就成为品牌成长中的经典瞬间，如果一个人讲不好，那就组团讲，比如每年“乌镇时间”的“丁磊饭局”，雷军与董明珠的“世纪豪赌”等。员工一旦被贴上品牌标签，其所作所为就不是个体行为，而是代表品牌，当员工言行不当时，许多品牌会站出来撇清关系，或者说他是“临时工”或“已辞退”，当员工言行获得社会的肯定或博得同情时，品牌就可以借势营销。2016年顺丰快递小哥被打，总裁王卫在第一时间为小哥鸣不平，为顺丰品牌赢得了一片赞誉，后来该小哥与王卫一起为顺丰公司上市敲钟。从性质角度，故事可分为好故事和坏故事。好故事是主流，向市场传递品牌正能量或积极一面，常由企业主导。坏故事就是不利于企业形象的故事，比如管理者的一些“花边新闻”、腐败、违法违纪事迹等，坏故事很容易被民间演绎。俗话说：“好事不出门，坏事传千里!”所以宣传好事不要羞涩，要主动向外界爆料，对于坏事，最好能消灭在萌芽状态，影响面越小越好。从表述角度，故事可分直接描述型故事和广告意会型故事。直接描述型故事就是直截了当地介绍整个故事的起因与发展，是传统意义上的故事营销。广告意会型故事则指通过虚构某种情景用艺术化的方式向市场传播品牌相关信息，黑芝麻糊的电视广告就是经典代表，一句“黑芝麻糊哎……”马上把人带入悠长而又寂寥的南方雨巷。

故事这么多，不能随便拿出一两件事肆意渲染，率性而为。故事营销应遵循科学步骤，讲究宣传策略和技巧。对于企业有意宣传的故事，一般要遵循三个步骤。第一步，选编故事。不是所有的故事都可以用作宣传，对于欲宣传的故事要精挑细选，因为好故事才会有穿透力和感染力，才会让人“嚼”起来津津有味。好故事有四个标准：一是简单，即通俗易懂，太复杂的故事也让人记不住；二是真实，一定是真实发生的故事，要基于企业的基础，可以编撰，但不可以杜撰，假的就是假的，谎言总有一天会被揭穿，如果是有利于品牌的谣传，企业可以睁一只眼闭一只眼，不利于品牌的，需尽早出面澄清；三是完整，故事的构成要素包括品牌、时间、地点、人物、情节和结局，消费者记忆的焦点是“品牌+人物+情节”，至于时间和地点常会随时间推移而被淡忘；四是趣味，情节出乎意料，内容有趣娱乐化，可读性强，故事就越吸引人，平淡无味的故事会很快被人遗忘，追求趣味时不能恶俗不堪，更不能低级、粗陋和下流，让人生厌。同一种故事，重复多了容易形成审美疲劳，所以要增加故事的层次感和亲和力，从不同的角度构建品牌故事的

“万花筒”。

第二步，传播故事。传播的目的是将精选出来的故事准确触达目标客户，并让客户留下深刻印象。传播方式有两种：一是企业主动爆料，二是借他人之口。企业可以充分利用自媒体发声，也可以由创始人或企业家在某些场合说出来，还可以付费给某些媒体做软广告。主动宣传时，要讲究绘声绘色，声情并茂，淋漓尽致，还要统一宣传口径，统一故事“模版”。借他人之口就是“找借口”，要讲究一个“巧”字，看似无意，实则有意，有些故事，由别人讲出来可能更令人信服。在以前，主要是借主流新闻媒体之口，而现在，则要充分利用新媒体带来的众人之口。就像“没人关注一条死狗”一样，品牌越有名气，就越容易成为舆论的焦点，品牌故事也就越容易被放大，在品牌成名之前，还是以自己为主比较靠谱。传播形式主要有电视广告、纪录片、对话、访谈、短视频、音频、图片和文字等，手机强大的拍摄功能让短视频传播日益泛滥。如果追求短期传播效果，比如热点事件、年会、仪式、会议等，视频是首选，音频次之；如果追求长期效果，比如企业的成长史、面临危机时的一些举措等，则图片+文字是最佳选择。文字和图片的优势是便于保存和提取，缺点是不生动、不直观；视频的优势是情景再现、不用修饰、真实感更强，缺点是格式太大，更替速度快，不利于保存。简单点儿说，碎片化的故事首选短视频传播，需要措辞和叙事性的长故事则选“文字+图片”版式。传播节奏是指把控品牌故事的传播频率和传播密度，企业要不断制造话题，让品牌持续曝光，成为时常见面的“老熟人”，在注意力稀缺的移动互联网里，经常不发声或发声少，会让消费者感到陌生，产生距离感。

第三步，监控故事。监控故事是指关注故事传播的方向和效果，做好故事营销的后台干预管理工作。故事传播的结果有两种：一是有助于树立品牌的正面形象；二是有损于品牌形象，或向不利于品牌的方向发展。在人人都是自媒体时代，每个人既可以是品牌故事的主动传播者，也可能是品牌的“造谣生事者”，并且故事的传播速度、渗透深度和广度前所未有，这就要求企业必须加强故事的监控力度。对于有利于品牌的，企业可以推波助澜，尽可能延长故事的“生命周期”；对于有损于品牌的，企业要及时出面干预，要么澄清事实，追究造谣者的法律责任，要么坦然承认错误，勇于担当，力争将坏事转变成好事，千万不能装聋作哑，置之不理，任由事态向一边倒发展，最终将故事变成“事故”。对于企业家即兴发挥或“临场表演”的故事，比如企业家参加某个电视节目或聚会时，可能会产生一些“花絮”，这些花絮又会被新闻媒体捕捉并刻意宣传，此时更需紧密关注网络舆情，以防故事被外界误读或讹传。

需要注意的是，故事营销与事件营销是两个不同的概念，不要混为一谈。事件营销是一种借势营销，常常是巧妙地搭社会焦点的“便车”宣传品牌，事件越大，企业越容易上“热搜”，常见的聚焦事件有大型体育赛事、政治事件、自然事件和社会事件，在这四类事件中，第一个有固定的周期，后三个则需要偶遇。大型体育赛事有奥运会、冬奥会、世界杯、世界田径锦标赛等，成为这些赛事的赞助商是种荣誉，更是企业综合实力的表现。2022 年北京冬奥会的市场开发计划共分四层：官方合作伙伴、官方赞助商、官方独家供应商和官方供应商，官方合作伙伴有中国国航、中国银行、中国联通、伊利、国家电网、安踏等，官方赞助商有青岛啤酒、燕京啤酒、金龙鱼、恒源祥等，官方独家供应商有英孚教育和科大讯飞（截至 2019 年 11 月 18 日，共有 18 家签约赞助商）。届时，非赞助商的企业也可以去蹭热点，比如搞什么冠军有奖竞猜之类等。

许多政治事件也可以被企业所用，只是需要巧妙利用。2003 年 3 月 21 日，在美伊战争爆发的第二天，统一润滑油打出“多一些润滑，少一些摩擦”广告，引发全社会的关注，统一润滑油当月销售额同比增长 100%。2020 年 1 月，台湾民进党蔡英文胜选连任，如果统一方便面及时推出“丝丝相连或骨肉相连”之类的广告，相信统一方便面会带来一波消费热潮。威露士、宝洁、白云山、中国移动等在 2003 年 SARS 肆虐时的营销、阿里和京东在 2020 年新冠肺炎时的精彩表现、蒙牛搭乘“神五”飞天等均是非常经典的事件营销案例。发生在企业自身的事件往往是“坏故事”，带来的是危机而不是机遇，比如三鹿的“大头娃娃”事件、俞敏洪歧视女性事件、鸿茅药酒跨省抓人事件、滴滴“杀人”事件、海底捞“后厨卫生”事件等，当企业面临突发事件时（或叫事故），能否公关成功，关键是看事件的影响程度、企业的反应速度、责任心、态度、诚意、解决方案等。事件营销侧重的是利用外部大事件，企业要用敏锐的眼光去外边“没事找事”；故事营销侧重的是企业内部的“花絮”，通过自我曝光，让消费者了解企业、认可品牌。

缺少故事的人生是不完美的，缺少故事的品牌也是不丰满的。有了故事，品牌才会显得有血有肉有弹性。但企业也要注意，故事营销虽然重要，但也仅仅是品牌赋能的重要手段之一，属于营销组合策略中的调味品，起增色和增味之用，不能完全替代其他营销措施，不要幻想依靠几个好故事就可以成就一个大品牌。企业需要追求整体营销效果，不能把故事视为营销的重心和中心。在日常经营管理中，应当留意、提炼和总结那些能带来流量和关注度的故事，不怕故事小，只要闪烁智慧的光芒，就要把它凝练成绝好的营销素材。

（四）创新之路

创新（Innovation）是20世纪以来非常流行的高频词汇之一，被国家领导人誉为“民族进步的灵魂”“国家兴旺发达的不竭动力”，是推动社会发展的重要引擎。纵观人类社会的发展历史，从石斧、青铜、铁器到高精尖仪器，从木棍、长矛、大刀、火枪到原子弹，从步行、马车、自行车、汽车到飞机与高铁，从数指头、算盘、计算机到人工智能，从贝壳、铜钱、金瓜子、纸币到移动支付和虚拟货币……从远古到新时代，正是各方面持续不断的创新推动了整个社会的进步，并让人类文明以加速度的方式向前飞奔。

在新知识、新技术、新材料、新思维、新观念喷涌的今天，不创新不行，创新慢了也不行。一个国家、一个企业、一个品牌，唯有保持自主创新的战略定力，将创新作为发展的第一动力，才能在激烈的竞争中立于不败之地。无数的事实证明，不创新或创新慢就会落后，而落后就要挨打。宋代以前，中国还遥遥领先世界，在明清时期，西方相断进行文艺复兴、第一次产业革命和第二次产业革命，而中国依旧奉行闭关锁国政策，致力于农耕经济，华夏文明在这几百年中被西方文明超越，并于1840年在以鸦片战争为代表的中西方碰撞中落败，开启了近百年的屈辱史。华夏民族的这段灾难史也告诉我们：要想不被欺负，要想真正屹立于世界东方，唯有让自己变得更为强大，让自己的拳头变得更为强硬！

美国的军事、经济、金融、资本、科技、品牌等之所以能称雄世界、称霸全球，依靠的正是强大的创新能力。在创新之路上，以美国为首的西方国家已经飞奔在高速公路上，我们能做的、要做的也只能是紧紧抓住第四次工业革命的契机，力争实现弯道超车。在这一时期，必然还会引发中西方之间的摩擦和碰撞，美国打压华为、扼制我国芯片产业发展等就是鲜明的例证。我们也必须清楚地意识到，房地产富不了一个国家，特别是一个泱泱人口大国，国富只能依靠理论创新、制度创新、科技创新和应用创新，国富民强的根本途径是让人口大国变成人才强国，高房价只是一种“财富泡泡”，只能埋葬年轻人的理想和梦想！英国现在已经开启“全球精英签证”计划，吸引世界上最顶尖的科学家、数学家、研究人员和技术人才来英定居，并且是来者不拒，不设人数上限。

“创新”一词被世人所熟知，源于现代创新理论之父美国哈佛大学的熊彼特教授，其在1912年出版的《经济发展理论》中，首次将创新定义为“把一种新的生产要素和生产条件的‘新结合’引入生产体系，即建立一种新的生产函数”，并将创新分为五类：引入新产品、引入新生产方法、开辟新市场、引入原材料或半成品新的供应来源、构建新的组织形式。这五种创新对现在来说是平淡无奇，但在那个年代则是开山之作。熊彼特的创新理论不仅涉及经济领域，还涉及社会发展领域，其提出的“创造性破坏”与亚当·斯密提出的“看不见的手”一样齐名，就连现代管理之父德鲁克也称深受其影响，并将创新作为企业的两大灵魂之一（另一个是营销）。熊彼特在我国是久负盛名，言发展必谈创新，谈创新必提熊彼特，正是熊彼特让人们找到了发展的“魔方”。现在，人们对“创新”的认识仍在不断深入，并将创新的内涵拓展至生产之外的多个领域，创新的方式和种类包括：理论创新、文化创新、制度创新、思想创新、应用创新、技术创新、组织创新、服务创新、模式创新、营销创新、三螺旋创新、迭代式创新、颠覆式创新，等等。总而言之，一切事物的发展均离不开“创新”二字。

世界唯一不变的就是变，这个“变”就是创新的精髓。所谓“变”就是基于内生或外生需要，改变（包括弃用）旧传统，采用新方法、新技术、新体系、新制度、新思想等。企业要会变，要与时俱进、有章有法稳步推进地变，要依据企业实际情况和能力水平而变，不要谋求“基因突变”，否则可能会变得四不像，在变中失去自我。有的领导者可能听到某种理论或某种观念，抑或是一夜之间产生某种想法，就急于在内部推行实施，搞所谓的“改革”，结果打乱了企业原有的步伐，致使企业陷入一片混乱，这种拔苗助长、急于求成、脱离实际的变不是创新，只是乱变和瞎变，乌托邦式的随意变比不变的破坏力更强。

创新（Innovation）、协调（Coordination）、绿色（Green）、开放（Openess）、共享（Sharing）五大发展理念同样适用于企业。创新是企业发展的第一动力，要求企业必须用新思想、新思维、新模式去应对新变化，只有创新才能引流或跟随潮流，慢半拍就可能被市场所淘汰，不创新只能是自取灭亡。协调要求企业必须综合发展，不仅要注意内部联动统一，还要紧盯外部环境的变化，与市场、技术、消费者需求保持同步发展。绿色要求企业不能以牺牲环境为代价，要注意环保、生态和可持续发展，这种污染不仅指自然环境污染，还包括人的精神领域污染，不能用低俗、媚俗和庸俗来换取市场空间。开放要求企业必须有海纳百川的胸怀，要放眼全球，灵活经营，主动合作，谋求共赢，不要“闭关锁国”，当然，开放不是指企业要完全敞开心扉，毫无秘密可言。共享是实现跨界成长的捷径，要求企业之间互享资源，互补短板，构建完整的商业生态系统。

创新是国家强盛之本，是企业制胜之基，是品牌长青之源。从各类品牌排行榜上可以看到，无论是中外老字号品牌，还是近些年崛起的平台型互联网企业，无一不是以创新作为发展源动力。促使企业不断创新的外部力量主要有三类：一是科技发展所推动，特别是电子信息技术的高速发展和普及应用迫使企业不得不做信息化改造；二是市场需求趋势所驱动，消费者对绿色生态产品的需求、社会交往方式的改变、对移动互联网的依赖等迫使企业不得不改变营销行为；三是竞争驱动，比竞争对手跑得慢了就会被淘汰，不跑更不行。面对时刻变化的外部环境，企业不能学骆驼把头埋进沙里，对变化视而不见，自欺欺人；也不能学温水里的青蛙，享受当前舒适的生存环境，或在短暂的成功里不思进取，得过且过，吃老本。企业时时刻刻都要有危机意识，要有“要么创新，要么死亡”的紧迫感，力争做到“人无我有，人有我优，人优我变”，永远比别人领先一步。企业只有持续不断地创新，才能有效防止品牌老化，扩展品牌的生存空间和时间。

创新是品牌永葆青春的唯一法宝，是百年品牌的“硬核”，是品牌赋能的关键手段。品牌的影响力取决于企业的综合实力，而品牌的生命力和竞争力则取决于企业的创新意识、创新能力、创新举措和创新方向。品牌无论创建多少年，无论过去多么辉煌，均需与时代保持同步发展，永远呈现一副“朝气蓬勃”的青春形象。品牌只有活好当下，才能憧憬未来，“活好当下”就是融入当代社会，体现更多的现代元素。企业创新有多种，包括制度创新、组织架构创新、业务流程创新、生产创新、技术创新、企业文化创新等，这些创新是对品牌间接赋能。而营销创新则是对品牌直接赋能，具体包括产品创新、服务创新、宣传创新和模式创新，这些均是为了适应和应对外部环境的变化（特别是消费者消费心理和消费行为的变化）企业不得不为的创新。

1. 产品创新

产品是企业与外部进行价值交换的载体，体现企业存在的意义，产品不行，再高超的营销技巧也只能让企业或品牌昙花一现。产品创新是企业创新意识、创新能力和创新活力的最直观反映，是企业实现可持续发展的基石，是产品提价的最好借口，是产品拥有持久竞争力和吸引力的“秘方”。龙虾再好，也有吃腻的时候，除了古董、艺术品等以收藏为目的的物品外，没有人喜欢产品总是一成不变。做企业的一定要记住：要想让消费者忠诚于品牌，产品一定要持续不断地更新换代。

产品创新分为两类：一是创造全新产品，二是改善原有产品。创造新产品包括产品线延伸和在原有品类中增加产品种类，比如伊利推出冰激凌冷饮就是产品线延伸，在冷饮中推出甄稀就是丰富产品种类，全新产品的作用在于覆盖更多的细分市场，触及更多的消费群体。新产品最好与企业现有业务紧密关联，不相干的多元化发展只会分散精力，带来较大的经营风险，如果采用同一品牌，还会模糊品牌定位。改善原有产品是指在产品的表象或附属上做突破性的优化或改进，通常所讲的“几代”产品均是这类创新，原有产品往往拥有一大批追随者，通过不断地微调或改良，可以更加牢牢地黏住这部分用户群体，在手机、汽车中常用这种策略。新技术、新材料、新工艺、新设计、新需求是产品创新的主要推手，比如一个水杯加上 USB 接口，就可以随时随地实现加热保温功能，产品数字化、产品智能化将是产品创新的一个主流方向。

产品类型不同，常见的创新手法也略有差异。对于有形产品来说，常见的措施有：一是推出新品类，二是对原有产品在功能或性能上做加减法，三是推出新品种、设计新样式或新款式。新产品要谨防多功能陷阱，产品的功能并非越多越全越好，有时候功能多了反而会降低竞争力。对于纯无形的服务产品来说，常见的手法有：一是增加服务内容，延长服务时间；二是调整和优化服务形式，拓宽服务空间，比如新东方以培训英语起步，现已扩展至教育的各个层面，不仅有线下培训班，还有各种网上授课等。对于平台类产品来说，常见的创新路径是先在某个垂直领域取得领先优势，然后再横向扩展和延伸，获取更多的关注和流量，同时提升用户使用黏性，比如以关系链为基础的微信、以数据挖掘信息服务为基础的今日头条、以商业购物为基础的淘宝、以信息搜集为基础的百度等均是这种发展模式，平台最终会演化成一个集信息、服务、电商、休闲、娱乐、搜索、金融、支付等为一体的虚拟吸金大产品。

就像女士喜欢用化妆品掩饰自己的衰老一样，产品和品牌也要让人产生新鲜感，不能总是一副老面孔。如果实在找不到创新的方向，那就考虑在包装上做文章，要学会“新瓶装旧酒”。包装本身就是产品的重要组成部分，因为喜欢包装而钟情于某个品牌的现象比比皆是，更换、升级包装是一种常见的产品创新方式，特别适合于那些味道、口味、材料不宜经常变化的产品，比如饮料、方便面、酒品等。在这方面，可口可乐可谓是行家里手，除了生产雪碧、醒目、芬达、粗粮王等产品之外，经典可乐的包装可谓是花样繁多，推出的昵称瓶、自拍瓶、歌词瓶、台词瓶、表情瓶以及与各路大咖们的合作包装款让百年可乐显得青春时尚。农夫山泉的故宫系列、长白山系列、茶π系列等在包装设计上更是大胆亮丽，对消费者形成强烈的视觉冲击，农夫山泉甚至被人戏称为“被水耽误的包装设计公司”。当产品的材料、重量、口味、配方等发生变化之时，采用新包装会获得更好效果。更换包装是充分利用人们喜新厌旧的本性，目的是防止人们对产品产生视觉疲劳，但新包装一定不能让人有华而不实、上当受骗的感觉。

产品创新的途径主要有三种：一是内部研发，二是外部兼并收购，三是模仿或复制。内部研发受企业内部控制，应作为产品创新的主流。企业不注重研发，或研发实力弱，早晚会受制于人，被人卡脖子。企业不能仅将研发视为成本中心，更应将研发视为利润原点。华为之所以能够成功，与其强大的研发能力不无关系，正是对研发的高额投入，才让华为产品叫得响、过得硬、立得住，才让华为成为中国在国际市场上的一张名片，以至于被美国“枪打出头鸟”。对于中小企业来说，虽不能像大企业那样在研发上一掷千金，但也需提升自己的研发能力，鼓励员工关注研发创新，研发不一定都来自实验室，市场一线人员提供的研发线索更有价值。外部兼并收购的特点是不用前期高投入，但兼并收购成本往往不菲，市场风险也相对较大，实力较弱的企业不宜采用这种模式。模仿或复制是最省时省力的“伪”创新，虽然节省了大量研发投入，但毕竟是效仿别人，一不留神，还容易惹上侵权的麻烦。如果是在模仿的基础上加以改进，企业还有可能超越原创者，如果是单纯的模仿，则企业只能做市场的跟随者，永远长不大。

2. 服务创新

服务是产品的重要组成部分，产品质量再好，如果服务跟不上，品牌照样会被消费者冷落。服务创新与产品创新一样，均是品牌赋能的重要手段，均是时代发展的客观要求。在物资丰盈时代，市场竞争激烈，许多商品不分伯仲，质量相同，功能相似，价格相近，替代品很多，同质化的产品让消费者难以选择，此时，优质服务就成为购买决策的重要砝码。海尔之所以受到消费者的青睐，一是过硬的产品质量，二是让消费者舒心、安心和放心的优质服务。对于餐饮、理发店、超市等服务型企业来说，为顾客提供出色的服务体验尤为重要，舒适的消费环境、彬彬有礼的服务接待、对顾客建议和投诉的及时处理反馈等均可以增加顾客感知价值，提升企业的竞争优势。

服务创新是指改变或优化现有服务模式提升顾客服务质量感知的过程，其目的是增加顾客信任和依赖，实现顾客价值最大化。在服务五部曲中，每一步均存在可开发的创新点，均有创新的可能。服务创新可分为三类：一是增加服务内容，二是优化服务方式，三是完善服务渠道。增加服务内容可以是基于企业现有业务，也可以是进入新领域，比如：医院除了看病之外，还增加保健、预防、健康知识的普及；餐馆除了增加新菜肴之外，还可以做家庭厨艺的培训、销售半成品等；手机除了提供售后服务之外，还要教会用户如何定期清理垃圾让手机流畅运行、如何保养手机；银行除了吸纳存款和发放贷款之外，还教储户如何做好理财增值，等等。新增服务内容是否收费取决于业务性质和成本支出，不要把所有的新增内容均视为收入来源，对于基础服务和增值服务，企业要学会正确合理地“免费”，要学会收费的“后移”。服务方式追求多触点、快捷、便捷和准确，创新时考虑融入更多智能元素，比如：餐饮店的自助点餐、微信结账、机器人送餐等；超市的自助结账通道，无人零售店；医院的自助打印 CT 片、检验结果等，通过优化服务方式，既可以节约人工成本，提升服务效率，还可以让消费者有时代带入感。完善服务渠道可分为两类：一是使用线上渠道，比如外卖、远程诊疗、网店等；二是美化服务场景，比如大屏幕 LED 电子屏、美轮美奂的装潢、契合场景的音乐、节假日增加鲜花绿植、货架摆放位置的变化等，艺术化的场景对人的感观形成强烈刺激，消费者的每次消费就是一种感观上的享受。

在追求创新时，企业一定要客观研判，找到创新切入点，不能人云亦云，不是所有的变化都叫创新。服务创新时，应当追求智能化、个性化、娱乐化、舒适化、亲情化和效益化，这“六化”既可以是创新的评判标准，也可以作为创新的突破方向。智能化是指依托科技力量，融入更多智能元素，让智能助力服务表现，与时代的发展步调保持一致。个性化是指在服务大众的同时，为某些重要客户提供一对一的定制化服务，在这方面，大数据挖掘可以提供技术上的保障，个性化服务能让消费者充分享受到做“上帝”的感觉。娱乐化是指增加服务过程的趣味性和游戏性，让消费者沉浸于消费体验中。舒适化是指服务内容合情合理，让人身心放松，有愉悦感，不会引起身体或心理上的不适。亲情化是指服务要体现关爱、友好、温情和贴心，有更多的人文精神，让用户产生宾至如归的感觉。效益化是指创新一定要为企业创造收益，无论是显性收益，还是隐性收益，这是最重要的一条标准，企业不能为了赶时髦而变，不能带来收益的创新不可取。

相较于有形产品来说，服务创新更易被模仿。有形产品还存在一定的技术壁垒，而服务很难界定谁是首创者，更不易做知识产权保护。服务创新不是简单地增加几个动作或手势，也不是多使用几句欢迎词，更不是媚俗地一味讨好用户，而是发自内心地改善现有服务，让用户充分地感受到被重视和被尊重。不要把消费者当傻子，消费者有足够的能力判断企业的服务是否具有诚意。服务与产品犹如品牌的两条腿，讲究同步协调发展，只讲产品创新而服务跟不上变化，就像只知道向前迈右脚而左脚不动一样，品牌照样走不远。

3. 宣传创新

与产品创新和服务创新相比，宣传创新更容易给品牌赋能。宣传起告知、联系和说服作用，是营销的核心动作之一，不会“吆喝”的企业，其生存能力也堪忧。有些企业熟谙宣传之道，产品质量可能不是一流，但品牌在市场上却有很高的知名度，被消费者广泛熟知；有些企业只知默默耕耘，对产品质量高度自负，只会在家门口坐等顾客自动上门，市场迟迟打不开就怪罪消费者“不识货”，其产品质量再好，也不会有太大的市场规模。在一个菜市场，会吆喝的菜摊永远是让人围得水泄不通，不会吆喝的菜摊即使蔬菜再新鲜也鲜有人问津，企业营销也一样，只不过是吆喝的范围更大更广。出色的营销讲究有声有色并且是绘声绘色，“声”即宣传，“色”即多样化和效果好，即组合运用多种宣传策略达到理想效果。企业要根据外部环境的变化敢发声、多发声、会发声。

一个“会”字体现了发声的科学性，即发声要讲究声音的音量、音调和音色。音量即响度，虽说有理不在声高，但高分贝的声音的确吸引人的注意。在宣传时，音量要像“海豚音”一样适度放大，让人听得清、听得明、听得准，高调要有实力做基础，夸大其词的高调会变成刺耳的噪音，易引起非议，让人反感，成为市场中的众矢之的。音调与频率有关，频率快调门就高。宣传时要把握好发声的节奏、频率和密度，新产品推广时，音调要高，平稳运行期，频率可适度放缓，但不能“销声匿迹、鸦雀无声”。音色即声音的品质，反映声音是否好听有魅力。宣传时的声音要经过艺术化处理，悦耳动听，让人听起来舒服爱听。企业要学会做市场中的“歌唱家”，要依据企业的实力、所处行业和自身发展阶段，去选择通俗唱法、民族唱法或美声唱法，有时候还要三者并用来个“大混唱”。

宣传创新主要指宣传方式的创新，即更多地使用新媒体，新媒体与传统媒体的传播方式、传播内容、受众人群、信息解码方式等均不相同，所以企业的宣传内容和宣传频率均应做相应的调整。在以往，电视、报纸、广播、户外广告、宣传单（册、页）、互联网门户网站是主流宣传媒介，企业要想做宣传，必须支付高额的广告费，特别是电视广告将一些实力较弱的小企业排斥在外。而在人人都是自媒体时代，无论企业规模大小，每个企业都可以在市场上自由发声。第一代新媒体以三大门户网站（新浪、搜狐、网易）和企业官网为代表；第二代新媒体以 QQ、百度、淘宝、微博、微信、优酷、爱奇艺、各类新闻客户端（App）等为代表；第三代新媒体以今日头条、抖音、快手、西瓜视频、哔哩哔哩、微视等为代表。新媒体的演进逻辑是从文字、图片、专业视频到自拍短视频，从平台主导内容向个体生产和传播内容转移。当前，第一代新媒体已经有点老化，正被年轻人所遗忘，第二代和第三代新媒体风头正劲。企业弃用或不会用新媒体，就会被消费者视为落伍或跟不上形势，品牌就会被打上保守、过时、守旧的烙印。

在利用新媒体宣传时，传播方式主要有三种：一是做平台广告，二是自己创作内容，三是用户创作内容。平台广告是传统的广告投放模式，比如霸屏广告、插页广告、广告链接等，这类广告仍属于硬广告，极易被消费者排斥。自己创作内容是由企业编撰宣传内容，由企业主导，是真正的“我的宣传我做主”，包括纯广告、软广告、促销信息、企业新闻、事实澄清、企业故事、公益活动、热门话题讨论等多种形式，这些内容可以通过企业账户或员工账户向外散播，是企业新媒体宣传的主要方式。用户创作内容包括电子口碑、网络代言和机构评价，是借他人之口宣传品牌，在互联网上，每个用户（或机构）均是一个声源，均可以对企业评头论足，发表自己的观点和看法，特别是那些大 V 或网红，其影响力不亚于媒体机构的“官宣”。由他人发出的声音可能是正面也可能是负面，企业必须做好网络舆情的引导和监控，减少或避免杂音或负面信息的出现。在互联网上，用户产生的海量信息极易湮没企业宣传的内容，也容易扭曲企业宣传的初衷和本意，所以企业必须在新媒体上有计划、有针对性地做常态化宣传，增加发声的频率，做宣传的 MC（Microphone Controller，麦手、麦霸），以对抗杂音干扰。

新媒体给了企业自由发挥的机会和空间，企业要好好地把握利用。新媒体宣传可以为企业节省大量的广告费，应是中小企业的首选。在内部管理上，企业不能再像以前那样把广告全部外包，要设置新媒体运营管理岗位，以年轻人为主，由专人负责新媒体广告的开发、运营和监控，信息传递要充满正能量、及时、透明、准确、新颖，趣味性强、娱乐化的展现形式更能吸引网民的眼球，让品牌显得更具活力。企业要善于创造话题，并及时跟进热点或会蹭热点，比如：在西安奔驰漏油事件中，宝马、奥迪、路虎等汽车纷纷做出嬉戏式广告，这些广告或由企业主导，或由网民自创，一时间网络沸腾，笑点不断，极大地提升了品牌曝光率；每年的苹果新品发布会，均是企业蹭热点的好时机，各家企业均会在此时大显身手，广告创意精彩纷呈，引来无数的关注和评论。互联网的热点是层出不穷，企业要睁大眼睛寻找契合宣传的商机。

新媒体之间也存在激烈的流量之争，粉丝和忠实用户越多，平台价值就越大。2020 年春节，在全国抗击新冠肺炎期间，字节跳动下属的今日头条和抖音买断了《囧妈》贺岁片，观众均可以在家免费观看，为字节跳动赢得了大量口碑，进一步扩大了今日头条和抖音的影响力，圈粉无数。企业应在每个新媒体上注册账户，借助平台力量打造自身 IP，扩展品牌影响面。同时，还应及时关注各新媒体的发展动态，宣传力度适度向发展势头迅猛的平台倾斜。当然，充分借势新媒体并不意味着完全抛弃传统媒体，除报纸和杂志外，其他传统媒体仍有利用价值，比如通过电视巩固品牌形象、通过广播向老年人或汽车驾驶员宣传、户外广告牌采用 LED 电子大屏幕等。对于实力较强的大企业来说，只有新媒体与传统媒体的有效结合，才能做到宣传的无缝对接和全员覆盖；对于实力较弱的中小型企业来说，新媒体应是营销宣传的首选。

4. 模式创新

商业模式是指企业与外界的交易关系和联结方式，体现企业的生存方式和经营理念，主要受信息技术进步、经济发展、企业家创新意识和创新能力的影响。营销模式是企业商业模式的主要表现，是整个营销系统的顶层设计，体现企业的营销观念、营销态度和营销方式，模式不同，企业的营销理念、营销思路、营销策略、营销措施等也会有所不同。营销模式具有典型的时代特征，并随着社会的进步不断向前演化。在互联网普及以前，营销模式主要以推销模式、广告模式、促销模式、直销、连锁经营为主；在互联网普及之后，则诞生了 B2C、B2B、C2C、C2F、电视购物等 O2O 网络营销模式；在移动互联网时代，平台式营销、网络营销、联盟式营销、大数据营销、数字化营销成为主流模式；在未来的万物互联时代，还将产生更多的营销新模式。顺潮流的模式会让营销顺风顺水，为品牌增加新的动能；逆潮流的模式会让企业与市场渐行渐远，逐渐被市场淘汰。企业应紧跟时代步伐，及时调整、变革和优化自己的营销模式。

与产品创新、服务创新和宣传创新相比，模式创新则是基于营销新思维和新逻辑，构建新的营销生态系统，是系统性和根本性的变革。阿里巴巴的淘宝、天猫电商模式、海尔的“人单合一”双赢模式、海底捞智能餐厅模式、苹果的“手机+应用”模式、微信的“社交+内容+生态+流量”模式等，这些均是模式创新的典范，创造的是普适性模式，可以被其他企业借力或效仿。京东、当当、拼多多、美团、知乎等只是切入点不同的电商模式演化，小米的饥饿营销也只是一种营销手段（在英国采用这种策略就被视为虚假宣传，遭到用户起诉），严格意义上，这些均不是模式创新。对于多数企业来说，要想做出前无古人开天辟地的创新基本不大可能，只要是有别于以往模式且有助于提升企业营销能力，企业完全可以借鉴先进企业的经验采用“拿来主义”做适应性模式创新。

新营销模式可分三种：一是资源整合型，二是技术驱动型，三是顾客驱动型。受信息技术和社会文化发展的影响，这三种模式还存在一定的重叠。资源整合型模式是指充分调动和整合企业内外部资源，最大化发挥各类资源价值的新营销模式，跨界营销、场景营销和社群营销是典型代表。跨界营销是指基于共享和互补原则，不同品牌相互渗透相互融合共同开发市场的组团式营销。通过分享各自的渠道、粉丝和流量等资源，实现价值共创，品牌效应叠加，强强联合让自己变得更强。品牌之间可以建立战略联盟，也可以采用“品牌 A+品牌 B”的方式，还可以使用联合品牌策略创建一个全新品牌。事实上，跨界营销在市场上早就出现了，麦当劳与可口可乐、肯德基与百事可乐就是典范。在共享发展理念的引领下，现在跨界营销已经非常普及，比如知乎联合网易云音乐、网易考拉海购、饿了么、马蜂窝、天猫和链家六大品牌所做的“钱，都花在刀刃上”跨界宣传；“污王”杜蕾斯采用“软情色”

与各大品牌互撩；喜茶与杜蕾斯、站酷、小黄鸭的跨界合作；宝马公司为体现品牌年轻化，与王者荣耀联合营销。跨界讲究门当户对，想傍知名品牌自己必须得有实力。场景营销是基于消费场景中的各类元素，充分调动消费者感观、情感、认知、行为、思考等感性因素和理性因素，带给消费者美好体验的一种营销模式。场景营销整合的是场景中的各种资源，为消费者提供“一站式”全方位服务，这些场景包括购买场景、使用场景、消费场景和生活场景，企业需要寻找某一个场景作为营销切入点，比如餐饮业与白酒、饮料生产商合作，不同品牌共同出资建设购物体验馆等。如果企业实力大，产品种类全，就可以单干；如果企业实力弱，可以跨界组团合作。海尔的“智慧家庭”场景包括智慧客厅、智慧厨房、智慧衣帽间、智慧穿衣镜、智慧浴室、智慧阳台等，美的、格力、创维、华为、小米等企业均在围绕家居场景提供智能解决方案。社群营销是充分利用网络虚拟社区的人际交往属性、社区黏性和消费者的从众心理而开展的一种营销模式，包括企业主导型和用户自发型两类。在企业主导型社群中，企业是信息发布、散播、纠偏的主体，用户以品牌粉丝为主，是接受和消化信息的受众群体，这类社群包括企业的微博、微信公众号、微信订阅号、今日头条号等。在用户主导型社群中，用户是信息的制造者和管理者，这类社群包括各种微信群、QQ 群、每个人的微信朋友圈等。社群营销整合的是企业自身的顾客或用户（含潜在用户）资源，通过部落化的人与人之间相互影响扩大品牌销售。

技术驱动型模式是指依托电子信息通信技术提升营销效率和营销效果的新营销模式，数字营销、精准营销和企业直播营销是典型代表，大数据挖掘为其实现提供技术上的保障。数字营销是将消费者的浏览、选择、购物、使用、消费、体验、偏好、行为等数字化，从而让企业营销和客户关系管理更加简约、经济、精准、集约和高效。互联网产生的海量数据是企业取之不尽的金矿，从中可以挖掘许多有用价值——既能识别、知晓和利用现有顾客的消费心理和消费行为，还能遴选和甄别潜在市场的消费潜力和拓展方向。对于互联网融入程度不深的企业，其会员数据库也是宝贵财富，通过分析会员的购买次数、购买频率、购物偏好等，为企业制定不同的营销策略提供决策依据。精准营销是对用户进行精准识别和定位，并提供个性化定制服务和关怀的一种营销方式，包括针对某类群体（如游戏爱好者或痴迷者、糖尿病患者、高血压人群等）或某种消费者场景（如饭店、卧室、春节、中秋等）的大众化定制服务和针对消费者个体（如 VIP、大客户）的一对一定制服务。

消费行为的数字化为精准营销的实现提供了便捷途径，通过大数据挖掘，可以将信息精准地传递给目标客户，提升宣传效果，节约宣传成本，避免营销资源浪费。企业直播营销是企业利用网络直播平台开通直接购物通道，集宣传、购物、服务、促销、互动、体验为一体的零渠道营销模式，是互联网上的“电视购物”。直播方式可分为现场直播和录播，直播平台有企业 App、第三方网站和场地显示屏，直播内容有产品介绍、产品促销、生产流程、企业活动、周年庆典、经销商会议、培训等。直播的特点是可以用煽动的语言、夸张的表情、精美的画面、真实的场景等刺激消费者的购买欲，并与消费者开展即时性互动，增强消费者的参与感和品牌黏性，场地显示屏还可以清晰地展示服务后台。海尔就采用直播方式集中演示与用户息息相关的 5 大智慧空间场景和 7 大全屋解决方案，更为直观地在向用户描绘未来的智慧美好生活。另外，某些直播还可能会成为网络热议的“梗”，进一步提升品牌的曝光率和知名度，比如 B 站 2020 的跨年晚会被称为“吊打”各类卫视，罗振宇的跨年演讲也在网络里广泛流传。直播营销需要注意的是必须处理好与各类渠道商的关系，不能触及渠道商的核心利益。

顾客驱动型模式是指为迎合顾客消费心理和消费行为的变化而采取的新营销模式，本质上是满足顾客新需求，草根网红营销、娱乐化营销和知识营销是典型代表。新媒体创造了许多草根网红，这些网红骤富的途径和方式吸引大批网民效仿，他们是互联网吸睛的中坚力量。与影视明星网红相比，草根网红多数“出身贫寒”，与普通网民的生活经历、生活环境颇为相似，只是由于机缘巧合而迅速成名，这种社会距离相近的特性使草根网红更易遭到网民的追捧。与平台型公域流量相比，草根网红创造的私域流量黏性更强，营销转化率也更高。草根网红营销是指与草根网红签约让其成为品牌形象代言人或销售者的一种营销方式。草根网红强大的网络影响力不亚于一般影视明星，特别是近几年那些快速崛起的社交电商网红，“带货一哥”李佳琪 2019 年赚了 2 亿元，李子柒赚了 1.6 亿元，一人挣钱能力甚至超过六成以上的上市 A 股公司，辛有志更是因一次性向武汉疫情捐款 1.5 亿元而“一捐成名”。现在网络里有许多 MCN（多频道网络，Multiple-Channel Network，专门帮助内容生产者变现的组织），它们是网红经纪公司或“网红孵化器”，企业可以寻找口碑好、形象好、传播正能量的与其开展紧密合作。娱乐化营销是指用娱乐化、游戏化和趣味化的表现方式开展营销，以增强营销宣传的吸引力和传播力。海量的碎片化信息分散了人们的注意力，传统说教式、自娱自乐式、自弹自唱式等给人硬邦邦感觉的广告已不合时宜，消费者喜欢在轻松、愉悦、放松、欢快或平静的状态中浏览和接受各类信息，这就要求企业不仅要优选信息内容，更要考虑信息的表达方式和散播途径。有形产品的使用说明书有相应的制式标准，企业可以用漫画、图片做辅助式简约说明；或用 VR、AR 技术增强消费带入感，或制作动漫、动画等小视频；或创作滑稽、幽默的故事情景剧；在一些服务场景中，可以增加游戏、抽奖、跳舞等情节，等等，让消费者在“嗨”中接受品牌，爱上消费。知识营销是指在营销过程中融入更多的文化、科技、健康、绿色等相关知识，让知识为营销背书。与知乎、得到、百度文库等将知识作为商品的商业模式不同，在知识营销中，知识只是起促进销售作用，这种方式有助于为品牌打上文化符号，提升企业的专家或专业形象，增强消费者的信赖。高等教育的普及化、互联网上的海量信息均大大提升了人们的知识文化水平，这就要求企业在营销时，不能再像以前那样只介绍和美化自身产品，还需要通过普及一些相关知识来增强说服力，让消费者眼服、心服和口服，比如：餐厅服务员熟悉保健、健康知识，知晓哪种菜适合什么样的顾客，这些均会大大增加食客的好感；推销员对产品、使用场景、消费注意事项等知道的越多，越有利于促成销售。

模式没有最好，只有最适合，企业不要觉得哪种模式最先进就盲目采用，要依据企业实际情况做取舍，42 码的鞋再好也不适合 44 码的脚。受组织惯性的影响，模式变更最好是渐进式的微创新，不要一夜之间就采用颠覆式的全创新，人才储备、思想意识、组织架构、业务流程、绩效考核等跟不上将导致企业陷入创新陷阱。事实上，模式上的创新更多取决于企业家的眼光、魄力和领导力，是一种自上而下传导的系统性变革运动，考验的是企业的学习力、应变力和决策力，需要有学习型和创新型企业文化做强有力支撑。一旦确定采用哪种模式，就要力争把这种模式发挥到极致，并根据外部环境的变化及时做相应调整。

创新永无止境，除了这四种创新之外，企业的营销创新方向、创新途径还有多种，只要是正确的、适宜的、完善的创新，均可以为品牌赋能。企业的眼睛不能只机械地盯着 4P，更要看清趋势的变化，做潮流的引领者或跟随者，不要做潮流的“逆行者”，与趋势对抗只能以惨败告终。创新必然会触动一些人的“奶酪”，因此，在创新的前期，需要用霸道式、独裁式、命令式的领导风格来推动，在后期，则适于用民主式、协商式、授权式的领导风格来优化完善，以充分发挥各级员工的智慧和才能，也有利于推动创新的实施。

在新时代，创新可能是找死，不创新只能等死。

（五）老字号复兴

“老字号”是一块耀眼的招牌，也是一种崇高的荣誉，能获此殊荣，意味着企业有悠久的历史、深厚的民族文化底蕴和良好的群众基础。老字号中的“老”是个相对概念，按照商务部试行的认定规则，老字号的品牌必须成立于1956年（含）以前。之所以卡这个时间点，是因为在1956年底，我国基本完成了对农业、手工业和资本主义工商业三个行业的社会主义改造，标志着社会主义制度在我国基本建立起来。也就是说，被认定为老字号的品牌，均萌芽或诞生于社会主义之前，甚至有许多品牌的历史可以上溯到四五百年前，像大名鼎鼎的六必居、马应龙、泸州老窖等老字号均诞生于明朝，比清朝、美国的历史还悠久，而1954年被周恩来总理拿到联合国作为“国礼”的浙江宁波黄古林草席，其品牌历史更是可追溯到1300年前的唐代。

老字号有“中华老字号”（China Time-Honored Brand）和“地方老字号”（Local Time-Honored Brand）之分，“中华老字号”由商务部认定，“地方老字号”一般以各省（自治区、直辖市、计划单列市）为“冠名单位”，比如河北老字号、北京老字号、天津老字号、浙江老字号等，由各省（自治区、直辖市）商务厅或各省商业联合会认定。社会上也有非官方机构以其他名义认定的老字号，比如河北省文联、河北省民协等联合主办的“燕赵老字号”认定等。通常情况下，“中华老字号”被视为正统的“国字牌”老字号，含金量甚高，2006年第一批名录有430家企业，2011年第二批名录有698家企业，共计1128家，涉及全国30个省市自治区，其中，上海以180家高居榜首，其次为北京和江苏，分别有117家和96家，海南和青海最少，各自只有1家企业上榜。各省中华老字号数量见表6-1。

表6-1　中华老字号各省市区数量

区域	数量	区域	数量
上海市	180	广东省	57
北京市	117	四川省	48
江苏省	96	辽宁省	34
浙江省	91	福建省	34
天津市	66	黑龙江省	32
山东省	66	陕西省	27

续表

区域	数量	区域	数量
山西省	27	重庆市	19
河北省	27	甘肃省	14
云南省	27	贵州省	9
湖北省	26	广西壮族自治区	9
安徽省	25	内蒙古自治区	7
江西省	22	新疆维吾尔自治区	3
河南省	22	宁夏回族自治区	2
吉林省	20	青海省	1
湖南省	20	海南省	1
合计	1128		

资料来源：根据商务部业务系统平台“中华老字号信息管理”整理，网址：http：//zhlzh. mofcom. gov. cn/searchEntps. do？method=andiqudownload.

在两批中华老字号名录中，老字号主要集中在吃、穿、用等与人们生活息息相关的民计民生领域，比如中药、餐饮、食品、调味品、肉制品、服装、酒、茶叶、工艺品等行业，老字号是这些行业中的佼佼者或幸存者，所属品类也是当时经济模式的一个缩影。老字号之所以集中在这些生活领域，原因主要有两种：一是这些行业是人类生存与延续的“刚需”，有牢固的消费基础；二是与当时奉行的自给自足农业型经济和闭关锁国内向型经济有关，这种经济政策导致企业只能在大陆内部循环，看不到（也不愿意看到）海外世界的变化，就像国人只知道用水蒸气来蒸鱼蒸馒头不知道制造蒸汽机、只知道用火药做礼花鞭炮不知道造火枪弹药一样，老字号的科技含量普遍不高，眼界和思维导致老字号企业众多，却鲜有问鼎世界的全球品牌。

由于“中华老字号”的名额有限，有些企业并未赶上商务部认定时的“班车”，就开始追认地方政府认定的“地方老字号”，导致“老字号”招牌就像“忽如一夜春风来，千树万树梨花开”一样，一夜之间冒出许多，有时候给人的感觉是“真假李逵难辨”。其实，无论是哪一类老字号，能够经历朝代更迭并在战乱纷争的年代生存下来，本身就是一个奇迹，这些品牌均是在历史长河中筛选出的精品，已经受住时间的检验和历史的洗涤，每个品牌背后均隐藏着一部传奇、一段动人的故事。好故事是历史馈赠的礼物，是理想的营销素材，企业应充分挖掘、完善、演绎、讲好自己真实的历史故事，让这些故事广泛流传、代代相传，但一定要注意不能刻意杜撰无中生有的故事，神话般的故事反而让人质疑起反作用。

其实，“老字号”只是中国商业情景下的一种特有称谓，老字号热的背后折射的是政府与企业的逐利思维——老字号丰厚的历史价值和文化价值可以转化为很高的商业价值，能为政府和企业带来许多有形或无形的财富。对于地方政府来说，老字号越多，说明在历史上这个地方的商业氛围越浓厚（从各省中华老字号的数量分布也可以看出这一规律，老字号在大城市、东部沿海地区最多，而中西部欠发达地区数量相对较少）；老字号是一种地方名片，能为当地居民带来荣誉感和自豪感；是一种优秀的旅游文化资源，不仅可以吸纳就业，而且可以为地方带来源源不断的客流，而客流则意味着收入和繁荣，所以许多地方政府热衷于推动实施“振兴老字号工程”——这不仅仅是追求政绩，更是对地方发展史的认可和尊重。对于企业来说，老字号则意味着历史、文化、传承和工匠精神，意味着产品有质量保证，能为品牌带来许多无形的附加值，为企业节省大量的广告宣传费用。受国人怀旧、认祖和不忘本的民族性格影响，老字号比新成立的企业更具备当“网红”的天然基因，能自然而然地吸引消费者的注意，人们认可和消费老字号，追求的往往不是老字号的产品本身，而是老字号的历史和文化，是对古人智慧、生产和生活场景的一种穿越时空的带入感体验，老字号历史越悠久，这种体验感就越强烈。

老字号虽是身披“袈裟”“佛光”护体，但本质上仍是食人间烟火的凡胎肉身，从经营现状看，许多老字号的生存并不乐观，许多只是“叫好不卖座”。有些老字号的经营是举步维艰，市场逐年萎缩，品牌逐渐淡出人们的视野，甚至成为人们的回忆；有些老字号是常年疲于维权打官司，无端消耗大量财力和精力。所以老字号企业一定要明白——“老字号”虽是“黄金甲”，但不是“免死牌”，只代表企业有相对比较久远的历史，企业能否高效发展，依靠的不是其历史，而是活好当下再去放眼未来。老字号的目标市场容量往往有限，现代感不强，常让人觉得“过时、保守、服务差”，产品和品牌对上年纪的消费者还有点吸引力，而对于年轻人，特别是“90后”“00后”群体，他们可能更喜欢舶来品。基于此，有历史的企业一定要清晰、客观、理性地正视“老字号”的效用，不要认为拥有老字号就可以高枕无忧，夜郎自大，故步自封，不思进取，要知道在快速发展的今天，仅凭“一招鲜吃遍天”的祖传秘方已不再灵验。也就是说，老字号的悠久历史是一把双刃剑，既会被一部分消费群体高度认可，也会被一部分消费群体抛弃，如何把这把宝剑舞好，则完全依赖于老字号掌门人的经营智慧。

从世界品牌价值排行榜可以看出，中国的老字号企业基本是榜上无名，而能上榜的，则是为数不多的像腾讯、阿里巴巴、华为等现代企业以及一些大型央企，而国外的“老字号企业”却比比皆是（如果按照商务部的时限认定标准，像可口可乐、百事可乐、肯德基、奔驰等企业均可谓老字号）。这也说明我国老字号企业的成长之路还任重道远，要想把企业做强做大，让品牌永放光芒，享誉全球，老字号企业必须融入更多的现代元素——在机制上，建立现代企业管理制度；在工艺和技术上，做传承性创新；在管理和营销上，做系统的适应性和迭代性创新——既要让消费者看到品牌的历史，更要让消费者看到产品和品牌的创新之处。也就是说，老字号企业既要“倚老卖老”，更要适应社会的发展需要去“倚老卖新”，用各种创新措施激活品牌的“历史活力”，既要有历史感，更要有现代感。在这方面，国外那些老字号企业的确值得我们认真效仿学习。

现在，一些先知先觉的老字号企业已经意识到创新的重要性，也学会了外卖、当网红、玩快闪、跨界合作等新的经营模式，不断尝试着让“老树发新芽、长新枝”，还有一些老字号依然端着架子，不愿转型升级，所做的“创新”也只是走走过场，做做表面文章，这类老字号已经跟不上时代节奏，前景更是堪忧。老字号的复兴是一个系统工程，涉及营销、人力、体制、资本、财务、技术等一系列问题，需要企业家用新思维和新思想去传承和振兴老品牌。老字号的具体创新思路可参考上一节内容，在这里，仅结合老字号的自身特点，从产品、包装、价格、服务、宣传和推广六个方面对老字号的创新做一简述，前三者的创新可视为老字号重塑“金身”的手段，后三者的创新可视为赋予老字号“新灵魂”的路径，这些均是老字号品牌赋能的关键举措。

1. 重塑金身

老字号是昔日的名牌，都曾有光辉的岁月，但这只能代表过去，要想成为“千年不老翁”，拥有不腐之金身，就必须顺应时代的潮流，敢于否定自己，勇于创新，善于创新，因为历史的车轮会碾压一切不合时宜的事物——老字号也不例外。老字号金身的重塑首先要从产品创新开始，因为产品是任何企业赖以生存和发展的根基。老字号的产品质量毋庸置疑，但质量好并不代表产品就有广阔的市场空间，产品是否被市场广泛认可，关键在于能否满足当代消费者的需要、是否与当代消费者的消费习惯和行为偏好合拍。以餐饮和食品老字号为例，尽管商品的配方不变，口味始终如一——这对中老年人或游客还有些吸引力，但对于舍得大把花钱、乐意尝鲜、反叛意识强的年轻人来说可能根本不感兴趣——他们更爱吃麦当劳、肯德基或必胜客，并且这些老字号当年的一些食材，可能也不符合现代人的健康消费理念，比如爆肚冯炒肝的主料就是猪下水（在以前是因穷人吃不起肉才吃这些），王致和的豆腐乳和六必居的酱菜是典型的腌制品，狗不理包子的油太大，稻香村的糕点让糖尿病人望而却步，等等。

所以老字号企业无论处于哪个行业，都不能墨守成规，在传承的基础上，更应注重新产品的研发，打造满足当代人需要的产品结构体系。不同行业，不同规模，产品创新的方向和措施会略有差异，比如有些适宜采用新技术、新材料和新工艺来提升原有形象，有些则适宜丰富产品品类来辐射更多的目标市场。衡水老白干以高度酒著称，但现在许多人却喜欢喝低度酒，因此老白干酒厂就用“老白干”品牌作为背书，主推“十八酒坊”系列酒，“十八酒坊”于 2008 年被认定为中国驰名商标，为企业带来源源不断的收入。内联升以布鞋著称，但穿布鞋现在只能算是一小部分人认可的时尚，这就让品牌陷入知名度大、用户少的尴尬局面，尽管内联升也在向皮鞋、儿童鞋延伸，但消费者对“手工”和“布”的刻板印象很难改观，因此内联升要想做大，就必须改变消费者的原有认知逻辑，引导用户关注鞋而非工艺和材质。王麻子菜刀也应采用新材质并适当提升价格来改变低端形象，否则市场会被张小泉、苏泊尔等品牌不断挤压。对于有些老字号来说，新产品除了有新名字之外，也适宜采用新包装，新瓶既可装新酒也可装旧酒，包装创新是一种最直观、最浅显、最简单明了的创新方式，能让消费者一眼就感受到新意。老字号的门脸和门头可以有沧桑感，但产品包装不能总是一副古色古香的复古风格，还应融入更多的现代元素，最好是针对不同的目标群体，设计由一根主线穿插在一起的各种包装，以迎合当代人多元化的审美标准。同时，老字号企业也要明白，“金身”不是指只有高价才显得身贵，这是老字号常见的一种定价误区——放不下身段，以为降价或低价会有损尊荣，从而导致许多老字号在消费者心目中以“贵”和“不值”著称。高价本身无错，错就错在不知道如何让消费者认可高定价，受机制灵活的现代企业的强烈冲击就在所难免。老字号企业也要学会定价创新，即巧妙利用价格杠杆，为产品组合设计科学合理的价格体系，要知道每类产品在架构中的作用和目标，并随着外部环境的变化做动态调整，让原先僵硬的价格体制变得更为灵活轻便，比如也适度降价促销、推出价格亲民的新产品、注意网销产品和实体店产品的定价搭配等。

2. 赋予新灵魂

灵魂是指老字号骨子里透出的那种精气神儿，新灵魂就是要让老字号“修炼成精”，虽经岁月洗礼，依旧精神矍铄、神采奕奕，风采不减当年。赋予的路径不是指单纯打广告，而是从服务、宣传和推广三个方面入手。老字号的服务创新最好是两条路并行：一是培养现代化服务意识，提升门店服务质量，许多老字号的员工年龄偏大，接受新生事物缓慢，在习惯上仍沿用计划经济时代的思维和方式，导致服务态度、响应速度等常被消费者诟病，这就要求老字号企业必须尽快提升员工素质，加强服务过程质量和结果质量的监督和考核，提升整体服务水平和能力；二是构建现代化的服务体系，植入互联网基因，全面电商化，加入网销外卖大军，互联网化的商业模式已深入人心，未来的物联网更会造就全新的业态，老字号要尽快适应和跟随电子信息技术发展的节奏。在宣传上，不要坐等顾客上门，也不要再单纯依靠传统的广告媒介，而是要学会宣传创新，即充分利用自媒体和新媒体在市场上多发声，品牌既要讲老故事，还要讲新故事，老故事听多了会让人“腻”，而新故事则会层出不穷，不断演绎，老字号最好招聘有才华的年轻人去负责广告宣传，他们的创意方案会让老字号“返老还童”，有青春朝气。在推广创新上，可从两方面考虑：一是充分借势国家一带一路（The Belt and Road）战略契机，勇敢地走出去，去国外开分店、建新厂，讲好中国品牌故事，悠久的中华文明史是老字号品牌的最佳背书，让老字号“墙外开花墙内香”，但要注意入乡随俗，既保留老字号的原始魅力，又要符合当地人的消费偏好；二是强强联合，跨界合作，“头戴马聚源，脚穿内联升，身披瑞蚨祥，腰缠四大恒”，是清代北京有钱人的标配（如果再提一个鸟笼子，立马是一副活生生的满清八旗公子哥，搁现在，则是一个标准的富二代或官二代），这里边就有三个老字号，如果这三个老字号组团销售效果可能会更好，当然，不一定非得是老字号之间的合作，也可以尝试与现代企业开展跨界合作，但合作一定要注意双方身份、产品形象之间的契合度，像凤凰自行车与太平鸟服饰合作、六神花露水与 RIO 鸡尾酒共同推出新饮品、大白兔与美加净联合生产新润唇膏、马应龙推出疏通消化饼干、三九胃泰跨界生产方便面等，均不能称之为上乘之作。

老字号复兴就是让老字号品牌保持与时俱进的新时代形象，在古代是名牌，在当今同样叫得响。与商务部的“老字号”认定相比，新华社推出的“民族品牌工程”涉及面更广，因为民族品牌不仅包含老字号，也包括1956年以来新成立的现代企业。央视推出的“国家品牌计划”有以“国家的名义”拉广告之嫌，入门费相当贵，一般企业根本承受不起，国家肯定不会把品牌主要定位于白酒和调味品。事实上，只要是“有志”企业，无论成立的时间长短，都应该大力推广和发扬。与其被动接受国际品牌的冲击，不如放手一搏，主动去迎接挑战。国内的企业，特别是老字号，一定要有全球化视野，要主动求变，不要被动挨打，要知道全球化影响的不仅仅是经济，更会对消费者的思想、认知、行为、偏好、习惯等产生各种影响，尽管有爱国主义情怀存在，一部分人会有民族中心主义，但大多数的消费者最终会用脚来投票。

在大众创业、万众创新的今天，将品牌打造成百年老字号是每位企业家、每位创业者的梦想（马云就强调阿里要做102年，旨在跨越三个世纪）。“百年老字号”意味着企业必须在激烈的市场竞争中脱颖而出，必须拥有一个强势品牌，而强势品牌的塑造则必须遵循科学的发展规律。可以说，企业的一切经营行为（包括营销、人力、财务、资本、技术、管理等）均是为品牌而生、为品牌而活。品牌不是只需一个好名字那么简单，更为重要的是品牌背后映射的经营视野、经营思维、经营理念和经营逻辑，强势品牌的塑造需要一代人甚至几代人科学地、创新地、一脉相承地、坚持不懈地努力！

本章是全书的重点，着墨最多，主要分析为品牌赋能的手段和措施。营销的最终目的是创建强势品牌，而不是追求短暂的“营销盛况”。强势品牌的名字要遵循七个基本原则，特别是时代感原则，要求新品牌的名字应体现“互联网思维”。六种命名方法可作为起名工具，为起名提供“解题思路”，当苦于找不到理想的名字之时，尝试用这六种方法，你定然会豁然开朗。

品牌架构反映了企业的品牌结构体系，以及创建品牌过程中的营销动作体系。三种架构是一种“静态的”或“物理的”体系，体现各个品牌在营销中的地位和作用；建设架构是一种“动态的”或“化学的”体系，体现构建强势品牌过程中，企业应进行的营销动作。从这里也可以看出，品牌策略不等于营销策略，营销要为创建品牌服务。

品牌要体现正能量，而且还要能量充足。质量是品牌的生存与发展的前提和基础，强势品牌必须有高质量的产品和服务。在移动互联网时代，品牌必须追求 IP 化和会讲故事，以增强传播力，丰富品牌生态种类，扩延品牌影响空间。品牌创新可以通过四条路径发力，每条路径均有不同的侧重点，现在红遍大江南北的带货直播只是其中很小的一个手段。老字号复兴可从六个方面着手，如果在这六个方面的创新均做到位，那老字号一定会再现昔日辉煌。

第七章
营销误区

误区会降低营销效率，甚至会把企业带入万劫不复之地。认知是行为的基础，行为反过来又会修正或巩固认知。六种认知误区和六种行为误区均是经营中常见的对“营销”的误解或误读，书中不仅对这些误区进行了“把脉”，而且还开了相应的“处方”，为营销给予“正名”。作为营销者，不仅要知道做什么是对的，更要知道做什么是错的。

在现实中，错误的营销行为司空见惯，甚至许多知名企业也是屡犯低级错误。究其原因，主要有两点：一是国内以市场经济为基础的现代企业制度建立时间（1993 年）较短，许多领导者的科学管理素养不够，对营销的理解，习惯沿用计划经济思维，骨子里透出的仍是小农经济意识；其二是国内本土营销科学理论体系的构建总体上仍是起步阶段，尚不能全面支撑企业的营销实践。从 20 世纪 80 年代末引入菲利浦·科特勒的《营销管理》算起，企业界对营销系统性的认知、学术界对营销系统性的研究，也仅有 30 多年的历史。在此期间，企业一方面接触大量的国外先进管理理念，另一方面又固守根深蒂固的本土管理哲学，两种思想的交汇和碰撞常常让企业感到困惑：究竟哪个才是真理？

于是企业在营销中要么犹豫不决，要么走两种极端：一种是全盘西化，机械套用西方相关理论指导营销实战；另一种是视西方理论为理想主义和教条主义而弃之不用，完全靠企业家自己的理解和意志来营销，最终的结果是两条路都走不通。企业都知道营销很重要，但就是不知道如何科学营销，不知道“海龟”和“土鳖”如何“烹制”，在营销理念和营销模式上不知变通，不会因时制宜，不会因地制宜，更不会因人制宜，常常是跟风走极端，顺着一条路走到黑。

改革开放之前，受计划经济的影响，企业基本不存在营销概念。改革开放后，国内的营销先后经历了产品热、推销热、广告热、明星代言热、赞助热和服务热，以及现在的电商热、新媒体热、直播带货热等众多模式，每个模式“火热”的背后都有其时代逻辑，并且都会催生一批教父级的样板企业。这些成功企业的营销模式具有强大的示范效应，会让同辈企业效仿跟随，以至于当更新的模式出现后，许多人仍会对原有模式念念不忘。每种营销模式都有虔诚的信徒，“信仰”的不同导致对营销的理解纷争不断。可以说每种模式都不是尽善尽美，偏执任何一种，都会步入营销误区。

误区会把企业的经营带偏，导致营销效率不高、效果不佳，甚至在错误的道路上越走越远。正是因为误区的存在，才会有优秀与落后之分，才会有企业的优胜劣汰。优秀的企业深知营销是动态的，不是静止的，他们会紧跟时代的步伐，动态调整营销模式，借助一切力量提升营销能力，让营销大脑随时处于亢奋状态。这些企业有一个共同特征就是眼光敏锐，虚怀若谷，擅长学习，对有关联的新事物有强烈兴趣，觉得好的会有选择地消化吸收，不盲从，不自大，永远对市场、公众、顾客、合作伙伴和竞争对手保持敬畏。

而已被淘汰或正被淘汰的那些企业，其共同之处就是盲目自信，机制僵化，不会学习。这些企业要么是来不及发光就被熄灭；要么是有过短暂的辉煌，就咬定原有的营销模式不放松；要么是成功的经历让创业者自信爆棚，于是不可一世、唯我独尊。昔日的众多标王不再叙说，近两年，曾经的日化一哥宝洁公司也是败相初露，其名下的护肤美容、个人清洁、洗发护发等九大品类的业绩乏善可陈，在中国市场正逐渐被消费者抛弃，根源就在于其奉行的营销方式已经落伍，被消费者定义为“过时、守旧、自大”。就像马云所说：“这个世界没有落后的企业，只有落后的你，只有不学习的你！”不尊重市场，终会被市场惩罚，甚至当顾客离开时，你都来不及说声再见。

正确的营销就是在合适的时间、让合适的人、用合适的方式、为合适的顾客、提供合适的产品和服务（或叫解决方案）。营销，一定要让专业人士来做，不要外行带领内行，营销部门的领导一定要有丰富的实战经验，最好能从一线产生。许多企业的中层领导实行的是轮岗制，营销总经理的挑选一定要慎之又慎，如果没有从事过营销工作，那最好经常去一线走走，与一线员工多交流，去一线亲自倾听顾客的心声。为解决城市拥堵问题，许多城市都在修建横跨市区的高架快速路，由于设计人员不一定熟悉这座城市，导致上下口的位置常被视为“无脑”设计，有的是不治堵反而添堵，被市民疯狂吐槽。事实上，对于高架路的留口，出租车司机最有发言权，他们是城市的活地图，在这方面，他们是从实战中开出来的专家。营销与修路一个道理，在办公室里闭门造车，或只有营销理论，或走马观花敷衍式的调研，很难制订出最佳营销方案。

事件营销不是一个新概念，有些企业深谙此道，有些企业则是胡乱作为，也有企业面对突发事件是“懵圈”不知所措。2020 年的新冠肺炎，是一场百年难遇的突发公共事件（按照 2006 年国务院颁布的《国家突发公共事件总体应急预案》规定，突发公共事件共分四类：自然灾害、事故灾难、公共卫生事件和社会安全事件），也是一场对全社会的严峻考验，疫情充分暴露了各方的“众生相”。疫情期间，有些企业表现的是可圈可点，有钱的出钱，有力的出力，彰显了企业的社会责任，形成社会营销和事件营销的经典案例，既赢得了口碑，又圈定了用户，比如阿里、腾讯、京东、蒙牛、百度、恒大、字节跳动、碧桂园、快手等均有不俗表现，其中阿里、京东、通用五菱的表现尤为抢眼。阿里不仅捐钱、赠物、扶持平台商户，其钉钉 App 更是借势上位，成为最大的“打卡”平台，猎获无数用户，尽管被憎恶开学的中小学生打了低分，但这种“差评”反而成为最好的广告宣传。京东的自建物流此时爆发出巨大威力，在淘宝、拼多多因物流哑火时，京东的快递小车却穿梭于城市的大街小巷，让居家“坐月子”的人们仍能享受网购的便利，钟南山给京东的亲笔感谢信更是让京东再次刷屏，获得消费者的无数点赞，京东或许能借此成功逆袭。上汽通用五菱仅用 76 小时就研发出口罩机，获得央视点名表扬，“人民需要什么，五菱就造什么”标语更是深入人心。

在国难面前，也有一些企业表现的是相当拙劣，甚至是趁火打劫“不要脸”，360 互助、蛋壳公寓、海豚家 App 等企业的无脑营销引发大量投诉，个别保险公司不合时宜地推销保险，有些药店趁机高价销售口罩和消毒产品，有些超市肆意哄抬果蔬价格，这些企业捡芝麻丢西瓜的短视行为终将会自食恶果，要知道诚信、责任、声誉比那点儿蝇头小利更值钱。还有一些企业一直保持沉默，或所做贡献与公众期望相差甚远，让人觉得冷酷无情，公众形象是严重受损。当然，我们无意于搞道德绑架逼捐，毕竟家家有本难念的经，但在国难面前，企业一定要表现出“正确的忧伤”，做一些力所能及的善事，最不济也该喊几句“武汉加油！中国加油!”此时，“免费、捐赠、减免、扶持、无偿、志愿、义务”等词汇均是无声但最有力的广告，都会带品牌上热搜——尽管我们不愿意在此时成名！

患难让人见真情，让企业显“真水平”。当灾难不可避免之时，企业何不顺势而为?！至于何时为、如何为、为什么，则彰显企业领导者的胆量魄力和经营智慧。平时广告做得再多，说得再天花乱坠，一场肺炎就让企业现原形。企业毕竟是经营实体，也没必要做无名英雄，抗疫即使是一场秀，只要是认认真真地表演，也会为品牌带来鲜花和掌声。疫情是灾难，也是营销机会——尽管我们不愿意等到这样的机会！

企业不要抱怨营销难，上天永远优先眷顾那些有准备的人。只有科学、理性、全面地认识营销，企业的营销才能做起来顺风顺水。在本章，将基于“认知—行为—结果”链，分析企业营销实践中最常见的一些认知误区和行为误区，企业经营者、营销者及其他相关者，均可以审视自己是不是也曾犯或正在持这些错误观点，如果有，就尽快改变吧，要知道只要陷入这些误区，小企业就难以长大、大企业就难以基业长青。

一、典型认知误区

认知是指人脑摄取、储存、加工和处理信息的过程，涉及注意、感觉、知觉、辨别、记忆、学习、理解、计算、推理和判断等各种能力，也可以通俗地理解成人们感受和认识世界的能力。这些能力的形成，一方面来自先天本能，如遗传、体质、欲望、动机等；另一方面来自后天习得，如环境、教育、教训、经验等。由于每个人的出生、成长、经历均不相同，这就造成人的认知能力也是千差万别，就像世上没有完全相同的两片树叶一样，人的认知能力也是只有相近或相似，没有完全相同。即使长相酷似的双胞胎，其认知能力也有区别。

著名作家、散文家史铁生曾说：“人与人的差别，大于人与猪的差别。”人与猪的差异，是恒定的、直观的、显而易见的（只有一个人比较懒或比较笨时，才会被形容“像头猪”），而人与人之间的差异，则千变万化，超乎想象，乃至无法预测，这种差异不是来自身高、相貌、肤色、体重等身体表征，而是来自每个人的认知能力。认知能力不同，对客观世界的认识和理解也就不同。这就导致面对同一份试卷，会有不同答题速度和分数；面对同一件事情，会出现不同的声音；面对同一种灾难，会有不同的反应。每个人的言行，无论是出于何种目的，也无论是出于一时冲动，还是经过理性综合研判，都是基于自身的认知水平。知道这个，你就不会对网上那些“喷子”的言论感到奇怪。

认知能力决定认知层次，甚至决定人生高度。按照认知漏斗模型，越处于认知底端，其看世界的视角越狭窄越片面，习惯以自我为中心，不知道自己不知道（很自负或自傲，误以为自己是全能冠军）；而在认知顶端，格局大，视野宽，沉稳冷静，不仅会理性地眺望外部世界，更会客观地审视自我，知道自己不知道，活到一种“看山不是山，看山还是山”的禅意境界。低层的永远看不到高层的风景，站在二楼看到的全是垃圾，站在33楼看到的则是美景。下愚莫揣上智，井蛙不可语海，夏虫不可语冰，就是告诉大家：认知能力不在一个层次，最好不要去辩论、争吵，与傻子吵架，不是傻子傻，是你傻；与臭棋篓子下棋，不能提升自己的棋艺，只能拉低自己的水平。所谓“物以类聚，人以群分”，就是指在某方面认知能力处于同一层的人最容易相处。凡有成就之人，必有超常之处，其认知能力绝对是出类拔萃，不要用“吃不着葡萄说葡萄酸”的口吻说人家是把握好了机会，你更应该反思：“机会面前人人平等，为什么他能把握而我不能？”

认知能力不是一成不变的，而是可以通过不间断地学习积累加以提升。一个人的认知能力固然受遗传基因的影响，但更多还是取决于个人后天的努力程度。学习是提升认知能力的最好途径，也是提升各方面能力的最佳捷径。学习不是仅指像学生那样去读书本，而是有多种方式，包括自学、向他人学、向社会学、向经验和教训学。不过，要想学好，必须承认自己在某方面有欠缺，知道天外有天，人外有人，用谦虚谨慎的态度才会让自己更快地进步。学习要讲针对性和系统性，针对性是指围绕自己的职业领域或专业领域学，尽可能地达到专家水平；系统性是指凡是相关的均要有所涉及，并通过思考寻求事物或现象之间的联动关系。流于形式、只追求一知半解或钻牛角尖，均是错误的学习方式，死学或敷衍地学都不行，要想学好必须遵循学习—思考—领悟—转化—掌握—运用—反思—学习这条闭环路径。人们轻信谣言、容易盲从、人云亦云等，表象是判断力和思考力不足，根源还是知识储备的不完备和不系统造成认知能力上有欠缺。

个人的认知高度决定个人的命运，企业的集体认知高度决定企业的命运。集体认知是指单位作为一个整体表现出来的群体性感知、学习、思考和判断能力，这些能力上的差异会导致企业即使在同一个行业，也会有不同的经营表现，有些企业是蒸蒸日上，有些企业则节节败退。相较于个体，集体认知能力的影响因素更为复杂，其中，领导者个人的认知能力起主导作用，企业人力资源制度、行政管理制度、组织惯性、企业文化等的影响也不容忽视。船长再优秀，船员只出工不出力，大船不仅行驶不稳，也行驶不远，甚至还会原地打转。要想提升集体认知能力，不出现集体认知偏差，除领导提升自我之外，企业还必须构建学习型组织，通过各种形式让员工了解外部形势的变化、工作内容的意义、团队合作的重要性等，让员工清楚组织学习的必要性和迫切性，从而去重视学习、勤于学习，并且是与团队一起学习。阿里在创业之初，马云给“十八罗汉”的“洗脑”就是在提升集体认知能力，如果这些人跟不上马云的节拍，也不会有今天的阿里。

无论处于何种层次，人或企业经常会陷入认知误区，一旦进入误区，就会产生误区效应。这种效应让人或企业不能正确客观地评价自己，认不清眼前形势，甚至认为某种错误的观点或行为是正确的，从而导致决策失误，最终步入失败的陷阱。认知误区包括认知偏差和认知错误，认知偏差是指在加工处理内外部信息时出现失真现象，常由个人或集体在主观上的选择性注意、选择性理解和选择性扭曲造成，像晕轮效应、首因效应、刻板印象等均属于认知上的偏差。而认知错误则不是选择性失真问题，而是对信息加工处理得完全不对或完全相反。偏差和错误都是不正确的认知现象，如果不能及时纠偏，会让个人或企业错失发展良机，甚至在错误的道路上越跑越远。

营销上的认知误区，会让企业采用错误的营销方式，让营销效果大打折扣。特别是处于领导层的决策者，其错误认知可能会为企业带来灾难。有些领导者或管理者，做业务时曾经签过大单，或见过大场面，于是就将营销简单地理解为喝酒、打牌、拉关系，对关系营销做“中国式”的解读，或认为营销就是推销做广告，持这类观点的结果就是营销成本大幅攀升，但营销效果未必最佳；有些企业认为营销就是玩套路，只要产品能卖出去，管他用什么法子，丝毫不考虑会对企业产生什么样的长远影响，这种观点在国企最为常见，因为国企领导的高流动性导致营销的短视行为非常普及，反正是新官不会理旧账；有些企业认为互联网营销就是开网店或加入天猫、美团网销大军，所以兴师动众地去做电商，丝毫不考虑企业所处的行业特性，结果发现收益还不够支付员工的工资，等等。社会上对营销的认知误区还有许多，在这里，仅介绍六种比较盛行的错误偏见，企业可以拿来参照对比，审视自己是否处于这些误区而浑然不知。

（一）营销近视症

营销近视症（Marketing Myopia）是营销中的第一大误区，是企业视野和战略层面的误区，给企业带来的危害最大。1960年美国哈佛大学商学院莱西奥多·莱维特（Theodore Levitt）教授在《哈佛商业评论》上发表《营销近视症》论文。该文一经发表，立即在学术界和实业界引起强烈反响，该文荣获同年的“麦肯锡奖”。《哈佛商业评论》于1975年、2004年又分别刊登了补充完善稿，足见这篇文章的持久影响力，也说明尽管时代不同，但许多企业仍在“重复昨天的故事”，该文也被誉为史上最经典的营销理论文献之一。莱维特提出的另一个著名理论是“全球化营销”，这两个理论奠定了其在营销史上举足轻重的地位，如果说科特勒被誉为“现代营销之父”，那莱维特可称之为“现代营销之祖父”。

近视，顾名思义，就是指可视的距离很短，只能看清近处，看不清远处。近视眼一度被认为是有文化的象征，戴个眼镜就显得很斯文，而一旦戴上眼镜，个人才能体会到有多么麻烦和不便。视觉上的近视不可怕，可怕的是思想和认知上的近视。在《营销近视症》一文中，莱维特教授以美国铁路、好莱坞、电力、石油、汽车等行业为例，详细介绍了企业经营中的近视行为及其根源，并指出狭隘地定义一个行业、一种产品、一项技术就容易看不清外部环境的变化，导致犯近视错误，比如“铁路”应当定义为“运输”、石油应当定义为“能源”等，这样公司就不会只紧盯行业内的直接竞争者，还需积极应对替代品的挑战，而解决的办法就是建立以顾客需求为中心、全员参与的新营销理念。

这听起来似乎很简单，但做起来挺难，因为许多企业不知道顾客真正需要的是什么，或对顾客需求的理解过于肤浅。企业往往是站在自身的角度去思考问题，而不是基于顾客的角度反向思考，许多中华老字号的落败就源于近视症。企业的高层管理者都应该认真品读这篇文章，因为在我们周围，营销近视的现象非常普及。常见的营销近视症主要有三种：定位近视、利益近视、趋势近视，这三种近视都会让企业采取短视行为。

1. 定位近视

这是大型企业所表现出的最典型的近视症，也是《营销近视症》这篇文章中主要分析的症状。几乎所有的大企业都会明确自己的愿景，这个愿景是企业对自己存在意义的定位，可惜的是，许多企业是说一套做一套，经营行为常与愿景背道而驰或风马牛不相及，愿景变成了华丽辞藻堆积的梦想。毫不夸张地说，许多企业不知道自己的竞争对手到底是谁，往往是在行业内窝里斗，奉行“攘外必须安内”策略，结果却被“外人”革了命，就像三家运营商打了这么多年，打来打去才发现自己最大的竞争对手竟然是微信，造成这种现象的根源就在于企业只看到顾客显性需求，没有再进一步向内挖掘需求背后的动机是什么。如果企业对定位的认知能提升一个档次，就会看到一个更大的发展空间，比如化妆品不要定义为“美妆”，而是定义为“美丽”，或再向上延伸成“年轻、自信”，企业就可以增加更多的产品品类；把餐馆不要定义为“吃饭的地方”，而定义为“交际场所”，饭店的经营形式就会发生变化。更高层次的定位，会打开品牌的生命空间，为品牌赋予更多能量，让品牌的跨界延伸被消费者轻松认可，比如九阳品牌如果想摆脱“豆浆机”单一形象的束缚，就可以考虑定位成“智能家居”，或再高一个层次“智能生活”。当然，这种定位主要取决于管理层特别是一把手的视野和眼光，品牌定位狭窄，会限制企业的跨界或多元化发展。

2. 利益近视

这种近视有两种表现。第一种是企业只追求眼前利益，而不做长期规划，或功利心太强，企图抓住任何一个商机，认为是机不可失，失不再来，所以在经营中是不分青红皂白，眉毛胡子一把抓，是利就要，见利就争。企业追求收益本身没错，梦想在短时间内快速积累财富也没错，但一定不能偏离经营主体和经营方向，一定要围绕企业定位来做，切不可把品牌当“万金油”，做不合适的延伸或跨界，像三九胃泰做方便面只会让人在面条中吃出中药味；小米做箱包还稍微沾点儿边，毕竟还能装个小米电脑或小米手机，但做方便面和酒就让人匪夷所思；以治疗痔疮闻名的老字号马应龙竟然去生产饼干，想想就难以下咽。这些延伸在短期内可能会为企业带来一定的收益，但从长远看，会让消费者对品牌产生“不务正业”之感，稀释对品牌的原有印象。另一种是为了应付 KPI 考核，采取卯吃寅粮、饮鸩止渴的做法，比如：在年终前大规模促销；或在某个时间段用广告狂轰滥炸；或对顾客过度承诺，不管将来这些承诺是否能够兑现，先把业绩做上去再说，政绩有了，就可以挪窝，管他以后是不是会有“滔天洪水”，现在许多企业推行的倒追机制在一定程度上对这种行为有所遏制。

3. 趋势近视

趋势就是事物未来的发展走势，有些企业让浮云遮住了望眼，也有些企业虽然看到了趋势，但转型过慢而错失先发优势。俗话说："识时务者为俊杰。"当趋势来临之时，企业应顺势而为，不要尝试着去"螳臂挡车"，趋势的车轮会碾压一切逆行者。农业革命经历了几千年，工业革命经历了几百年，信息革命可能只需要几十年。当信息技术重新定义行业的时候，会不断涌现新的商业模式，企业一定要擦亮眼睛，及时洞悉顾客需求的变化动态，要知道顾客需求、消费偏好、消费方式、信息接受模式均有很强的时代特征，企业只能是顺着昌，逆者亡。在现实中，有些企业总会慢半拍，表现得非常out，比如：营销方式单调陈旧，在宣传上仍侧重于传统媒体，对新媒体不够重视或浅尝辄止，只会在"朋友圈"秀一秀；把过时的产品理念视为继承传统，梦想能勾起人们对岁月的回忆；看不到带货草根网红的崛起，代言人仍然只钟情于影视明星，等等。互联网化、人工智能化、数字化、物联网化是未来的大势所趋，企业的产品内容、表现形式、解决方案都应该更多地融入网络、智能和数字元素。在这方面，企业即使不能引领趋势，也要紧跟趋势，千万不要学鸵鸟把头埋进沙里去漠视或逃避趋势，在趋势面前，转型慢了可能会被淘汰，更何况不转呢?

（二）营销就是推销

这种观点普遍存在，推销的工作性质也极易让人们陷入这一误区。推销是指通过拜访、沟通、展示、协助、建立关系、说服等一系列动作完成销售工作，推销处于市场一线，直面客户，与客户直接打交道，是最原始的营销方式。在以前，走街串巷的担货郎（现在叫流动式摊贩）扮演的就是推销员角色。在计划经济年代，尚无营销概念，但推销已经普遍存在。在现在，企业或个人与推销的密切接触早已成为常态：在企业的日常经营中，既要向客户（含用户和渠道商）做推销，同时还要接受供应商的推销，产业链也是一种推销链，在客户眼里，推销员就代表企业，推销行为就是企业的营销行为；在人们的日常生活中，购买许多商品可能无须面对面接触厂家，但总会时常接到房产中介、楼盘销售、证券机构、保险公司、教育培训机构等骚扰式的推销电话，可以说推销是无时不在、无处不在。久而久之，让人们在头脑中形成"这就是营销"的思维定式。

事实上，虽然营销和推销都是"销"字辈，但推销只是营销的冰山一角，营销的大多数工作都在看不见的海平面以下。这些工作为推销提供强有力的支撑和保障，正是因为这些工作的存在，推销才能浮出水面。调研、市场细分、产品设计、产品优化、市场定位、方案策划、广告设计等均是营销重要的后台环节，在前台，送货、安装、维修、保养、售后服务等也会制约推销的表现。在营销一系列常规动作中，推销起执行作用，处于市场的最前沿，是球场上的“临门一脚”，是抢占“山头”的突击队，是舞台剧中的表演者，因为能被客户直观感受到，所以才被许多人误以为这就是营销的全部。其实，营销的任何一个环节都会对“签单是否顺利、交易是否成功”产生影响，只不过推销的表现更为直接，所以在企业管理中，既要肯定推销的作用，但也不能忽略那些默默付出的功臣。

人员推销是工业品销售和组织间营销的主要方式，这是由工业品采购和组织采购的流程、方式和特色所决定的。工业品的销售往往涉及的人员多、金额大、竞争激烈、过程复杂，所以签一单非常不易，有时候为了一个购销合同，可能需要付出几年的努力。由于推销员是交易中的关键角色，所以每次成功交易的背后总会让人浮想联翩，总会怀疑有佣金、回扣、贪腐、行贿、受贿等见不得阳光的东西存在。在以往，跑、送、吃、喝、玩、邀请客户参观考察等是推销中的惯例，而现在，为了打击不正当竞争，减少人为因素的干扰，国家出台了公开招标制度，并且中央的八项规定也让吃喝风明显有所好转。当然，有些不符合法规的行为仍然有生存的土壤，只是已经从公开转到地下、从正面转到背后、从毫无忌讳转到遮遮掩掩、暗箱操作。只要政府持续加大反腐力度，这类行为肯定会日益减少。

快消品的推销主要有两种方式：一种是以渠道商作为推销对象，另一种是直销。有些快消品，需要借助渠道商的资金和力量才能完成市场覆盖，企业一方面通过广告宣传等向顾客传递产品信息，另一方面向渠道商渗透方便顾客购买。渠道商可以按规模和实力分成三六九等，推销员所做的工作就是协助渠道商进货、铺货、促销和维系关系，同时还要打击竞争对手，做好情报搜集。品牌知名度高，企业谈判能力就强，推销难度就小，可以要求渠道商必须先打款才能给货；而不知名的品牌推销起来难度就非常大，往往只能采用代销模式，无形中增加了企业的回款风险。直销还可以分为两种模式：一种是通过网络直接推销，比如电话推销、邮件推销、电子商务、电视购物等，现在流行的微商、带货视频直播是这种模式的进阶；另一种是依靠人海战术的人员推销，保健品、化妆品、人寿保险、车辆保险等习惯用这种模式，由于陌生人防备心理比较强，所以这种模式一般先从熟人入手，业界通常叫“宰熟”，等这批人的熟人被“宰”完了，就再换一批新人，从而造成频繁的人员流动，或者给你画个暴富的饼，通过发展下线以人员裂变的方式推销产品，我们通常所理解的“推销”就是指人员推销。

推销员有许多别称，如业务员、业务主管、业务经理、销售员、销售代表、销售经理，甚至被直接称为“卖货的”，他们是营销人中最活跃的群体。在物资匮乏的年代，推销是个非常风光的职业，因为不仅可以正大光明地满足口腹之欲，而且还可以经常出外“见世面”。而现在，推销员的称谓则略带贬义，因为这是一个非常艰辛的工种。推销工作非常能锻炼人，干好了，收入颇丰，干不好，则能磨炼人的意志。对推销员传统印象是口若悬河、滔滔不绝、能言善辩，其实，口才不是推销员的唯一必备条件，推销员既要讲能力，还要讲技巧，更要有体力和胆量。能力包括熟悉产品的专业技术能力、与客户交往的沟通能力、应对突发事件的思变能力等；技巧则是精通推销道术，讲究策略方法（有时候需要一些旁门左道），了解市场切入点，知道客户的“痒痒肉”在哪儿，能因人施策，对症下药；出差、陪客户是推销员的家常便饭，所以要体力好、精力充沛才能担当；胆量就是要求推销员敢打敢拼，不畏拒绝与艰难，勇往直前。除此之外，推销员还要有敬业心、责任心、团队意识等多种要求。优秀的推销员是企业的宝贵财富，企业一定要珍惜。庙大了，往往依靠的是组织力量，推销员的重要性会降低；庙小了，推销员可能会决定企业的生存命运。所以企业要构建客户资源共享池，通过制度对推销员个人加以约束，谨防组织资源私有化，否则推销员的辞职或反水可能会给企业带来灾难。

随着时代变迁，以往仅凭私人关系就可以拿下订单的推销方式会越来越困难（揭发、举报、监管等将使违规行为变得无处可遁或更为隐蔽，即使采购的决策者是你亲舅舅，也不敢明目张胆地定向选择），在交易中起决定性作用的将由私人关系转向组织能力，即企业的信誉、实力、资历、质量、技能、品牌等软硬实力。无论是设备、机械、材料等工业品的销售，还是工程、项目、设计的投标，均要建立整体营销或系统营销观念，依靠团队力量，而不是个人表现。特别是有推销工作经历且成绩斐然的管理者，更不要形成路径依赖，只唯推销不认营销。这倒不是说推销工作不重要（即使在网络购物非常普及的今天，线上营销同样需要线下推销做辅助），只是需要客观地认识推销的地位和作用——它只是营销的一部分，而不是营销的全部。

（三）营销就是广告

持这种观点的人也不在少数。广告即广而告之，起告知、说服、提醒和增强识记等功用。早在物物交换时代，广告就已现雏形，只不过当时的人并未意识到这是广告而已。要想与别人交换，或者售卖多余的物品，得首先让别人知道才行，所以广告就与物品或商品的销售紧紧联系在一起，成为销售的亲密伴侣。在我们小时候，听到拨浪鼓就知道卖杂货的来了，听到梆子声就知道可以买豆腐了，“磨剪子戗菜刀（发长音）”更是不绝于耳，特定的声音传递特定商品的销售信息，这种将声音作为一种广告信息已经流传了几千年。广告没有因诸侯混战、朝代更迭而销声匿迹，即使在“文化大革命”时期，商业广告行为停滞，满墙的红色大字报也是另类广告的呈现。招牌、纸媒、墙体、广播、杂志、电视、互联网、移动互联网等广告载体和广告形式的演化见证了文化与科技的进步，广告史不仅仅是部商品销售史，更是人类文明的进化史。

真正让人们陷入这一误区的是20世纪90年代的央视“标王”之争，那是一个广告“豪横”的时代。标王，让人们真正领略到了广告的威力，让人们有了“广告一响，黄金万两”的概念。位于北京市海淀区复兴路乙11号的梅地亚中心，从1994年开始，每年的11月都会吸引广告界、媒体、商界乃至全国观众的关注，在这个月的某一天，许多企业会挥舞钞票来这里“争分夺秒”——参加央视广告招标的角逐。央视广告招标会曾一度被誉为“中国经济晴雨表”，其实，它完全不能体现中国经济发展的真实状况，倒是能体现企业家的莽撞和胆量。1995—2013年，历届标王有：孔府宴酒、秦池酒（连续两届）、爱多VCD、步步高（连续两届）、娃哈哈（连续两届）、熊猫手机、蒙牛、宝洁（连续三届）、红牛、纳爱斯、蒙牛、美的、茅台、剑南春。自2014年起，央视不再公开广告招标总额，标王也就成了谜团，只能依靠企业的自诩和民间的臆猜（比如后来的翼龙贷、福特、云南白药等，央视均未明确）。

从标王名单可以看出，有些标王仍在蓬勃发展，有些则已销声匿迹，可见靠巨额广告费砸出来的“标王”称号只能带来一时的繁盛，不能带给一世的繁华，但“标王”给人的最大启示就是广告能迅速提升品牌知名度、能快速提升产品销量。1995年，孔府宴酒斩获首届标王桂冠，当年销售额达10亿元，跻身全国同行业前五位，此后就一路下滑，2019年6月13日在阿里拍卖平台以1.33亿元被拍卖，“喝孔府宴酒，做天下文章”也成为人们永久的记忆。秦池酒是第二届标王，1996年销售额达9.5亿，做标王之前的1995年只有区区7500万元，在参加第三届广告招标时，掌门人姬长孔随意写下的3.212118亿元直接将企业在央视的广告费拉入亿元时代，可以说整个广告界收费标准的提高与此行为不无关系，随后《经济参考报》四位记者的一篇文章直接把秦池拉下神坛，也间接导致所有鲁酒的落败。标王们放大的是电视广告效应，而曾经的保健品一哥三株集团则将纸媒和户外广告发挥到了极致，不仅有连续整版报纸广告、各式各样的宣传单，就连在农村大街小巷也随处可见三株口服液的墙体广告，从1994年至1997年，短短三年时间，三株销售额从1个多亿跃至80亿，创造了保健品行业的“三株神话”，但靠广告吹起来的帝国大厦却因一件“常德喝死人事件”而轰然倒塌。

姬长孔的“桑塔纳与奥迪论、奥迪与林肯论”是历届“标王心态”的经典诠释，也是那个时代企业家对广告认知的真实反映。正是“标王们”以及脑黄金、红桃K、三株口服液等“保健品们”疯狂无理智的广告投放行为，加固了人们对“营销就是广告”的肤浅认知。诚然，营销离不开广告，但企业也决不能把广告当作营销唯一的拐杖，更不能不做科学预算就盲目随意投放广告。特别是在移动互联网非常普及的今天，人们接收信息的渠道、方式、时间、内容等均已发生天翻地覆的变化，消费者接收的信息是更多、更快、更广，辨别能力越来越强，消费也是日趋成熟和理性，依靠传统漫山遍野大水漫灌式的广告未必会收到好的效果（比如许多人一年四季不看电视，许多人视宣传单为垃圾），这就要求企业的广告宣传要讲究精准化、多元化、集约化、现代化，否则投入与产出是否成正比，就真的变成了一个新问题。没有好的产品、没有持续不断的创新，广告再多，也只能让人产生审美疲劳，甚至把广告视为噪音。

企业也要明白，能带来真实收益的广告才能叫好广告——这是衡量广告质量的唯一标准。为达到宣传效果，广告的受众对象只能瞄准目标客户，靶心瞄不准，构思再巧妙也不能称之为上乘之作。2017年，百雀羚的《一九三一》民国风长镜头广告惊艳四座，画面很唯美，传播很广泛。从艺术角度讲，它很完美，能把人一下子带入旧时的上海滩，许多人把它当艺术片欣赏；从营销角度讲，它很差，因为购买转化率很低，低的根本原因就在于百雀羚的主要使用群体是中年女性，而网络里却以年轻人为主，两类错位的群体造就了“只叫好不卖座”的销售景观。

还有一种由客户发起却又极易被大企业所忽视的广告——口碑。有些大企业常用傲慢的姿态漠视客户的投诉，总以为可以通过放大广告音量压制其他不和谐的声音，最后没想到本可轻松应对的小事却让企业付出沉重代价。俗话说："金杯银杯不如人的口碑。"而口碑源于消费者的购物体验和使用体验，特别是网上的电子口碑，传播力更强，影响面更广，购物前先看其他人的打分和评论已成网购的标准动作，一个差评就可能赶走一大群人，所以狠抓产品和服务质量、认真聆听和对待顾客反馈、及时解答疑问和解决问题、不断制造话题、积极参与网络讨论等可能比传统广告更有效，这也是那些付不起央视或卫视巨额广告费的中小企业可采用的"少花钱、多办事"的最佳广告策略。

（四）营销就是玩概念

也是在 20 世纪 90 年代，与"豪横"的广告并行的是所谓的"概念营销"。为了体现产品与众不同，吸引更多人的眼球，许多企业开始挖空心思找概念、找卖点、找噱头，创造高大上的新词汇去突出产品的配方和功能，甚至鼓吹根本不存在的功效，宣传标语也是到了"语不惊人死不休"的地步，再加上一些媒体人或营销人的追捧和鼓噪，一时间，许多营销变了味，变成切切实实的忽悠，如保健品像包治百病的神药、床垫可以祛百病，等等，坚信"只要广告做得响，不怕没人来上当"。

概念营销很流行，但许多人"玩"的是伪概念。概念是指对事物的特征组合进行抽象化的概括而形成的知识单元，也是对事物的本质进行理性地概括性总结。概念营销是把某一概念作为营销客体，是从概念层面提炼产品的差异化特征，打造吸引消费者注意力的独特卖点，即形成独特销售主张（Unique Selling Proposition，USP）。一定要记住：是从概念层面而不是单纯地从产品功能层面找卖点。概念营销中的独特卖点体现整体性或纲领性的差异，功能上的独特卖点体现具体性差异，概念营销中的卖点要比功能上的卖点高一个认知层次，这一点在企业营销中常常被混淆。比如：1 代豆浆机会有许多残渣，极易造成浪费，清洗也不方便，2 代豆浆机不仅没有残渣，清洗也更方便，当然价格也相对更高，2 代豆浆机叫破壁机，"破壁机"这种叫法本身是一种概念营销，而"触控大屏、免洗静音"等只能算是功能上的卖点；在电视机行业，超薄电视、全面屏电视、智能电视、OLED 电视、4K 超清电视、智慧屏等均是技术型的概念营销，每类电视的差异化功能需要在下一个营销层面突出出来。概念营销往往会对整个行业产生影响，谁先提出来谁就占据先发优势，这常常是那些资金实力雄厚、研发团队强大的大企业的专利。

至于中小型企业，想提出一个被广泛认可的全新概念会非常困难，而突出产品功能上的独特卖点更为实际。卖点一定是能引起消费者心理共鸣的利益点，无论是功能上的利益，还是情感上的利益，卖点确定后，要持续不断地固化，让卖点在消费者心里产生锚定效应。为了寻找与众不同的卖点，许多企业开始剑走偏锋，在“新、奇、特”上做文章，这种思路完全正确，但方法不要走偏，更不要随意随心随性去“玩”，玩来玩去可能给品牌带来无妄之灾。新是指新功能、新技术、新工艺、新材料、新使用、新用途等，主要体现新颖和新鲜，新是基础，从来没有人这么做过；奇是指奇怪、稀奇、奇妙、出其不意，能引起人的好奇心，激发人的探知欲，让消费者产生尝试的冲动；特是指特殊、特别、独特、特色，体现差异化，强调与众不同，人无我有。这三点一定要基于消费者的真正需求来设计，不能喧宾夺主，要知道消费者最终要的是“珠”而不是“椟”，比如 TCL 的钻石手机就是一大败笔；同时，还要瞄准目标客户，以免引来大量无效客户围观，却把目标客户挤出圈外。一个卖点不必追求“新、奇、特”三点全具备，好好开发利用其中的一个就足够。

在找卖点时，一定要实事求是，不能夸大其词，更不能杜撰，也不要用高深冷僻的专业术语让人一头雾水，即使科技含量再高，也宜使用通俗易懂的词汇来表述，卖点越凝练，越容易被人记住。比如京东是正品、拼多多是便宜、今日头条是资讯、微信是交流方便（微信开屏那个孤独的地球人的确能给人带来强烈的视觉冲击）、海飞丝是去屑、飘柔是顺滑、潘婷是营养（尽管这三种产品现在已经没落，但在塑造卖点上是教科书级的经典）、舒肤佳是除菌、海尔是服务、农夫山泉是有点甜，等等。而金龙鱼宣传的“1∶1∶1”，就让人有点摸不着头脑，并且因涉嫌欺诈，被鲁花给打成了“0.27∶1∶1”，现了原形，损了声誉。卖点会让产品在消费者心里形成独特的定位，一旦有这方面的需求，首先会想到该产品。不要让用户去发现或挖掘卖点，而是要明明白白持续不断地向用户宣传。

（五）理论无用论

这种观点的来源主要有六个：一是许多企业营销实践上的创新先于理论（这种创新往往会带来营销模式上的变革），是先产生某种现象，再产生理论上的总结；二是许多企业在不知不觉应用某种理论，只是企业未曾察觉或没有意识到，就像有些水果商贩会把水果按品相分类，然后再按不同的价格销售，猪肉不同的部位有不同的价格，这些都是在运用市场细分理论，但摊贩们未必知道；三是受“营销即推销或广告”传统思维观念的影响，认为营销很简单，产品销售得好就是营销做得好，至于明天怎么样，那是以后的事；四是一些企业老板本身就是销售员出身，曾经的推销工作经历会固化其对营销的认知和理解，或者是技术人员出身，认为只要技术过得硬，产品做得好，不愁没有市场（典型的产品营销观念）；五是受过理论之殇，以前受过一些半瓶子醋营销专家的指导，效果很差，差点把营销带偏，“一朝被蛇咬，十年怕井绳，”所以对理论就产生高度怀疑；六是理论丛林过于茂盛，条块化、精细化的理论让企业无所适从，不知道从哪儿下嘴。受这些原因的影响，许多企业会排斥理论指导，认为理论只是学术研究的对象，是书本上的知识，是大学教授们在故弄玄虚，很教条，无太多应用价值，践行理论会让营销变得死板，会把营销行为变得机械僵硬。

不可否认，营销学是一门实践性非常强的学科，没有实践的支持，没有对实践的细微观察，也就不可能产生普适性的理论。但这并不代表理论不重要，或毫无价值。事实上，没有理论上的指导，企业的营销实践也不可能做得有声有色，营销行为一定会是“东一榔头，西一棒槌”，面对营销上的“瓶颈”或困难，也一定是茫然不知所措。理论是对现象的高度凝练、归类和总结，挖掘的是现象背后的基本逻辑，寻找的是科学的客观规律。理论源于实践，反过来又会指导实践，理论与实践永远是相辅相成，密不可分。任何一种理论均有其使用条件，都有局限性，就像经济学里的模型，总会先假设某种条件不变，如果某一条件发生变化，模型可能不再成立。但在企业发展的某个节点，总有一些理论就像灯塔给你指明航行的方向。一些所谓的营销专家，也是不会灵活使用理论，只会照搬书本纸上谈兵，或无限放大某种理论的作用，无视其起作用的客观条件是否成熟，做项目、做咨询或当顾问，只会给企业提供有漏洞的建议。其实，不是理论无用，而是企业不知道如何变通地使用，不会辩证地使用。

理论对营销实践的作用，主要体现在四个方面：一是让营销行为更加条理化，遵循理论指导，营销步骤和营销行为可以有条不紊，知道工作的前后顺序，不盲目制订一些非理性的促销方案，不会因外部环境的变化而过于惊慌，会稳扎稳打地推进营销工作；二是让营销工作更加系统化，尽管在内部有明确分工，各项工作有进度安排，但会统筹考虑，不会顾此失彼，会把企业营销当一盘棋考虑，而不是只管用“炮”，不会用“马”；三是让企业更能看清趋势变化，这种趋势既包括环境趋势，如消费行为趋势、消费心理趋势、媒体变化趋势、技术趋势、政策趋势等，也包括营销当今和未来的发展趋势，如营销模式的改变、广告宣传方式的改变、新媒体的作用、渠道的变化，等等；四是让企业找到自身的发展短板，知道发展瓶颈所在，让企业从理念、人才、技术、管理、协调、指挥、控制等全方位审视自己，对症下药，在经营中不至于过多地采用“头疼医头、脚疼医脚”的短视行为。理论的最大作用就是让企业看清现象的本质，理清各种现象之间的相互关系，减少经营的盲目性，让企业的发展遵循客观规律，可能不是第一个吃螃蟹，但会知道如何吃螃蟹。

伟大的理论有先见性、预言性、总结性、普适性、应用性等特征，会对一代代企业提供有意义的指导，经典理论更是有旺盛的生命力，经久不衰。对营销产生重要影响的经典理论有：4X 营销理论家族（4P、4C、4R 等）、STP 理论（市场细分、目标市场、市场定位，到目前未止，这个理论仍是营销的核心）、顾客满意理论、顾客抱怨理论、顾客价值理论、整合营销传播理论、营销战略理论、口碑营销理论、品牌权益模型、品牌延伸理论、客户关系管理、服务质量模型、服务补救模型、内部营销理论、关系营销理论、体验营销理论、网络营销理论、价值共创理论、变革营销理论（Transformative Marketing），等等（小米公司采用的饥饿营销，还称不上理论）。还有一些管理学、社会学、心理学、组织行为学、经济学上的经典理论也有助于对营销的理解，比如马斯洛需求层次理论、归因理论、心理契约理论、公平理论、自我效能理论、社会资本理论、社会认知理论、认知失调理论、社会交换理论、交易成本理论等。在理论丛林中，贡献最大的是美国人，其次是北欧服务营销学派。理论的发展也是从内部视角，逐渐转向顾客和技术视角，从静态转向动态。这么多理论，难怪企业会晕头转向。

事实上，这些理论只是从不同的视角对某种现象加以剖解和归纳，企业都在不知不觉中践行这些理论。千万不要只迷信一种理论，把它当作万能钥匙，或市场上一有新的营销观念，就立马想着在企业落地，一定要根据企业实际情况、发展阶段、人资水平、行业特性等辩证地选择，动态地使用，创造性地使用。尽信书不如无书，全部按条条框框走，营销会变得毫无生机活力，偶尔突破理论的边界会让营销添加别样的风采。企业不仅要有书生气，还要有流氓气，要在书生与武夫之间做好平衡。这也是营销管理的难点，也是让企业家最为头疼的地方。

正因为难，才彰显营销的艺术和水平，才会有优胜劣汰之分，所以营销部门总经理的人选就非常重要，不仅要有深厚的理论功底，还要有丰富的实战经验，更要懂得如何驾驭团队，以及如何协调内外部各种资源和人际关系，当然人品永远要放在第一位。企业应加强组织学习能力建设，不仅做业务培训，还要有适当的理论培训，不仅要告诉员工如何走，还要告诉员工为什么这么走，道理讲明白了，步调才能统一，变革才能顺畅。理论与实践是高度的统一，不要再说理论无用，只是你没有意识到理论的重要性，美国企业之所以发达、品牌之所以强势，与其丰富的理论思想体系不无关系。企业一定要记住：离开理论，企业一定走不稳，也走不远。

高等院校和咨询机构是理论传播的使者、普及的摇篮。咨询机构以营利为目的，所以往往会迎合企业口味提供建议，而高等院校旨在培养人才，以公益为目的。市场营销学曾是热门的专业，现在却沦落为鸡肋，许多高校正在逐渐取消这一专业，许多人认为市场营销的课程内容是“假大空”，或华而不实，其实，不是营销内容空洞，而是教育与实践脱节比较严重。二者的背离会让学生无所适从，也会让企业认为营销学生只能去做推销。要扭转这种局面，必须在教学与实践两个环节做变革。在教学上，要改变“老师只管讲授、学生只管记笔记”这种传统授课模式，多采用参与式教学方式，充分发挥学生的主观能动性，老师由课堂主角变为配角，只起画龙点睛作用，在课堂上，鼓励学生敢说话、多说话、会说话、能说话，用小组讨论方式培养学生的团队意识、沟通能力和人际交往能力，特别是那些性格比较“沉闷”的同学更要重点关照。在实践环节，多与企业开展合作，利用大学生充裕的业余时间，或在校园内做各种营销大赛，或在周末去企业做实践实习，要倒逼学生尽早走出去，与社会多接触，要让学生明白仅有书本知识还远远不够，还要尽早领悟和学习社会知识，要学会把理论转化为生产力。要想改变社会上对“理论无用论”的认知，必须让企业看到理论的重要性，其中一条捷径就是向企业持续输送理论丰富、思维活跃、行动敏捷、综合素质能力强的营销学生，他们在企业中的优秀表现将直接改变企业对营销学生的刻板印象，这也恰恰是高校全体营销教师的责任之一。

（六）神话顾客满意

你没看错，神话顾客满意——追求百分之百的顾客满意的确是个误区，而这种误区，正被许多企业奉为圭臬。企业总以为满意的顾客不会背离，能给企业带来稳定的利润，不会说企业坏话，可事实并非如此。为了追求顾客满意，许多企业往往制定一个理想化的量化标准，制定一系列严格的管控措施和考核办法，为了通过考核，各级员工可谓是尽其所能，不遗余力，甚至会花钱买好评，或诱导用户给好评。在经营中，把顾客当上帝供奉，或屈尊迎合，或点头哈腰，只要有投诉，立马就鸡飞狗跳，无论谁的责任，先去责备或惩罚员工（为了避免激化矛盾，有时候让员工受些委屈也未尝不可，但要对员工给予一定的物质或精神补偿）。企业尽全力了，却常被现实打脸——无论怎么做，总有一部分顾客不满意，或者满意度挺高，流失却很严重。这种现象所有的企业均会遇到，是企业做得不够多？不够好？还是“不够温柔”？（企业一脸发蒙状），可能都不是。

这倒不是说追求顾客满意不对，但过分放大顾客满意效用会让企业陷入“满意陷阱”，即消耗更多的时间和精力，付出更多的成本代价（包括接待人员的心情和工作积极性），获得的可能仅仅是一个口头上的好评，而高满意度粉饰的面子工程带不给企业持久的繁荣，况且这种好评的真伪还有待考证。比如做客户意见调查时，许多客户或出于同情心，或碍于面子，或怕找麻烦，给你一个“满意”或“很满意”的答复，但身体却很诚实地转向竞争对手。顾客满意是期望与感知的比较结果，要想让顾客满意，必须让顾客感知大于期望，最起码是与期望相符，如果小于期望，则会带来失落感。在首次消费之后，影响满意的一些“激励因子”会变成“保健因子”，为了应对不断“水涨船高”的期望值，企业就需要不断加大投入，就像去餐馆吃饭，一些小点心本来是赠品，突然不赠了，或种类减少了，就可能引来不满，这样就迫使餐馆必须持续不断地供应，还要隔三岔五变换花样，因为时间一久，食客可能又不满意了。并且生活中，总有一部分人没有体谅宽容之心，总是怀着愤世嫉俗的悲悯心态从负面视角看问题，这些充满负能量的人在消费时，永远摆出一副高高在上的“上帝”面孔，再好的产品或再好的服务，都不能令其满意，总能（或喜欢）从中挑出一些毛病。面对这类顾客，企业再多的努力都是白费力气，所以企业需要在顾客满意与企业成本之间寻找平衡点，这个平衡点就是做力所能及之事，追求适度顾客满意和有效客户满意。

企业之所以追求顾客满意，是因为高估了顾客满意的作用，认为满意的顾客更容易重复购买，成为忠诚用户。但事实上，顾客满意与顾客忠诚之间并非线性关系，许多时候，满意的顾客也会弃你而去，而不满意的顾客倒可能频繁光顾。顾客忠诚可分态度忠诚和行为忠诚，态度忠诚导致向他人推荐，形成口碑，行为忠诚导致重复购买，做回头客，二者均会为企业带来真金白银。顾客忠诚的前提有许多，顾客满意只是其中之一，但不是唯一，转换成本高、无可选择的替代品、时间紧急、社会规范约束、从众心理、人情、面子等均可能带来忠诚。无论是真忠诚，还是假忠诚，只要产生购买行为，就一定是某种情形下的最优选择。这就可以理解那些不满意的顾客为何重购，也可以理解满意的顾客为何流失，比如：对一家超市的物价感到不满，但周围无其他超市可以选择；你对一家医院不满，但这家医院却能治好你的病；你想携号转网，运营商给你制作烦琐的转网流程和转网门槛，从而让你打消转网念头；你认为华为手机不如苹果手机，但苹果手机的高价格会迫使你做次优选择；你对高速公路的 ETC 收费不透明很不满意，但在出行时仍会选择 ETC 通道，等等。现实中这样的例子比比皆是。

企业不要只盯着顾客满意，更应当去紧盯顾客价值。通常所讲的顾客价值有两种意思：一种是从顾客角度讲的顾客感知价值，另一种是从企业角度讲的顾客对企业的贡献度。顾客感知价值是指感知利得与感知利失的比较，当利得大于利失时，顾客会认为有价值，从而产生购买行为。有时候尽管对商家不满意，但考虑到无替代品可以选择，或者虽有替代品（或商家）但转换成本很高，顾客也会带着不满意的心情被迫去忠诚。相较于顾客满意，顾客感知价值与忠诚的关联度更高，所以企业应尽可能地提升顾客的利得感知，减少对利失的敏感度，让顾客感知价值最大化，而不是去追求顾客满意。对于企业来说，来的都是客，不管白猫黑猫，只要能带来收益的都是好猫，企业要尽可能地挖掘顾客的潜在价值，追求顾客的终身价值，不断用产品迭代满足顾客的消费升级，在顾客有换代产品需求时，仍然选择本企业，而不是竞争对手，让顾客在整个消费周期内均与品牌牢牢绑在一起，只要顾客不转向他处，早晚都会对企业有所贡献。

顾客满意比较容易测量和获得，所以企业常用其作为服务质量好坏的判断标准和考核依据，但企业也一定要明白顾客满意的真正作用，要知道它不是决定顾客忠诚的唯一要素。追求顾客满意可能给企业带不来实际收益，但可以约束员工的不规范行为，让员工尽可能减少工作失误，约束和冷藏员工的不满，让员工必须对顾客保持笑脸相迎。其实，员工很少故意去犯错，或故意对顾客不礼貌，如果发生这种行为，那一定是员工对企业有不满之处，不满意的员工会增加管理成本，不满情绪有时会传导给顾客，为企业带来许多无形损失。企业还要同时追求员工满意，满意的员工更有积极性、更有激情、更有创造力，会由衷地、发自内心地乐意为顾客提供服务和帮助，露出八颗牙齿的微笑总比冷若冰霜的面孔更有杀伤力。企业要清楚，在与顾客打交道时，员工有时会变成弱势群体，此时就需要企业为员工站台，特别是对那些无理取闹、碰瓷之嫌、恶意投诉的顾客，企业更不能躲避，要做员工坚强的后盾，过分迁就会把顾客惯出毛病，不能只照顾顾客的心，而凉了员工的心。如果内部员工劝阻你去购买，那你最好不要去尝试，因为他们比你更知内情。满意的顾客不一定给企业带来持久的利润，但满意的员工一定会对企业忠心耿耿。

二、典型行为误区

认知、情绪、行为组成人的心理结构系统，这三项也一直是心理学研究的重点内容。认知是如何看待世界，情绪是对世界的心理反应，行为是对待世界的具体行动。认知行为主义是心理学研究的一个重要流派，其理论广泛应用于临床医疗、行为干预、中小学教育、组织行为、人力资源管理和市场营销当中，可以说，只要有人的地方，这些理论均适用。在这里，无意去回顾和探讨这些理论，只是想告诉你：一定要学会通过现象看本质，也要通过本质预测现象，种瓜得瓜，种豆得豆，有因必有果，有果必有因。

认知是行为的内在逻辑，行为是认知的外在表现。有什么样的认知，就会有什么的行为，有什么样的行为，就会有什么样的结果。比如消费者认为双十一商品会降价，就会集中在这一天去抢购，商家根据预判，就会提前备货并做宣传，双方认知一致，就造成火爆的销售场面。当然，行为也会去改变或纠正下一步的认知，结果也会反过来纠正下一步的行为。比如消费者发现某些商品在双十一并不便宜，或存在欺诈行为，就会对商家促销的诚意产生怀疑，以后可能不再参与类似活动。认知和行为就是这样纠缠不清，相互影响。认知和行为的关系，在个体和群体层面均有体现，个人认知会影响个人行为，企业集体认知会影响企业集体行为。要想了解一个人的内心世界，最好的途径是观察他的态度、情绪和行为；同理，要想了解一个企业的价值观和经营理念，从其市场行为可以窥视端倪。

营销认知上的误区，必然会导致营销行为上的偏差或谬误。如果患有营销近视症，企业就看不到未来的发展，喜欢闭门造车，忽略市场的变化，或不注重产品的深度研发，只会盯着眼前的利益，哪儿有利就往哪儿钻，将资本的逐利本质误当作经营的逐利行为；视营销为推销的企业，会忽略营销方案的设计，只关注推销员的工作状态和工作业绩；视营销为广告的企业，会加大广告宣传力度，不去重视产品是否符合市场需求，只知道频繁地用广告对市场进行轰炸；视营销为玩概念的企业，会盲目跨界，或故弄玄虚，提一堆别人看不懂的功能和性能；认为理论毫无作用的企业，其行为一定带有更多的随机性和情绪化，企业可能会有一定的生存空间，但永远像长不大的孩子；将顾客满意视为第一的企业，一定会对员工的言行有严格的约束和管控，生怕得罪客户。

除此之外，还有一些非常典型的行为误区，这些误区在我们周围可谓是随处可见，比比皆是。许多企业将产品设计得过多过细，结果是先在内部“左手”打“右手”，不仅浪费资源，还对消费者形成一定的困扰，消费者不知道去选择哪种产品比较好；有些企业是月月做促销，甚至是天天做促销，结果发现边际效应递减，促销效果一次不如一次，除非是加大“药剂量”，否则客户立马就不再购买；有些企业认为市场调研很简单，匆忙的调研结论往往给企业提供错误的指导，等产品推向市场后才发现“理想很丰满，现实很骨感”，产品根本就不对销路；有些企业根本看不到危机，认为市场基础很牢固，对消费者的投诉、舆论的批评反应迟钝，或急于争辩，辩来辩去，忽然发现把市场辩丢了；恶俗炒作难登大雅之堂，而有些企业却偏偏喜欢，名气有了，但名声没了；在互联网经济的带动下，一些企业开始自建营销平台，建成后发现引流成了问题，耗费大量的人力和资金搭建的信息化系统最终成了鸡肋。企业可以做对照，如果有这些行为，那说明在营销认知上出了问题，企业需要冷静下来，好好想想下一步该如何走。

（一）产品过多过细

产品过多过细是一种常见的“市场病”，在电子制造业如家电、手机、笔记本等行业表现得尤为突出，在某些服务业如电信、银行等行业也较常见。以华为手机为例进行分析，你会发现即使大公司也会有这一病症。从华为官网查询，可以看到以“华为”作为品牌的手机共有 Mate、P、Nova、畅享、麦芒五大系列，分别有不同的定位：Mate 品牌主要针对高端商务人士；P 品牌主要针对时尚女性；Nova 品牌主打拍照功能，主要针对年轻女性；畅享品牌主打低端市场，以低价著称；麦芒品牌则是与电信运营商合作的定制机，主要针对年轻人，在各种手机中的存在感不强。荣耀是华为旗下的独立品牌，是为阻击小米而推出的互联网品牌，给消费者的印象是性价比高。荣耀下边也有纯数字版、V、Note、畅玩、Magic、Play 六大系列，尽管有些系列已经不再推出新产品，但毕竟曾在其品牌谱上留下名字。这六大系列也分别有不同的定位：纯数字系列与 V 系列是荣耀品牌主推的两大旗舰系列，纯数字系列主打年轻时尚一族，V 系列主要针对看视频和打游戏一族；Note 系列主推大屏幕，与 V 系列有些冲突；畅玩系列主打中低端市场，并且还分 C 系列和 X 系列，与华为畅享系列定位有一定冲突；Magic 只推出了一款，官宣是“来自未来的新旗舰”。

这些系列貌似做了有效的市场间隔，但在定位、价格、性价比上存在较多冲突，比如年轻、时尚、游戏、女性等细分依据本身就存在重叠，并且华为与荣耀之间不仅存在竞争，荣耀各种系列之间也会存在竞争。在网上可以随时看到消费者发出的机型比较求助帖，因为消费者虽然认可华为品牌，但真的不知道从琳琅满目的手机阵营中如何选择，再加上每年都要推出新机型、新款式，过多的分类带给消费者的只能是选择上的困惑。反观苹果手机，一直维系三大系列，尽管每个系列中也有不同的型号，但让消费者选择时一目了然。苹果手机是用价格做了最直观的区分，而华为手机不同系列、不同型号之间存在严重的价格重叠，只有旗舰机型以高价显得定位比较清晰。

华为在手机上的经营手法，也是国内许多企业常用的产品策略。电信运营商为了吸引更多的用户，推出了各式各样的套餐和流量包，认为这是为了迎合市场所做的产品创新，殊不知这是在给自己挖坑。每种套餐或流量包都要涉及大量的后台信息化系统改造，产品越多，记账系统、计费系统就越复杂，有时候一种套餐带来的用户收入还不足以支付系统支撑厂家的费用，一旦用户用上这种套餐，你还不能随便关停，这就造成产品越来越多，系统也越来越复杂。在 2G 时代，电信运营商就犯过类似的错误，比如某种资费在全国只有一个用户，与用户商量改网，却被用户拒绝，系统为了支撑这一个用户就要做经常性的维护。在 3G 时代，运营商大幅减少了套餐种类，产品结构比较清晰，用户选择也很容易。但到了 4G 时代，运营商又开始走 2G 时的老路子（这就是思维惯性），营销部只管扩大用户规模，至于维系这些用户需要多少成本与我无关，那是后台信息化部门的事，运营商常见的增量不增收现象与此理念不无关系。如果运营商不从系统角度考虑企业的纯收益来源和构成，不去改变现有的条块化组织架构，可以预见的是，在 5G 物联网时代，套餐的产品种类将更多、更复杂。

产品过多过细对内对外均有副作用。对外，容易让消费者产生混淆，不知如何选择，当难以抉择时，消费者极有可能选择放弃，或会购买竞争对手的相关产品，即使购买了本企业的产品，消费者心里也未必感到痛快，可能会遗憾未购买另一款产品，从而增加心理上的负担。对内，则容易增加生产成本、协调成本和管理成本，分散企业精力，原材料要分批采购，降低谈判能力，同时，为了保障售后服务，还要有充足的配件供应及相关人员的培训，从而给售后增添不少压力。电信运营商的各种信息系统类似于制造业的工艺流程，每款产品均要有对应的生产线和装配线，不同的生产线为了争夺有限的公司资源还容易起内耗。

企业之所以这么做，是因为总想把市场全覆盖，只要有肉就想吃，害怕消费者流失掉。事实上，过于细分的产品策略是企业一种不自信的表现。有效的市场细分有五个标准：足量性、区隔性、可衡量性、可进入性和营利性。足量性是指目标市场要有足够的容量，有足够的市场规模；区隔性是指各细分市场不能存在重叠，能明确区分，否则消费者就不知道自己到底应归属于哪一类；可衡量性是指市场规模、消费者反应、赢利情况等均可以量化，能用数字来反映市场经营情况，企业可以做到心中有数；可进入性是指企业要根据自己的经营范围、企业实力、时机、人才储备等内外部条件综合研判是否可以涉足这一领域；营利性是指该细分市场可以让企业获得一定的利润，并且应是持续的赢利。在做新产品决策前，企业一定要基于这五个标准来综合研判，不要做冲动性决策。企业可以涉足多种品类，但每种品类中的各个系列不要分得太小、太细、太多。样式、款式、容量、颜色、重量、功能等这些因素可以有不同的组合，这些组合足以让一种产品显得非常丰满。无论是自己生产还是品牌贴牌，多种产品也会遵循二八定律，即80%的利润由20%的产品创造，80%的产品只会消耗企业的成本。过多与过细中的“过”就是没有把握好度，企业的产品种类最好是精而简，而不是繁而多。

（二）促销过于频繁

现实中有许多企业陷入“促销依赖症”，表现就是频繁促销，对促销上瘾，一年四季是折扣、折让、折价不断。有的促销外表看着生意很红火，产品也大受欢迎，有的则显得很冷清，因为消费者对促销已经习以为常，认为过段时间还能买到便宜货。到年底一盘结，企业才发现没有多少赢利，甚至还出现亏损。也有一些企业，产品迭代非常快，消费者刚买某款产品没多久，市场上就出现升级换代新产品，企业立马对老款式进行降价处理，让消费者后悔“买早了”，长此以往，更会增加新产品的销售难度，因为消费者认为过段时间企业一定会降价。

频繁促销是一种慢性自杀，对企业来说百害而无一利。其弊端主要有：一是降低产品形象，受“便宜没好货，好货不便宜”的观念影响，消费者会认为参加促销的商品是企业边缘化非主流的产品，要么质量有问题，要么是快过有效期，要么是卖不出去；二是减少企业赢利，所有促销最终都与降价相关联，可能在一定程度上会增加销量，但这些销量未必能弥补降价带来的损失，有时候收入增加了，利润反而会减少，真的是“赔本赚吆喝”，按照经济学中的价格弹性模型，只有价格弹性系数高的商品才适宜降价，价格弹性系数低的商品则不适宜降价；三是刺激消费者对价格更加敏感，让消费者对低价上瘾，只追求实惠，不会对品牌形成忠诚，一旦哪天不做促销，会立即放弃购买。

不是说企业不能做促销，而是一定要把握好促销的频率。促销本身是一种强大的竞争利器，用好了才会有威力，用不好就会伤害自己。促销的常见作用主要有四个：一是快速变现，加快资金回笼；二是让消费者试用新产品，扩大用户规模，培养用户使用习惯；三是烘托氛围，积聚人气，提升产品、商家、店铺等知名度；四是提升竞争力，抢占消费者的腰包份额，让消费者不去购买竞争对手产品。偶尔促销消费者还觉得新鲜，是对老客户的一种优惠或馈赠，或是为了吸引新客户，但频繁促销就会让促销效果大打折扣。胶多了不黏，糖多了不甜，与这个道理一样，这就是边际效应递减规律。有效的促销，一定要遵循促销九度（详见本书第二章中的促销魔方），要精准设计促销方案。“双十一”是促销大集，这个已经在社会中形成共识，企业或商家一定要积极参与（还有一些重要的节假日），而双十二的吸引力就逊色不少，如果企业天天做促销，想想会是什么结局。

在这里，要特别强调一下二手产品或老产品的促销，这类产品的促销节奏一定要掌握好。把握不好节奏，不仅旧产品卖不出去，而且还会影响新产品的销售。企业不要仅把旧产品当作尾货处理，一定要有系统思维来考虑这个问题，要把新产品和旧产品当作一盘棋考虑，结识新朋友，不忘老朋友，一定要考虑已有用户的心理感受。苹果手机的价格策略就非常成功，值得国内手机厂商或其他企业学习。新机型上市后，不同年份的旧手机的价格会依次略微下降，延缓旧手机的贬值速度，让消费者觉得苹果手机相对保值。除过硬的产品质量之外，这种定价策略也是维系客户的重要手段。反观国内手机厂商，旧手机的降价力度往往很大、很猛、很迅速，给人的感觉常常是只要购买，很快就会贬值。大众汽车为什么受欢迎，有一个重要原因就是二手车依然比较值钱。对旧产品的频繁促销，一定会反过来影响新产品的销售。

（三）调研走过场

"没有调查，就没有发言权"，是1930年毛泽东同志在《反对本本主义》中提出的著名论断，这句话言简意赅地指明了调查的重要性。调研包括调查和研究，调查是基础，研究是延伸，二者相辅相成。调查是发现事实，并对事实做出客观准确的描述，研究是分析事实背后的真相及逻辑，并为下一步决策提供依据。没有调研就匆忙下结论，或匆忙做决策，容易犯形而上的错误。在古代，许多皇帝喜欢微服私访，就是到一线去了解老百姓的真实生活状况，康熙皇帝的六下江南，则是有组织有规划的官方调研。调研不只是政府机构部门的专属，也应是企业日常的重点工作之一。可惜的是，许多领导者放不下架子，不愿意微服私访，只喜欢听汇报，喜欢前呼后拥的感觉，于是调研就变成领导视察的一场表演秀。

在营销调研上，企业容易犯两种错误：一是不重视，认为调研纯属浪费时间与精力，有没有都可以；二是调研走过场，敷衍了事，只做表面文章，追求形式主义。第一种属于认知上的误区，认为调研根本不起作用，在创业之前，还去市场上跑一跑，看一看，想一想，认真做商业计划书，但步入常规化运作之后，就认为调研已不再重要，就开始闭门造车做新产品设计。第二种属于行为上的误区，仅把调研视为一个工作步骤，不深入一线，不去与顾客亲密接触，即使到了一线，也只是走马观花地看看，或只是听取下级单位的工作汇报，下属有时候会故意隐瞒市场的真实反应，只选领导爱听的说，过滤后的信息让二者皆大欢喜。调研毕竟是个力气活，需要付出时间、精力和体力，其实，多数员工不怕吃苦，怕的是千辛万苦做出的调研结果在领导面前一文不值，于是领导让去做调研，员工就去，正好可以借机出去散散心，甚至还可以旅游放松一下。

营销调研的目的主要有两个：一是搜集情报，寻找机会，二是发现问题，解决问题。寻找机会是指为开发新产品或开拓新市场做准备，不去做了解，机会就会悄悄溜走。新产品的设计一定要基于市场需求或引领市场需求，通过调研，可以挖掘消费者的需求点，知道消费者想要什么样的产品，市场还有哪些空白；有时候消费者也不知道究竟想要什么（这也是苹果之父乔布斯的名言），这时候就可以用新技术来引领新需求，启发新需求，在新产品正式推向市场前，一定要在小范围内做好测试。在进入新市场或新领域之前，要做好充分的调研，了解目标群体的文化、习俗、偏好、价值观念、竞争对手情况、资源、政策、市场容量、政治风险等，特别是面对一个完全陌生的新领域，更要慎重，否则产品极有可能不对路。发现问题是指全面了解市场现状以及可能存在的风险点，了解顾客对产品或企业的真实反应，当产品销量不及预期或超出预期时，就要尽早去一线市场寻找答案；同时，还可以了解经营中的不足、下级单位的反馈和反应，加强对营销过程的管理和监控，及时为企业排雷。

市场调研是营销专业的核心课程之一，在课程中，不仅讲调研方法，还讲授调研的程序和规范性操作。常见的方法有实验法、问卷法、观察法、会议法、座谈法、访谈法、焦点小组法、文献法、数据分析法，既可以到一线去获得一手资料，也可以用沉淀下来的历史资料做二手数据分析。这些方法各有千秋，各有利弊。方法不当，信息就容易失真，调研结论也会有失偏颇，比如常见的问卷调研，无论是结构性问题还是开放式问题，消费者都有可能隐藏真实的想法。现在所提倡的大数据挖掘，也可以视为一种依托信息技术的调研手段，因为未加工过的数据不会说谎，从中可以看到消费者的真实消费意愿、消费习惯和行为偏好，能辨别消费者的“口是心非”，没有大数据分析，精准营销只能是空谈。

有时候，企业做了充分的调查，但在研究上投入的精力却不够，或不充分，致使调研结论误导企业。1985 年，可口可乐为了应对百事可乐的竞争，欲推出改良版的新可乐，经过口味盲测（实验法），多数受访者认为新可乐味道更好，更喜欢，但在可口可乐公司欲向市场大规模推出新品时，却遭到了消费者的游行抵制，因为在消费者心目中，原版可乐已经不再单纯是一种饮料，而是与热狗、篮球、棒球、口香糖一样，成为美国文化的重要组成部分，里边包含太多的情感因素。1984 年，迪士尼公司采用收取转让费和管理费的方式，由日方投资经营东京迪士尼游乐园，游客爆棚，但迪士尼公司的收益甚微；受此启发，1992 年，公司改用股份合作方式投资运营巴黎迪士尼游乐园，游客却非常稀少，业绩异常惨淡，两个市场的进入方式弄颠倒了，根源就在于调研不够充分，没有深入了解当地市场的消费特点、消费趋势、消费文化和消费习惯。

不要觉得这两个案例陈旧，这两家全球化大公司曾经犯过的错误，到现在仍有许多企业在“重复昨天的故事”。天津著名的中华老字号“狗不理”包子兵败杭州城，就是没有考虑当地居民的消费习惯；谷歌眼镜退出市场，就是因为在技术不成熟时，盲目超前发展，做调研时，消费者均表示喜欢、认可，但产品生产出来后，因为使用场景有限而购买者寥寥无几，华为 Magic 手机不再更新，大概率也是这个原因；雀巢咖啡当年推出速溶咖啡时，也曾走过一段弯路，后来改变宣传策略才让速溶咖啡变为畅销品。这些案例告诉大家，调研中的研究非常重要，企业不能只单纯依靠调查结果，在调查之后，还要做充分的、理性的、客观的分析与研究。调查是看到人喜欢或不喜欢，是描述表象，研究是探究人为什么喜欢或不喜欢，是挖掘内涵，二者有效结合，才能制定出科学的决策。再强调一遍：调研很重要，任何企业均应高度重视调研，给足调研经费，追求科学调研。

（四）敷衍危机

人在江湖漂，哪能不挨刀，没有任何一家企业可以一帆风顺地、事事如意地成长。在企业的成长之路上，总会遇到各式各样的麻烦，总会遇到始料不及的小病、小灾和小难，甚至是大病、大灾和大难。可以说，企业的成长过程就是不断与各种危机抗争的过程，这不是宿命论，而是不争的事实。特别是在自媒体高速发展的“后真相”时代，许多人不去也不愿意去寻求和辨识真相，只会根据自己的兴趣、意愿或情绪来确定所谓的“真相”，黑公关和大量水军也在暗处寻找各种商机，无中生有、造谣惑众、恶语中伤，会让企业明枪易躲，暗箭难防，无论真假，任何一个火苗，都有可能引起熊熊大火。企业一定要明白：危机无处不在，无时不有，无论你信或不信，它都在你前行的某个角落静静等你。

企业知名度越高，面对的危机就可能越多。苹果手机的电池问题、触摸屏技术专利争议、2013 年央视 3·15 晚会曝光的“整机维修”不合国家三包规定等；肯德基曾经历过的苏丹红事件、细菌超标事件、病鸡事件、香料事件、冰块事件、转基因豆浆事件、供应过期肉事件、养鸡场事件；蒙牛的三聚氰胺事件、安勇事件；海底捞的后厨老鼠门事件；淘宝网的假货现象；屈臣氏的面膜致死人事件；奔驰车西安漏油事件，大众汽车断轴事件，滴滴网约车杀人事件；格力“骗补门”事件，等等，举不胜举。所列举的这些企业依然在照常经营，而那些在危机中寿终正寝的企业则更多，像秦池、爱多、孔府宴酒、三鹿、旭日升、脑黄金、顺池、长春长生，等等。面对危机，为什么有些企业能安然度过，而有些企业则会陷入绝境而不能逢生？

这就需要一看危机的类型，二看企业的危机公关策略。按不同的标准，危机可分为内部危机和外部危机，偶发危机、结构性危机和系统危机，个体危机、行业危机和社会危机，等等。危机种类不同，处理危机的策略应有所区别。企业的危机公关策略彰显企业的应变能力和管理水平，及时处理、措施得当、不推卸责任、勇于担当、态度诚恳是基本要求，有时候如果处理得当，即便是产品质量问题，也可能会出现反转给企业加分。因为消费者总喜欢对事件进行归因，如果认为企业不是故意而为，有些事还可以原谅，但如果认为罪不可恕，那就会把企业推向万劫不复之地，比如三鹿奶粉和长春长生毒害的都是孩子，并且是造成终身伤害，这种行为就越过了道德底线，引起众怒，是企业自作孽，不可活。所以要想不出现致命性危机，企业最好是先正身修己，要知道自身硬才能打出好铁，身子正才不怕影歪，只有这样，遇到意外之事才会心中有底气。

国外两个学者曾做过一个著名的滚球物理实验，将三个球置于同一高度，自由往下滚落，结果表明：直线距离虽然最短，但球滚落的时间最长，轨道弯度适中的球，最先滚到同一地点。这个实验给企业的启示就是：成功没有捷径，适当经历坎坷或波折，更有利于企业发展，太顺利（没有危机）、太多弯路（危机太多）均不是好事。这一点，就像人的成长一样，不经历风雨，就难以看到彩虹。但危机毕竟不是好事，总会消耗企业的精力，给市场带来一定的负面影响，所以企业要辩证地看待危机，要正视危机，当危机来临之时，不能消极避让，任由其发展，小病不治，终会酿成大祸，企业规模再大，市场占有率再高，一夜之间可能就会销声匿迹。

在经营过程中，企业必须居安思危，时时刻刻提高警惕，力争把危险转化成生存之机、发展之机。在2020年北京抗疫期间，某位澳籍华人因不戴口罩、不配合社区防疫人员而“一跑”成名，德国药企拜耳公司在第一时间宣布开除此员工，为拜耳公司赢得了大量口碑，迅速提升了品牌知名度，节省了天量广告费，也让公司避免陷入舆论风口。企业也不要总把消费者想象成恶人，毕竟碰瓷的仍是少数，绝大多数消费者还是心怀友好和善良。如果一不小心被推到了舆论风口，那吃瓜群众就会异常兴奋，所以企业一定不要与媒体打官司，媒体永远不怕事大，最终可能是赢了官司却输了市场。企业只有重视危机，才是尊重市场，尊重客观规律，当危机来临之时，不能敷衍了事，不能消极对待，因为在消费者眼里，你伤害了我，总不能让你一笑而过。

（五）恶俗炒作

炒作是利用公众的好奇心、猎奇心、同情心、关爱心和表现欲而发起的一种营销行为，无论是经过精心策划的主动炒作，还是被动应对他人发起的炒作，都会使品牌成为舆论风口上的“猪”。主动炒作的目的是吸引眼球，积聚人气，快速且广泛传播品牌，或快速实现销售，是想“花小钱，办大事”，让社会自动免费传播，为企业节省大量的广告宣传费用。有时候，企业可能会突然面临突发事件，或无缘无故因某事受到牵连，如果处理不及时或措施不当，就有可能成为众矢之的，再加上竞争对手的煽风点火，会让企业被迫去应对不想炒作的炒作。炒作是影视明星和网红惯用的营销手段，也是造就网红品牌的捷径，像喜茶、丧茶、鹿角巷等均成名于网络。在新产品上市之前，企业往往先通过几轮炒作给新产品热身造势，以营造万众期待的氛围，小米成名时的饥饿营销就是炒作营销的典范。

炒作本无可厚非，有技巧性地炒作，的确可以起到四两拨千斤的效果，但怕的是染上“恶俗”二字，把品牌“炒煳”。恶俗是指低级、庸俗、暴力、情色、虚荣、攀比、嫌贫爱富等，属于比较“阴暗”的一面。不可否认，一些恶俗的东西也的确吸引人的眼球，并有不少追随者，正因为如此，有些企业才会采用毫无道德底线的方式，用低级趣味来哗众取宠，打造所谓的宣传爆点。特别喜欢染指情色，在广告宣传上用打擦边球的方式撩拨消费者。本来帅哥靓妹是一道靓丽的风景线，也是赏心悦目的广告中的重要组成部分，可有些企业偏偏要往“性”方面诱导，广告中的美女或袒胸露乳，或语言挑逗，或勾人的眼神，或大尺度的夸张姿势，这些画面让消费者的注意力（特别是男性）全集中在人身上，无暇顾及品牌所传递的信息，有些广告或地推（地面推广）更是赤裸裸地表现出对女性的歧视、侮辱和不尊重，毫无美感可言，严重挑战公众的忍耐力。

2015 年某一天，优衣库试衣间一夜爆红网络，特别的场所、特别的时段、特定的空间、特定的事件，让人对优衣库品牌记忆深刻，其试衣间也一度成为网友的打卡之地，此事件可能不是优衣库主导，但也迫使公司发声澄清事实。椰树牌椰汁（与椰风是两个不同的品牌，椰风已经停产）的包装和广告一直沿用“辣眼睛”的大胸美女，卖点是“丰胸神器”，“每天一杯椰树牌椰汁，曲线动人，白嫩丰满”“每天一杯，白白嫩嫩”，只听这些词就让人浮想联翩，椰树公司的广告一直都很“污”，导致有些消费者呼吁将其广告归入扫黄打非之列（其实，这种宣传策略很 low、很失败，女性不愿意在公开场合喝，因为谁要是喝，就等于公开承认自己胸小）。2018 年郑州万科房地产“春风十里醉，不如树下学生妹”的雷人广告，把万科集团推上了风口浪尖，迫使企业公开向公众道歉，并开除相关责任人。“污王”杜蕾斯一直被誉为“风流而不下流”，喜欢通过微博与一些知名品牌互撩，但在 2019 年 4 月 19 日晚上却翻了车，当天晚上的广告文案因过于低俗受到大量差评。2017 年，奥迪的一个二手车广告被视为严重侮辱女性，引起网友震怒，集体围攻奥迪官方微博。

这些公司可能本无炒作之意，只是想做博眼球的宣传，但在消费者眼中，则满是恶俗成分，一旦被打上“恶俗”标签，被炒作会成为必然，企业根本来不及躲闪。还有一些企业，用很奇葩的方式来炒作，比如让员工跪拜领导、让美女身穿比基尼去做地推、让员工身着奇装异服提供服务等，从这些低俗的营销方式就可以知道其产品或服务是什么水平。当当网创始人李国庆夫妇上演的夫妻恩仇录、在 2020 年抗疫期间员工被迫上班被感染新冠肺炎，这两件事都极大提高了当当网的品牌曝光率，但品牌形象却严重受损。现在有以网络炒作为生的专业公司和职业操盘手，在他们当中，绝大多数充满正义感，也有个别以敲诈勒索或碰瓷为主，企业要尽早尽全熟悉网络里的生态环境。

炒作是一种商业推广方式，要纳入整个营销策略体系，不能自成一派。炒作能体现和折射公司的价值观，所以其内容和方式一定要充满正能量，多传递积极向上的信息，多体现阳光美好的一面，这不仅有利于形成口碑宣传，也助于树立和提升品牌形象。抗疫期间，阿里第一个站出来宣布捐助 10 亿元医疗物资、钉钉被中小学生“恶意”差评、向美国捐赠 50 万份检测试剂盒和 100 万只口罩，体现了阿里的胸襟、责任和担当，阿里不宣传，网友也会把这些好事传遍千里。不要说阿里有钱，是大公司，小企业照样可以在力所能及的范围内“行善事”，只要做了，正义感恩的网友们会助力企业做宣传。企业要知道：炒作是把双刃剑，用好了，可以省心借力；用不好，只能是费心费力。

（六）迷失于平台化

平台（Platform）、共享、网购、移动支付、社群、网红等是移动互联网时代的高频词汇，体现了以互联网作为链接纽带的新商业特色。在人们眼中，对“平台”一词的理解主要有三种：一是组织论，即平台是个人赖以生存和实现价值的组织机构，“离开平台，你才发现自己什么都不是”就是这个意思，在职时，做事是顺风顺水，一旦离开单位，才发现事事都很难办，在位时，别人尊敬你、巴结你，或许不是因为你有个人魅力，而是因为你屁股下的位置带来的职权，所以许多人才会有“人走茶凉”的感慨；二是阶层论，即平台就像台阶一样有层级之分，登上不同的台阶会看到不同的风景，台阶越高，看到的风景就越美，可支配的资源就越多，自我实现的机会也就越大，所以人要努力奋斗，不断攀登，迈向更高一层的台阶；三是模式论，即平台是互联网公司的运营模式和赢利模式，是将流传几千年的集市和商场经营模式转移到了互联网上，公司提供交易场所，商户和消费者通过平台完成信息、商品、资金的交换和流动，用户越多，平台价值越大。从企业层面讲的平台，更多是指第三种意思，即互联网背景下的商业模式。

2013 年，中信出版社出版了陈威如和余卓轩两位先生的《平台战略》一书，本书系统介绍了平台商业模式的运行机制、运作逻辑和构建路径，认为生产制造时代的产业价值链模型已不适应当前社会，企业的经营视角需从单边市场转向多边市场，应充分挖掘关系网的价值，通过精心打造生态圈，最大化激发网络效应，最终实现赢者通吃。该书以中国本土互联网公司为例，从平台战略的角度，对阿里、腾讯、大众点评、拉卡拉、世纪佳缘等知名互联网公司做了详细的解析和点评，引起业界各位大佬的强烈共鸣，也让许多读者领悟到了这些公司之所以成功的诸多“门道”。

作为国内第一本系统阐述“平台到底是什么”的著作，与近些年非常流行的《长尾理论》《蓝海战略》《大数据时代》等经典财经图书一样，该书一经出版，就迅速被企业界和商业界人士热议和追捧。许多企业将其视为企业转型的必读教材，甚至是全然不顾企业实际（所处行业、企业实力、人员储备、思维惯性等）就照本宣科急急忙忙地做平台化转型，结果是转来转去又回到了老地方，只是将业务或部门换了个“平台化”的名称，但业务运营流程、利润产生方式未做丝毫改变。许多创业者将平台化视为企业唯一的发展方向和操作路径，也不管自己是否具备平台化运作的实力和能力。

陷入平台化的陷阱，是因为没有理解“平台”的本质，错把平台视为万能钥匙。《平台战略》一书是基于互联网公司来解析平台，但平台不是互联网公司的专利，也不是只有互联网公司式的平台才叫“平台”，生产制造性企业和服务性企业完全可以根据行业特性来构建属于自己的特有平台，所以不要只看到平台的“标”，更要看懂平台的“本”。许多商界人士喜欢追捧新概念和新理论，认为这是不落伍的标志，只有“口吐莲花”才叫有水平，从不去认真辨析这些概念和理论的真正内涵，也不愿意沉下心来去静心思考，这也是许多中小型企业做不大的原因之一。

平台本质上是企业通过整合内外部资源向市场提供交易产品和服务的场所，在这些场所里完成商品要素的流动和交换，从某种意义上讲，平台与集市在本质上没什么区别。这些场所既包括有形的物理场所，比如商场、超市等，也包括无形的网上虚拟场所，比如网站、App 等。商场或超市是一种有形平台，既通过销售产品赚取利润，也会向商家收取店面租赁费，也是“吃了原告吃被告”，许多企业要通过这类平台（一种渠道）完成销售，所以一提平台，不要刻板地认为就是指互联网公司。融入更多的互联网元素、向互联网公司转型是企业发展的必然趋势，但在转型的过程中，绝不能抛弃原有的商业本质——通过商品（包括产品、服务、信息、人力、资本等）交易实现价值交换。对于大多数企业来说，互联网只是实现交易或优化交易的一种途径，是实现价值交换的一条新渠道，其商品的价值实现方式与纯互联网公司的价值实现方式有着本质区别，企业一定要看清这一点，不要完全“脱实就虚”，更不要本末倒置——醉心于网络，忽视实体经营。

不受时空限制是网站和 App 的最大优势，无论何时、无论何地、无论何人均可以通过虚拟平台搜索信息和完成交易，这种极大的便利性可以为虚拟平台带来人气和流量，这是互联网公司的生存逻辑，淘宝、天猫、微信、支付宝、智联招聘、拼多多、京东、今日头条、知乎等概莫能外。只是这些大型互联网公司提供的信息更多、内容更丰富、功能更全面、服务更有保障，更易吸引和集中消费者有限的注意力，更易扩大和把控流量入口，所以他们的平台都有很高的用户活跃度，在各领域基本形成了垄断，也让用户养成了路径依赖，这是互联网公司的发展逻辑。要想挑战其在行业内的地位和权威，一定要付出更多的资本和代价，因为互联网本身就是烧钱的行业，你不烧更多的钱，就无法吸引消费者的关注，比如近几年的拼多多挑战淘宝就是采用这种策略。

当然，其他互联网企业也不是说没有机会，只要定位准确，在一些细分垂直领域，也仍有一定的生存空间，比如得物 App 抓住年轻人喜欢张扬、崇尚自我、标新立异、反世俗的反叛个性，定位于“运动+潮流+设备”，在鞋类垂直领域里异军突起，原品牌名“毒”正好契合目标市场的个性特征，也为品牌带来不少关注度和传播力。智学网是辅助中小学学生学习的一款软件，在学校市场有很大的影响力，里边的“错题本”功能很强大，但到目前为止，科大讯飞公司对该软件的运营投入明显不足，非常可惜。因为是细分领域，所以注定其规模有限。

由于各大互联网公司把握住了流量入口，已经形成了事实上的垄断，其他类型的企业或实力不强的互联网公司再想“另立山头”，理论上可行，但操作起来会非常困难。海尔的实力够大，品牌知名度够高，但海尔商城、顺逛等都不太成功，因为企业自建的购物网站获客成本太高，导致流量稀缺而难以实现赢利。乐视和小米的“实物+内容+服务”的模式，倒是可以为企业特别是中小企业借鉴（只可惜乐视被资本给玩没了），这种模式的源头可追溯到苹果手机，苹果手机采用的“手机+应用”的模式形成多边市场，扩大了企业的利润池，也成为国内手机厂商经营的模板。在5G物联网时代，这种模式的效能将更加强大，企业不仅要提供智能设备，更要扩展智能应用，形成完整的闭合生态圈。海尔、格力等在硬设备上是行业翘楚，但在内容应用上，发力明显不足，如果能够及时优化业务结构，也将形成依托于实物的新型智能平台。

大公司、大品牌由于知名度高，天然自带流量，还比较容易吸引消费者的眼球，而那些小公司、小品牌要想在众多的同业竞争中凸显出来则并非易事。中小企业做视频带货直播，可能没人观看，去淘宝或天猫开个网点，可能没人关注，所以这类企业要想突破发展瓶颈，需要找到一条适合自己的互联网化之路。就目前来看，微信是第一大社交应用平台，有庞大的用户规模，这些用户不仅有终端个体消费者，也包括众多的商家和企业，已经具备强大的集聚效应。微信群和微信小程序是助力其他企业提升销售能力的一条捷径，企业可以通过微信群实现社群营销，通过小程序快速准确地接触到消费者。微信现在也正在努力地做“去中心化”，去中心化不是没有中心，而是打造无数个以商家或企业为次中心的生态系统，在这个系统中，微信永远是恒星，商家永远是卫星，只是这些卫星可以打造自己的子系统，打造属于自己的基于微信的营销平台。今日头条、阿里系、抖音、快手等都在向这方面努力。依附或“寄生”于各大互联网公司的平台，可能需要缴纳不少“过路费”，但总比自己修一条高速公路省钱省力，况且你修的路，可能没有客流，也未必好走。

企业需要借势互联网，但不要迷失于互联网，也不要迷失于平台化，要知道“闻道有先后，术业有专攻”的道理。在所处的产业系统中，认真扮演好自己的角色才是成功之基，这倒不是说企业必须墨守成规、老实本分，而是指不能脱离自己的本行，知道自己在整个系统中的定位和地位。至于如何演好自己，需要强调两点：一是在价值实现内容上，向市场提供契合消费者需求的高质量产品和服务，这是企业赖以生存的根本和基石，亘古不变，许多快速蹿红的网红品牌就是因为这点没做好而昙花一现；二是在价值实现形式上，融入更多的互联网元素，契合大众的信息搜集、购物、支付、评价等变化趋势，带给顾客便利、快捷、现代化的美好购物体验。

以上只列举了营销中常见的六种认知误区和六种行为误区，除了这些之外，还有许多误区存在，比如：把营销仅视为是营销部门的事，这就极易造成部门之间的钩心斗角，相互掣肘，企业一半的营销精力浪费于内耗；不知道消费者的真实需求就盲目创新，结果造成大量产品滞销，还埋怨消费者不识货；没有战略定力，盲目跟随竞争对手的市场节奏，手忙脚乱，东施效颦，营销效力大减；迷信大数据，但不知道数字背后的真实含义，或仅把会员卡做积分、消分之后用，不知道消费数据的真实价值，等等。

只有了解误区，企业才能避免步入误区。误区是种病，得治！

在本章，主要分析常见的12种营销误区。通过深度剖析这些误解或误读的表现、产生的根源以及危害，“对症下药”，为误解开出“处方”，为营销“正名”。认知是行为的基础，有什么样的认知，就会有什么样的行为。在六种认知误区中，营销近视症还可分三种“症状”；推销、广告、玩概念不是营销的“代名词”；到紧要关头，才会明白理论的重要性，才会感叹“书到用时方恨少”；神话顾客满意会让企业作茧自缚。

在六种行为误区中，以华为手机为例，分析了产品过多过细的危害；企业不要频繁做促销，频率过高会让效果边际效益递减；市场调研很重要，不要把调研当作一场“秀”；企业要培养“临危不乱”的能力，不要去学把头埋进沙堆里的骆驼；有些事，可以炒作，但注意不要炒“糊”；对于平台化，要量力而为。

参考文献

[1] Aaker, J. L. Dimensions of brand personality [J]. Journal of Marketing Research, 1997, 34 (3): 347-356.

[2] Aaker, J. L. Benet-Martínez, V. & Garolera, V. Consumption Symbols as Carriers of Culture: A Study of Japanese and Spanish Brand Personality Constructs [J]. Journal of Personality & Social Psychology, 2001, 81 (3): 492-508.

[3] Constantinides E. The 4S Web-Marketing Mix Model [J]. Electronic Commerce Research and Applications, 2002, 1 (1): 57-76.

[4] Kotler, P. Megamarketing [J]. Harvard Business Review, 1986, 64 (2): 117-124.

[5] Kumar, V. Transformative Marketing: The Next 20 Years [J]. Journal of Marketing, 2018, 82 (4): 1-12.

[6] Levitt, T. Marketing Myopia [J]. Harvard Business Review, 1960, 38 (4): 45-56.

[7] Levitt, T. Marketing Myopia [J]. Harvard Business Review, 1975, 53 (5): 26-183.

[8] Levitt, T. Marketing Myopia [J]. Harvard Business Review. 2004, 82 (7/8): 138-149.

[9] 白安可．阿里廉政部：盘点阿里“锦衣卫”反贪史 [OL]. http://m.sohu.com/a/289723880_ 704054.

[10] 白长虹，廖伟．基于顾客感知价值的顾客满意研究 [J]. 南开学报，2001 (6): 14-20.

[11] 陈威如，余卓轩．平台战略 [M]. 北京：中信出版社，2013.

[12] 戴维·刘易斯．心理学家的营销术 [M]. 广州：广东人民出版社，2015.

[13] 戴鑫．新媒体营销：网络营销新视角 [M]. 北京：机械工业出版社，2017.

［14］德内拉·梅多斯．系统之美［M］．杭州：浙江人民出版社，2012.

［15］丁兴良．4E 营销［M］．北京：经济管理出版社，2012.

［16］董毅智．百度、阿里、腾讯、京东的高调反腐纪实录［OL］．http://www.myzaker.com/article/5b06240a77ac6441ee3c99f6.

［17］范秀成．品牌权益及其测评体系分析［J］．南开管理评论，2000（1）：9-15.

［18］菲利普·科特勒，等．营销革命 4.0：从传统到数字［M］．王赛，译．北京：机械工业出版社，2017.

［19］菲利普·科特勒，凯文·莱恩·凯勒．营销管理（第 15 版）［M］．何佳讯，等，译．上海：格致出版社，2016.

［20］符国群．品牌延伸研究：回顾与展望［J］．中国软科学，2003（1）：75-81.

［21］付伟．团队建设能力培训全案（第 3 版）［M］．北京：人民邮电出版社，2014.

［22］郭国庆．市场营销学（第 3 版）［M］．北京：中国人民大学出版社，2019.

［23］韩经纶，韦福祥．顾客满意与顾客忠诚互动关系研究［J］．南开管理评论，2001（6）：8-10.

［24］黄胜兵，卢泰宏．品牌个性维度的本土化研究［J］．南开管理评论，2003（1）：4-9.

［25］杰弗里·A. 迈尔斯．管理组织研究必读的 40 个理论［M］．徐世勇，李超平，译．北京：北京大学出版社，2017.

［26］杰森·乔丹，米歇尔·法森那．99%的销售指标都用错了：破解销售管理的密码［M］．北京：中国人民大学出版社，2017.

［27］李邦献，著，于东新，释评．省心杂言［M］．北京：经济日报出版社，2012.

［28］联合国经济和社会事务部人口司．世界人口展望 2019［R/OL］．https://population.un.org/wpp/Download/Standard/Population/.

［29］林语堂．吾国与吾民［M］．长沙：湖南人民出版社，2018.

［30］刘英为，等．如何应用国家文化原型实现品牌的国际化传播——基于中国品牌海外社交媒体广告的多案例研究［J］．管理世界，2020（1）：88-104.

[31] 陆铭．大国大城［M］．上海：上海人民出版社，2019.

[32] 陆学艺．当代中国社会结构［M］．北京：社会科学文献出版社，2010.

[33] 罗丹，马明泽．信息流广告实战［M］．北京：电子工业出版社，2019.

[34] 马晓宁．任正非：公司不因腐败而不发展，也不因发展而宽容腐败［OL］．http：//tech. ifeng. com/a/20170118/44533076_ 0. shtml.

[35] 孟韬，毕克贵．营销策划（第3版）［M］．北京：机械工业出版社，2017.

[36] 潘萍，杨随先．产品形态设计评价体系与评价方法［J］．机械设计与研究，2013（5）：37-41.

[37] 乔·吉拉德，斯坦利·H. 布朗．世界上最伟大的销售员［M］．贾子达，杜嫦娟，译．重庆：重庆出版社，2015.

[38] 秦阳，秋叶．微信营销与运营［M］．北京：人民邮电出版社，2019.

[39] 世界银行公开数据．人口总数［DB/OL］．https：//data. worldbank. org. cn/indicator/SP. POP. TOTL.

[40] 孙新波．管理哲学［M］．北京：机械工业出版社，2018.

[41] 孙中元，庄文静．海尔“人人创客”如何实现［J］．中外管理，2015（12）：35-37.

[42] 汤天波，吴晓隽．共享经济：“互联网+”下的颠覆性经济模式［J］．科学发展，2015（12）：78-84.

[43] 王成慧，叶生洪．谨防营销远视证［J］．经济管理，2003（3）：75-77.

[44] 王高．顾客价值与企业竞争优势——以手机行业为例［J］．管理世界，2004（10）：97-106.

[45] 王宏波，王静．浅谈国际市场调研思路——从几个典型的失败案例谈起［J］．物流科技，2003，26（100）：59-61.

[46] 王林建，丁彦之．销售指标［M］．北京：企业管理出版社，2008.

[47] 王永贵，洪傲然．营销战略研究：现状、问题与未来展望［J］．外国经济与管理，2019（12）：74-93.

[48] 吴金明．新经济时代的“4V”营销组合［J］．中国工业经济，2001

(6)：70-75.

［49］吴军．智能时代［M］．北京：中信出版社，2017.

［50］吴清华．4I，网络营销方法论的经典表达［J］．广告大观，2010（11）：103.

［51］吴晓波．大败局Ⅰ（修订版）［M］．杭州：浙江大学出版社，2011.

［52］吴晓波．大败局Ⅱ（修订版）［M］．杭州：浙江大学出版社，2011.

［53］吴晓波．历代经济变革得失［M］．杭州：浙江大学出版社，2016.

［54］吴瑶，等．从价值提供到价值共创的营销转型——企业与消费者协同演化视角的双案例研究［J］．管理世界，2017（4）：138-157.

［55］武文珍，陈启杰．价值共创理论形成路径探析与未来研究展望［J］．外国经济与管理，2012（6）：66-73.

［56］许晖，张海军，冯永春．传承还是重塑？本土老字号品牌活化模式与机制研究——基于品牌真实性与价值迁移视角［J］．管理世界，2018（4）：146-161.

［57］张闯，庄贵军，周南．如何从中国情境中创新营销理论？——本土营销理论的建构路径、方法及其挑战［J］．管理世界，2013（12）：89-100.

［58］张向南，勾俊伟．新媒体运营实战技能［M］．北京：人民邮电出版社，2019.

［59］郑昊，米鹿．短视频：策划、制作与运营［M］．北京：人民邮电出版社，2019.

［60］郑志来．共享经济的成因、内涵与商业模式研究［J］．现代经济探讨，2016（3）：32-36.

［61］中国烟草总公司．回顾2018年烟草行业十大新闻［OL］．http：//www. tobacco. gov. cn/html/33/3301/87893913_ n. html.

［62］中华人民共和国人力资源社会保障部．中华人民共和国职业分类大典［Z］．2015.

［63］庄贵军，席酉民．关系营销在中国的文化基础［J］．管理世界，2003（10）：98-109.

重要术语索引

H

J

K

L

M

N

P

Q

R

S

T

W

X

Y

Z

后 记

不知不觉，书稿已接近尾声，日子就这样一天天从指尖流过。其间，既有冥思苦想某个措辞时的纠结，又有文思泉涌带来的愉悦。尽管创作的过程略显“拖沓”，但的的确确是自己对营销多年的思考沉淀。以前，在企业是从事营销工作；现在，在高校是讲授营销理论；博士论文研究的是顾客体验对服务品牌权益的影响；在博士后工作站研究的是网络服务体验对电子商务的影响。可以说，“营销”早已不再是养家糊口的谋生手段，而是早已深深地融入自己的血液里。

正因如此，在平时会对与营销相关的人、事、现象以及企业的经营表现等格外留意，偶尔会在比较私密的场合对营销的“那年、那月、那些事”做些“品头论足”，或在课堂上作为小案例讲给学生听。创作之时，那些曾看到过的、听到过的、体验过的、亲历过的、思考过的印象最深刻的营销点滴，犹如电影中的不同片段，在眼前一篇篇地翻过、一幕幕地浮现。由点及线，由线到面，经过梳理和萃取，最后形成由“人、系统、观念、策略”四个要素构成的写作主线。

沿着这条主线，本书试图弥补营销教科书应用性偏差的不足，揭开遵循教科书会导致营销效率低下的“斯芬克斯之谜”。世面上的教科书，多以菲利浦·科特勒的《营销管理》为母版，不同的版本结构相似，内容雷同，最多也只是变换一些案例。教科书传授的是大而全的理论，为营销制定了整体框架，是营销的“科学”，如果完全依照教科书来做营销，企业就会陷入“科学规律的陷阱”。当然，这并不是否定教科书的地位和作用，没有系统的理论知识，营销就像建在“沙堆里的大厦”，经不起外界的风吹雨打，所构建的营销体系或营销系统也一定会是漏洞百出或千疮百孔。尽信书，不如无书，所以企业一定要学会变通地执行某些理论，知晓理论发挥作用的关键点位。

在我看来，“人、系统、观念、策略”是影响企业营销表现的四个关键点，也是构成营销“生根、发芽”的基石和“土壤”。许多企业“吃同样的饭，喝同样的水，享受同样的阳光，呼吸同样的空气”，营销效率和效果却是大相径庭；一些营销“大咖”，换家企业其营销招术就不再灵验，其根源就在于在不同的企业，这四个要素的组合表现有所不同。高效营销，不在于是否应用最先进的营销理论、是否采用最流行的营销方法、是否拥有众多能力出众的营销高手，而是是否将每个要素发挥到了极致，是否注重四个要素的协调发展，包括现在风光无限的电商直播带货，如果不注意这四个方面的平衡搭配，直播也终将会变成“一地鸡毛”，那些为直播站台的官员，最后也只会是透支政府的信誉。

人，是营销的第一要素。在这儿，对“人”的理解有两个角度。一是企业内部视角，泛指企业员工（包括管理者和普通员工），特指营销人和营销团队，他们是营销的“生产者、提供者和实践者”，是企业最宝贵的财富。企业的一切经营行为、营销效率、营销水平，均需要通过人来实施，人才越多，企业表现出的各种能力往往越强（前提是正确的管理）。书中所提及的营销团队的构建法则、团队领导的素质要求等，也适于整个企业或组织。二是企业外部视角，泛指与企业有关联的一切人或组织，特指顾客，他们是营销的“消费者、接受者和检验者”，也是企业很宝贵的财富。对于“顾客需求”的理解，一定要从人的四个基本属性来思考，这些属性是需求的“本”和“根”。比如人的社会属性要求企业必须紧跟时代发展步伐，营销思维和营销方式要与时代发展高度合拍，新媒体营销、直播带货均是较好的例证。

系统，是营销的第二要素。系统不仅指营销的结构体系，还包括系统的营销思维、营销理念和营销体制。企业一定要跳出营销做营销，不要仅把营销视为营销部门的事，必须要有营销的“大局意识”，要知道制约营销效力发挥的不仅仅是外部环境，更多的是企业文化以及内部各项管理制度，比如对于第一要素的“人”，能否做到“人尽其才，才尽其用”，更多受制于企业的管理水平和管理体制，特别是与考评、奖惩、晋升等高度相关的人力资源管理制度。系统观是本书自始至终强调的重点。

观念，是营销的第三要素。观念是企业所秉持的营销理念，反映了企业对营销的认知角度和认知水平，决定了企业的营销行为和营销效果，体现于企业的管理体制、营销策略和营销方式。正确的观念一定是契合时代的发展，并根据外部环境的变化基于企业的自身条件做出合理地取舍和选择，一定要摒弃营销的“推销观、广告观、玩新概念观”，树立营销的“系统观、大局观、权变观”，要知道营销的目的不是为了卖货，而是为了创建“百年品牌”，要对“4P”等策略赋予新的内涵和意义。

策略，是营销的第四要素。“策略”是个非常口语化的词汇，只要涉及“目的明确、科学规划、分步骤操作的”均可以称为策略。策略是营销的主要表现，甚至成为“营销”的代名词——谈营销，必涉及策略。策略有多种，比如产品策略、服务策略、价格策略、渠道策略、促销策略、宣传策略，等等，是营销教科书的重点内容。本书对于策略的阐述，主要体现在品牌创建一章，重心在于如何为品牌赋能。对于“市场、产品和促销”的理解，则不是从“策略”角度来讲，而是对其本质和表现做了更接地气的讲述，比如那个关于市场构成的公式，采用这种方式解释更易被人接受和记忆。同时，一定要注意，每种策略均不是孤立的，要用系统思维来考虑各种策略。

窃以为，企业营销可分三个境界：“看山是山，看山不是山，看山还是山”。看山是山——只看到营销的表象，仅把营销视为企业的一项基本职能，是一个独立的“开疆拓土”动作，营销只是营销部门的事，这是最低端的营销意识，也是绝大多数企业秉持的营销理念。看山不是山——看到营销由多种因素综合决定，已不仅仅是营销部门的事，而是整个企业的职责所在，生产即营销，营销即生产，能用系统思维调动企业的各种资源做营销，把营销视作“一盘棋”，而不是“一步棋”。看山还是山——即营销还是营销，只不过营销意识和营销思维已深度融入企业的每一个细胞、每一个业务单元，营销策略和营销方式更是无定势、无常形，像“霍家迷踪拳”或“佛山无影脚”——看似无形，实则招招发力，看似有形，又总是出其不意。本书旨在协助企业、营销团队或营销者尽快升入第二或第三境界，告诉业界人士——一定要跳出营销做营销。

书中没有使用过多学术语言，表述风格与学术论文完全不同，某些措辞甚至显得有些“俏皮”，书中的个别句子来源于网络，由于难以界定原创作者，所以未曾在书中标明，在这儿也向这些“无名”的原创者表示衷心感谢！其实，许多网友就是哲理“大师”，许多人喜欢看评论，就是因为在评论里能看到各种“大神”的表演，其精彩纷呈的评论，让你不得不感叹中国语言文化的博大精深，更会感慨真的是“高手在民间”。

二次校稿时，叶亲忠编辑提出了许多宝贵且中肯的建议，在此再次向他表示感谢！希望本书能为营销业界的发展和壮大提供微不足道的一点儿“精神助力”。欢迎各位读者来电、来函、来信批评指正、探讨。

是为后记。